O MUNDO EM PORTUGUÊS:
UM DIÁLOGO

FERNANDO HENRIQUE CARDOSO
E
MÁRIO SOARES

O MUNDO EM PORTUGUÊS:
UM DIÁLOGO

PAZ E TERRA

CIP-Brasil. Catalogação-Na-Fonte

(Sindicato Nacional dos Editores de Livros, RJ, Brasil)
Cardoso, Fernando Henrique, 1931-
O mundo em português: um diálogo / Fernando Henrique Cardoso e Mário Soares. São Paulo: Paz e Terra, 1998.
ISBN 85-219-0314-6

C262m

1. Brasil — Política e governo. 2. Brasil — Condições econômicas. 3. Brasil — Condições sociais. 1. Soares, Mário, 1924-. II. Título.

98-1349 CDD-320.981
CDU-32(81)

EDITORA PAZ E TERRA S.A.
Rua do Triunfo, 177
01212-010 — São Paulo-SP
Tel.: (011) 223-6522
Rua Dias Ferreira n.º 417 — Loja Parte
22431-050 — Rio de Janeiro-RJ
Tel.: (021) 259-8946

1998
Impresso no Brasil / *Printed in Brazil*

Agradecemos a ajuda que, na revisão deste livro, nos deram Teresa de Sousa, Alfredo Caldeira, Carlos Barroso, Nina Basílio, Katia Halbe, Adra Cristina Martins Garcia e a equipe da Fundação Mário Soares composta por Catarina Defaunay Gomes e Francisca Brak-Lamy Morais.

SUMÁRIO

PREFÁCIO

Visitei o Brasil, pela primeira vez, em 1970. Portugal e Brasil eram então ditaduras. Dois países irmãos que pareciam bloqueados e incertos quanto ao futuro próximo.

Como para qualquer português, o Brasil exercia sobre mim um imenso fascínio, independentemente da conjuntura política, pelos laços afetivos que unem as duas Pátrias, mas também por ser um país-continente, com uma admirável unidade nacional, na riqueza e diversidade dos seus contrastes, paisagísticos, étnicos e sociais, animado por um povo com um gênio e uma alegria singulares, original, miscigenado, convivente e aberto, que inventou o "jeito brasileiro", jóia e orgulho máximo do "mundo que o português criou" — para usar o título de um livro célebre de Gilberto Freyre — mas, muito mais do que isso, por ter sabido integrar, num todo coerente e bastante homogêneo, raças e contributos populacionais diferenciados e culturas aparentemente as mais diversas, fiel à matriz inicial da língua portuguesa, falada e escrita, em terras de Santa Cruz, com admirável sentido plástico e criatividade.

Passei então um mês no Brasil, visitando o Rio, São Paulo, Brasília e Manaus, convivendo com os portugueses exilados — Casais Monteiro, o velho "capitão" Sarmento Pimentel, Fernando Lemos, Victor Cunha Rego, Jaime Morais, Barradas de Carvalho, Miguel Urbano Rodrigues, Paulo de Castro, Pedroso Marques e tantos outros —, que me fizeram conhecer inúmeros intelectuais, resistentes e artistas brasileiros, entre os quais um jovem professor de São Paulo, sociólogo já ilustre, Fernando Henrique Cardoso, e o seu notável grupo de amigos do CEBRAP. A todos falei, perante a incredulidade generalizada, da revolução democrática que se preparava em Portugal e que, infelizmente, demoraria ainda quatro longos anos a chegar.

Da minha primeira viagem ao Brasil guardo uma recordação inolvidável: posso dizer que transformei o meu fascínio inicial pela terra e pela gente brasileira num amor que surgiu espontaneamente, ao primeiro contato, e se foi, depois, aprofundando e racionalizando com impressões, leituras, conversas, contatos e sucessivas viagens, praticamente cada ano, às vezes mesmo mais de uma vez por ano, a partir desse longínquo Carnaval do Rio de 1970, que me enfeitiçou.

Prezo-me de conhecer hoje o Brasil, não direi bem — seria muito difícil, se não impossível —, mas talvez melhor do que muitos brasileiros. Das grandes cidades, conheço o Rio, Brasília, São Paulo, Curitiba, Porto Alegre, Belo Horizonte, Campo Grande, São Salvador da Bahia, Fortaleza, João Pessoa, Recife, Manaus, Belém do Pará, São Luís do Maranhão. Desci o Amazonas, desde Manaus até Belém, visitei a Ilha de Marajó e a cidade de Macapá, na linha do equador, fiz várias incursões na selva amazônica, sem esquecer Carajás, e, avançando para o interior, lá bem no extremo, na fronteira do Peru e da Colômbia, estive na surpreendente fortaleza de Tabatinga, construída pelos portugueses, no rio Solimões. Visitei o Pantanal, de inesquecível beleza, as quedas-d'água e a barragem de Iguaçu, muito mais interessantes do que as tão celebradas do Niágara... Estive na ilha de Fernando de Noronha — que foi prisão política, durante a ditadura, em que esteve Miguel Arraes —, hoje reserva natural, onde desceram Gago Coutinho e Sacadura Cabral na primeira travessia aérea do Atlântico Sul. Contatei com alguns índios da Amazônia, graças ao meu saudoso amigo Darcy Ribeiro, e com negros da Bahia, com os seus ritos afro-brasileiros e o seu candomblé, levado pela mão experiente do meu tão admirado Jorge Amado. Senti o cheiro bom do cerrado, na época das chuvas, e as agruras do sertão, sob o calor intenso e seco, bem como a beleza incomparável do litoral, em que o recorte das paisagens, caindo a pique das montanhas luxuriantes, povoadas pela mata atlântica, por vezes original, sobre o azul ou o verde inconfundíveis do imenso mar brasileiro, contrasta com as praias paradisíacas do Ceará, a perder de vista... Conheço as zonas secas do Nordeste e a riqueza, dir-se-ia inesgotável, dos imensos caudais de água, numa rede hidrográfica complexa que se estende de norte a sul do país.

O Brasil é uma terra imensa de marcados contrastes, onde a pobreza, a pobreza mais ignara e absoluta, coexiste, convive com e interpela a riqueza mais ostentatória e impudente. Estudei — e com alguns tive a oportunidade de falar e até de conviver — os grandes intelectuais brasileiros que pensaram o Brasil e refletiram sobre o seu futuro. De Alceu Amoroso Lima a Gilberto Freyre ou Sérgio Buarque de Holanda, de Celso Furtado a Hélio Jaguaribe, Darcy Ribeiro ou Fernando Henrique Cardoso. Conversei, em diversas circunstâncias, longamente com políticos responsáveis de todos os partidos e tendências. Prezo-me de ter sido amigo de Tancredo Neves e de Ulysses Guimarães e de continuar a sê-lo de personalidades tão variadas como Leonel Brizola, José Sarney, Itamar Franco, Miguel Arraes, José Aparecido de Oliveira, Antônio Carlos Magalhães, Mário Covas, Fernando Gasparian, Lula, Cristóvam Buarque, Tarso Genro, Marco Maciel, Jorge Bornhausen, para só citar alguns de entre os mais conhecidos. Falei com economistas, sociólogos e historiadores e conheço alguns trabalhos importantes de cientistas estrangeiros, sobretudo franceses, que refletiram sobre o Brasil, sem esquecer a obra clássica do grande Stephan Zweig, autor desse livro ainda hoje tão interessante, *Brasil, país do futuro.* O "milagre" — ou o "enigma" — brasileiro suscita a minha curiosidade, é algo que me atrai, intriga, interpela e desafia. Como português ou, se quiserem, como luso-brasileiro, por escolha do coração.

Daí nasceu a idéia, que cheguei a propor ao meu editor e amigo francês Alain Oulman, da Calmann-Levy, quando estava no exílio em França, de escrever um livro de impressões sobre o Brasil, visto por um português. Essa idéia, que Alain Oulman acolheu com entusiasmo e que depois tanto acalentamos, não se tornou exeqüível porque, entretanto, irrompeu no solo português, como um fenômeno incontornável, há tanto esperado e que se sobrepôs a tudo, a "Revolução dos Cravos", que haveria de mobilizar todas as minhas capacidades e energias por mais de vinte e dois anos. Precisamente, até ao fim do meu segundo mandato de presidente da República, em março de 1996. Todos os meus projetos acadêmicos e intelectuais foram interrompidos abruptamente, se não abandonados para sempre. O livro sobre o Brasil, também...

Curiosamente, a vida dá muitas voltas. Nisso, precisamente, consiste um dos seus encantos maiores. A minha paixão pelo Brasil, naturalmente, manteve-se e foi mesmo muito estimulada por novos contatos, conhecimentos e visitas. Exprimiu-se, no entanto, por outras formas e canais, mais políticos e porventura mesmo mais eficazes. Visitei o Brasil em 1976, como primeiro-ministro, na minha primeira viagem ao estrangeiro, ainda no tempo do presidente Geisel. Foi uma viagem polêmica, contestada em Portugal, à extrema-esquerda, dadas as circunstâncias políticas vividas nos dois países, mas que acabou por ter resultados bastante positivos, como foi reconhecido pela oposição brasileira. Alguns escritores e intelectuais brasileiros lembrar-se-ão talvez de um encontro quase clandestino que tivemos, à margem da visita protocolar, em casa de Hélio Jaguaribe e que se prolongou até altas horas da madrugada.

A revolução portuguesa, que foi democrática e pluralista, influenciou positiva e decisivamente a transição democrática espanhola e, na década de 80, todo o processo de democratização da América Latina e, obviamente, do Brasil. O historiador e politólogo americano Samuel Huntington pretende mesmo que a "Revolução dos Cravos" tenha sido o primeiro impulso — o sinal — para o início da "terceira vaga" de revoluções democráticas que estão a ocorrer no mundo desde fins da década de 70. Como quer que seja, a jovem democracia portuguesa, desde 1974, passou a ser atração e lugar de exílio para muitos brasileiros, fugidos da ditadura — o que representou apenas uma modestíssima retribuição relativamente à dívida contraída por milhares de democratas portugueses, fraternalmente acolhidos no Brasil, durante os quase cinqüenta anos que durou a ditadura salazarista — e, sobretudo, criou uma nova percepção de Portugal no espírito da generalidade dos brasileiros, nomeadamente após a entrada de Portugal, como membro de pleno direito, na Comunidade Econômica Européia, em junho de 1985.

Como a transição democrática que ocorreu no Brasil no final do governo do general Figueiredo — que, aliás, visitou Portugal, usou da palavra e foi ouvido com respeito na Assembléia da República, então fortemente contestatária da ditadura militar — a partir da campanha para as "Diretas-Já", liderada por Tancredo Neves e Ulysses Guimarães, as relações luso-brasileiras, que, saliente-se, sempre foram excelentes, não obstante as diferenças de regime, ganharam um novo e mais amplo conteúdo. Deixaram de ser retórico-afetivas e ganharam uma manifesta e inédita importância estratégica para os dois países. O interesse do Brasil por Portugal aprofundou-se, tornando-se muito mais concreto e específico. Portugal deixou de ser o "avozinho", que se venera e adora, mas que pertence irremediavelmente ao passado, para se converter num país moderno, plural, econômica e estrategicamente interessante, cujo incontestável sucesso intriga e desafia a curiosidade dos brasileiros. As correntes turísticas desenvolveram-se nos dois sentidos. Pela primeira vez Portugal recebeu imigrantes vindos do Brasil, aliás de assinalável qualidade profissional e intelectual, e, de país carente, que enviava para o Brasil emigrantes pobres, impreparados, que só tinham a força do seu trabalho, vontade de vencer e honestidade, transformou-se no quinto investidor externo do Brasil, com acesso direto aos conhecimentos mais avançados e às tecnologias de ponta.

Assim, o intercâmbio entre universidades e centros de investigação tem vindo a aumentar por forma significativa, dando lugar a um conhecimento recíproco muito mais aprofundado entre os nossos povos e culturas respectivas. Com a criação da Comunidade dos Países de Língua Portuguesa, idéia tão acarinhada pelo embaixador José Aparecido de Oliveira e pelos ex-presidentes José Sarney e Itamar Franco — bem como pelos atuais presidentes de ambos os países dos dois lados do Atlântico —, Brasil e Portugal deram um laço mais no seu relacionamento, alargaram a sua cooperação com a África de fala portuguesa — e não só — e decidiram afirmar a nossa língua comum em nível mundial. Estamos no início de uma nova era das relações luso-brasileiras, que a expansão econômica, científica e cultural e o enraizamento e prestígio internacional dos dois países justificam e determinam. Como se sentiriam recompensados, se pudessem observar-nos, os precursores e arautos desse relacionamento, nos primeiros anos do nosso século, dos dois lados do Atlântico, João de Barros e João do Rio, Nuno Simões, Jaime Cortesão, Afrânio Peixoto, Agripino Grieco ou Afonso Arinos de Melo Franco, entre tantos outros!

Tenho seguido, com enorme curiosidade e atenção, a espetacular transformação do Brasil desde que se libertou da ditadura militar. Admiro a determinação e sabedoria dos principais responsáveis políticos brasileiros em construir um país aberto ao exterior e resolutamente virado para o futuro e não me canso de louvar o bom senso, a prudência e o equilíbrio do povo brasileiro, por entre as tormentas políticas e monetárias a que esteve sujeito e que tão auspiciosamente tem sabido superar.

Entre os meus amigos políticos brasileiros, Fernando Henrique Cardoso é, seguramente, dos que mais admiro e porventura dos mais antigos. Há cerca de trinta anos que mantemos aberta uma linha de diálogo sobre os problemas fundamentais dos nossos dois países e sobre as questões cruciais do mundo que nos rodeia e condiciona. Além disso, temos percursos políticos com alguma similitude. Com ele — e através dele — tenho tido a feliz oportunidade de participar em muitas conversas informais e informadas sobre os caminhos da modernidade brasileira, sobre a melhor estratégia a seguir pelo Brasil para o desenvolvimento acelerado, sustentável e com dimensão social, e ainda para uma melhor afirmação do Brasil como grande potência em nível mundial. Mas não só sobre isso. Também sobre Portugal, a União Européia, o MERCOSUL, África, os Estados Unidos, o mundo de hoje e as angústias, incertezas e certamente também grandes esperanças deste final de milênio...

Dessas conversas, sempre informais, a sós ou em pequeno grupo de amigos, mas muito empenhadas e por vezes controversas — por verificarmos o insuficiente conhecimento dos portugueses a respeito da história contemporânea do Brasil e dos brasileiros, em especial quanto às perspectivas atuais que se abrem a Portugal no quadro da sua inserção na União Européia —, nasceu a idéia de fazermos um livro, a duas vozes, que fosse o resultado de uma conversa *à bâtons rompus*, como dizem os franceses, gravada durante um pouco mais de vinte horas, em dez dias sucessivos, assumindo eu a responsabilidade de propor quase sempre os temas e respondendo o presidente Fernando Henrique Cardoso com enorme abertura e franqueza. Desse registro fonográfico resultou um livro de cerca de oitocentas páginas, que, numa segunda fase de trabalho a dois, corrigimos, modificamos e reduzimos para proporções mais razoáveis do ponto de vista editorial. Assim nasceu o livro que ora se apresenta ao público brasileiro, através da prestigiada Editora Paz e Terra, e que depois o será também ao público português e que, seguramente, será traduzido em vários outros idiomas. Leva o título, que julgo significativo, *O mundo em português: um diálogo*. E é da nossa comum responsabilidade.

Permito-me salientar que se trata de um livro a vários títulos original. Em primeiro lugar, por se tratar de uma obra a dois, de autoria de um presidente da República em exercício de funções e de um ex-presidente, pertencendo a países e povos que, embora irmãos, são independentes, que se situam em continentes diversos e se sentem unidos pela língua e pelo Atlântico. Por outro lado, é um livro centrado especialmente sobre o Brasil, sobre a sua problemática atual, complexa, apaixonante e também tão importante para o mundo, invocando freqüentemente as suas raízes históricas — e aí encontra-se sempre, mais ou menos, Portugal — e tendo em vista o futuro, próximo e mais afastado, tanto quanto as nossas imaginações alcançarem, no contexto de um planeta em acelerada mudança, submetido a uma revolução informática e tecnológica sem precedentes. Para onde caminhamos? Quais os desafios, catástrofes e novas vitórias que nos esperam neste final de milênio? Como fazer para que a globalização das economias — e a necessária competitividade — não sejam geradoras de intoleráveis desigualdades e não avancemos para um universo desumanizado, espécie de *big brother* ao revés, movido tão-só pelos egoísmos dos poderosos, pela febre do lucro pelo lucro e pelo sucesso fácil, povoado por cada vez mais pobres, excluídos e marginalizados? Eis algumas das interrogações que nos ocuparam e sobre as quais refletimos — com assinalável convergência de opiniões, devo salientar — especialmente na parte final do livro.

Quero acrescentar que, pelo meu lado, como é normal, encaro as questões da atual política brasileira com o maior interesse, como português, e, por isso mesmo, com a mais absoluta objetividade, além da reserva e da distância que um estrangeiro deve manter, por mais amigo que seja do Brasil. Não tinha de tomar partido nem deveria, em todo o caso, fazê-lo. Não o fiz em nenhuma circunstância. Fernando Henrique Cardoso, no ano final do seu primeiro mandato e como candidato assumido a um segundo, tem, como não podia deixar de ser, uma visão empenhada, estando, como está, no centro de um combate decisivo pela modernização do Brasil e pelo seu desenvolvimento acelerado com uma forte preocupação de justiça social e pela afirmação do Brasil no mundo de hoje. A sua visão não é seguramente consensual, num país livre, a caminho de alargar a participação cívica dos seus cidadãos, marcado por um forte desejo de pluralismo. Nem seria, de resto, normal que o fosse. É, pois, obviamente, controversa e mais do que isso: incita ao debate, força a controvérsia, como contributo essencial para aprofundar o conhecimento das realidades e reforçar a consciência cidadã dos brasileiros.

Assim, o livro que ora se apresenta, como o leitor isento se dará conta, desde a primeira página, não sendo, em si mesmo, um ato neutro, situa-se nos antípodas de um livro apologético ou, muito menos ainda, de propaganda. Representa antes um testemunho e um contributo, que julgo ser de alguma utilidade e valor para o esclarecimento objetivo de questões importantes — diria mesmo decisivas — para o futuro do Brasil e para fundamentar as opções que os brasileiros conscientes têm diante de si, na atualidade mais próxima, e, bem assim, para uma melhor compreensão do enquadramento internacional em que o Brasil se move e dos constrangimentos nacionais que o condicionam. É um livro atual, certamente, mas que se situa numa perspectiva de médio prazo, apontando sobretudo para o futuro, sem esquecer as referências a um passado recente e mesmo mais remoto que, de algum modo, explicam e determinam o presente.

Ninguém de boa-fé contestará a preparação intelectual e política de Fernando Henrique Cardoso, o seu prestígio como cientista e grande sociólogo de reputação internacional, a forma inteligente e elevada como representa o Brasil no estrangeiro, qualidades que avultam como verdadeiramente excepcionais na paisagem política brasileira. Nem porá em dúvida, igualmente, o seu idealismo cívico, que, pude comprová-lo, se mantém vivaz e que está longe de ser incompatível com aquela parcela de pragmatismo que todos os políticos devem assumir em face das realidades que procuram transformar, desde que não entrem em contradição com os valores e os princípios que defendem. Bem como a sua honestidade pessoal. A longa conversa que com ele mantive ao longo da elaboração do livro que ora se apresenta dá testemunho abundante da sua posição visionária e da forma lúcida, coerente e articulada como equaciona os problemas do Brasil. Creio que poderá surpreender muitos leitores que só conhecem Fernando Henrique Cardoso de aparições fugazes e necessariamente conjunturais através das televisões ou das notícias esparsas, artigos de opinião, comentários e do "diz-que-diz" habitual dos jornais... O interesse deste livro reside também aí. Representa um contributo para um debate que as circunstâncias tornam oportuno, necessário e mesmo irrecusável, uma forma viva de revelar o pensamento original de um homem que — concorde-se com ele ou não — importa conhecer e analisar.

Tenho suficientes amigos no Brasil, em todos os quadrantes da vida política e intelectual, apoiantes e adversários de Fernando Henrique Cardoso, para saber que este livro será lido à lupa, por alguns, porventura, com excessivo criticismo ou mesmo azedume e certa prevenção, para não dizer preconceito. Por que agora? E por que com o Mário Soares? — perguntar-se-ão. A todos respondo antecipadamente, com absoluta seriedade e boa-fé: a iniciativa partiu de mim. Fui eu quem propôs a Fernando Henrique Cardoso que transferíssemos para livro, por forma sistemática, as nossas conversas informais. Por pensar que constituiriam, modéstia à parte, uma excelente introdução a um melhor conhecimento do Brasil — para estrangeiros, desde logo, mas também para muitos brasileiros — e um bom incentivo para conhecer melhor o pensamento articulado de um homem, goste-se ou não dele, que marcou e marcará, indelevelmente, a modernidade brasileira. Quanto a isso, como observador isento e não-brasileiro, não tenho qualquer dúvida. Não se trata, portanto, de um livro marcado pela conjuntura. Trata-se, na sua intenção e no seu conteúdo, de um livro de esclarecimento, voltado para o futuro, que desafia o leitor brasileiro a um juízo crítico, como cidadão consciente que deve ser, sobre uma temática que vitalmente lhe interessa.

Acrescento, por último, que o livro, por sugestão minha, feita ao editor brasileiro, está enriquecido com uma breve cronologia da história brasileira contemporânea. É um elemento de referência importante para o leitor, que fica a dever-se ao bom cuidado da Editora Paz e Terra.

Este livro, que assino conjuntamente com Fernando Henrique Cardoso — o que, para mim, constitui uma honra —, não dispensa o tal ensaio sobre o Brasil — e o seu futuro — visto por um português, que pensei escrever quando estava exilado. Ficará como um compromisso para com os leitores brasileiros, que espero poder cumprir se, entretanto, não me faltar energia e saúde.

Nafarros, 29 de abril de 1998.

MÁRIO SOARES

I

AS BASES DO REAL

"O grosso da população não perdeu com o Plano Real. Pelo contrário, é o que lhe dá a base de sustentação. Mas alguns setores de classe média pagaram um certo preço."

Fernando Henrique Cardoso

"Será que [os setores progressistas] não serão capazes de perceber que a melhor maneira de poder lutar contra a globalização é aceitar a sua inevitabilidade?"

Mário Soares

MÁRIO SOARES — Comecemos pelo presente. Está a mais de meio do seu primeiro mandato. Tem o caminho aberto para um segundo mandato. As alternativas que surgem pela parte da oposição não me parecem ser objetivamente muito famosas, pelo menos de momento. Mantém um invejável índice de popularidade. O mundo exterior ao Brasil conhece-o, respeita-o, aprecia-o, mas tem críticos, alguns ferozes, reticências, oposições, mesmo entre alguns dos seus antigos companheiros de jornada. Será que as mudanças em curso, que são incontestáveis, têm um sentido positivo para as classes mais desfavorecidas? Ou, antes, para as classes médias, para os profissionais, para a inteligência? E para os jovens? O Plano Real[1] e

1. Programa de estabilização econômica cuja primeira fase começou durante a gestão de Fernando Henrique Cardoso no Ministério da Fazenda e chegou à sua fase decisiva com a entrada em circulação da nova moeda, o real, em julho de 1994

depois a reforma financeira, o ajustamento do Brasil à famosa globalização, tal como tem sido feita, não terá, ou virá a ter, tremendos custos sociais?

FERNANDO HENRIQUE CARDOSO — Bem, vamos começar pelos opositores e pelas dificuldades que inegavelmente tenho de enfrentar nesta metade — mais de metade, realmente — do mandato. De alguma maneira existe aqui uma espécie de pecado original. Eu venci o Lula[2] e o Lula era símbolo no Brasil — ainda é —, mas naquele momento era um símbolo muito forte. Era um líder sindical que veio das lutas de renovação do mundo operário e do mundo sindical dos anos 70, com uma trajetória bastante positiva em termos não só de alargamento democrático como de reivindicação social. Os setores, digamos, ideológicos que se consideravam progressistas no Brasil sempre viram na ascensão do Lula a redenção das massas, a redenção de todas as dívidas sociais do Brasil. As circunstâncias históricas fizeram-me vencer, nas eleições de 94, uma pessoa com essas características simbólicas. Isso dificultou, desde o início, a aceitação do meu governo, do programa do governo e das reformas, por parte de amplo espectro progressista no Brasil.

Uma pequena recordação: eu era ministro da Fazenda e estávamos no final da elaboração do Plano Real. O Plano Real no início chamava-se Plano FHC. Ele só virou Real depois que eu saí do governo. Quando fizemos a URV[3] — que foi aquele mecanismo de primeiro acelerar a inflação — passaram a dizer que era FHC II. Nesse momento, pedi que o Lula fosse a minha casa, ao apartamento onde eu vivia aqui, em Brasília. Ele veio com José Dirceu[4], que hoje é presidente do PT[5]. E tivemos uma conversa muito franca, porque eu conheço o Lula dos anos 70 o Lula me apoiou em 78, quando fui candidato ao Senado e o PSDB apoiou o Lula, em 90, quando ele foi candidato contra o Collor[6]. Nós temos uma his-

2. Luís Inácio Lula da Silva (1945), sindicalista e político. Candidato do Partido dos Trabalhadores (PT) às próximas eleições presidenciais (outubro de 1998). Presidente do Sindicato dos Metalúrgicos de São Bernardo do Campo (SP) de 1975 a 1979.

3. A Unidade Real de Valor (URV) foi um indexador diário de preços e salários, introduzido meses antes do Real. Numa situação de inflação acelerada, a URV criou uma referência constante de valor, vinculada ao dólar, que permitiu o alinhamento espontâneo dos preços e salários e evitou que a nova moeda nascesse contaminada por resíduos da inflação passada.

4. José Dirceu (1946), político, líder estudantil no final da década de 60. Deputado federal (1991-1995), atual presidente do Partido dos Trabalhadores (PT).

5. O Partido dos Trabalhadores (PT) foi constituído entre 1979 e 1981 a partir do Movimento Pró-PT e do movimento sindical do

tória que permitiu um diálogo. Foram ao meu apartamento e eu disse: "Olha, estamos fazendo uma modificação importante no Brasil que é o combate à inflação; acho que o PT devia apoiar as mudanças que vamos enviar para o Congresso". Expliquei quais eram. Havia sempre a preocupação obsessiva de saber se aquilo iria ferir os interesses dos trabalhadores. Mostrei-lhes que não era o nosso objetivo. Disse-lhes: "Acontece o seguinte, com uma inflação de trinta por cento, quarenta por cento ao mês, ninguém governa. A primeira condição da governabilidade do país é acabar com a inflação". O José Dirceu perguntou: "Você acha que há uma possibilidade de uma disputa, no segundo turno, entre alguém do PSDB[7] e alguém do PT?". Respondi: "Não, acho muito pouco provável; acho que vamos estar juntos no segundo turno" — como já havíamos estado em 1990. Queria, portanto, motivá-los. A minha resposta foi sincera. Achava muito difícil que o PSDB tivesse candidato próprio para o segundo turno. Achava que o Lula tinha condições de ganhar as eleições. Achava que ele deveria, portanto, aprovar um plano contra a inflação que seria benéfico para o país e também para o governo dele.

Nem imaginava, naquela altura, que pudesse ser candidato. E, não obstante, o PT votou contra tudo. Não consegui, como ministro da Fazenda, convencer a esquerda brasileira de que o combate à inflação era prioritário e imprescindível. O argumento era sempre o mesmo: para combater a inflação quem iria pagar o custo do combate era o povo, eram os trabalhadores, porque haveria uma recessão. Para eles, a inflação, apesar de ser ruim, bem ou mal, permitia emprego e uma certa taxa de crescimento.

Então, desde aquele momento, viu-se que era impossível. Passado isso, e com muito esforço, conseguimos que o presidente Itamar aprovasse as medidas necessárias preliminares da luta contra a inflação. O mais

ABC paulista, obtendo seu registro definitivo em fevereiro de 1982. Luiz Inácio Lula da Silva foi seu primeiro presidente.

6. Fernando Collor de Mello (1949), empresário e político. Governador do estado de Alagoas (1987-1989). Eleito presidente da República em 1989, sofreu um processo de *impeachment* e foi deposto em 1992.

7. O Partido da Social Democracia Brasileira (PSDB) foi fundado em 1989 por políticos oriundos do Partido do Movimento Democrático Brasileiro (PMDB) — entre eles, André Franco Montoro, Fernando Henrique Cardoso, José Richa, José Serra, Mário Covas, Sérgio Motta — e de outras legendas.

importante foi essa Unidade de Referência de Valor, a URV. Como preliminar, também nos opusemos a uma lei salarial que fazia a reposição automática das chamadas perdas inflacionárias, porque esse era um mecanismo de reposição da inflação. Isso foi considerado por setores da esquerda como uma prova de que o plano seria recessivo, contra os trabalhadores.

Quando, em julho de 94, foi trocada a moeda, foi dado o segundo passo do plano, e eu já não era mais ministro. Tive de sair em abril para poder ser candidato à Presidência. Mas, nessa altura, em julho, os efeitos positivos do controle da inflação foram sentidos pelo povo, de imediato.

Durante a eleição, não só a esquerda mas, por exemplo, Delfim Netto[8], diziam: "O quê? Ah! Esse plano é só para ganhar as eleições". Os argumentos eram basicamente três: primeiro, o plano é eleitoreiro, depois das eleições volta a inflação; segundo, o plano vai provocar uma recessão e, portanto, haverá muito mais desemprego; terceiro, o plano não vai permitir o aumento da capacidade de compra da população, ligado com a recessão.

O que aconteceu afinal? Exatamente, o oposto. O plano teve como conseqüência imediata uma forte redistribuição de renda. Não é que tenha havido uma política de redistribuição, ao contrário. A política foi a de não dar aumentos grandes do salário mínimo naquele momento. Demos depois, em maio de 95, mas no início não. Com a inflação, o salário no começo do mês é cem; se a inflação é de quarenta por cento, a média dela é de vinte por cento. Em vez de cem, é oitenta. Então é só estabilizar. As pessoas que recebiam o salário no começo do mês, a meio do mês aquele salário já estava desvalorizado. Com a estabilização deu-se o contrário, deu-se um maior poder de compra, de imediato. Os aposentados, por exemplo, perdiam muito em média, e também os assalariados em geral. Houve uma melhoria

8. Antônio Delfim Netto (1928). Economista e político. Deputado federal desde 1986. Ministro da Fazenda e ministro do Planejamento nos governos Costa e Silva (1967-1969), Médici (1969-1974) e Figueiredo (1979-1985). Milita no Partido Popular Brasileiro (PPB).

imediata. Embora isso fosse um fato, toda a oposição, no Congresso, tanto a esquerda quanto os nossos adversários históricos, continuavam dizendo que o plano estava arruinando o povo. Só que o povo estava comprando mais.

Em seguida, disseram que não iria haver crescimento econômico porque era impossível fazer um plano de combate à inflação e, ao mesmo tempo, ampliar investimentos. Não foi o que aconteceu. Na verdade, o Brasil retomou o crescimento econômico em 93, final de 92, antes mesmo da estabilização. Mas, com a estabilização, ficou mais visível que estava havendo uma oportunidade de crescimento. Crescemos a uma taxa de três a quatro por cento. Não houve momento algum em que a economia do Brasil deixasse de crescer. É a primeira vez que isso ocorre depois dos anos 70. Nos anos 70, no começo dos anos 70, também houve um crescimento continuado numa taxa até mais alta. Só que a taxa do crescimento demográfico caiu muito. Hoje, ela é de 1,4 por cento. Então, quatro por cento de crescimento da economia a 1,4 por cento de crescimento da população equivale a um crescimento de seis por cento do começo dos anos 70, com a população crescendo a três por cento. Efetivamente todos os dados mostram que não houve recessão, houve aumento do poder de compra da população. E continuamos trabalhando em termos de reorganização da estrutura da economia brasileira, para continuar crescendo de forma sustentada.

Não obstante, os setores da esquerda tradicional repetem até hoje essas mesmas coisas. Continuando a resposta à sua pergunta, a população não sente nem que o presidente nem que o plano estejam contra ela. Pelo contrário. É o que explica os índices de popularidade elevados que tenho. Nas camadas mais pobres da população, maior é o apoio que o governo tem e que o presidente, pessoalmente, tem. Há, no entanto, um problema, e aí entra a classe média.

MS — Qual problema?

FHC — Note que há vários tipos de segmentos de classe média no Brasil. O que permitiu o controle da inflação não foi só a ginástica monetária do Plano Real, ou seja, fazer com que a URV, e depois uma política de câmbio específica, segurasse a relação do Real com o dólar. Foi a abertura da economia. Essa abertura não foi feita por mim, começou antes, foi mais forte no governo Collor e continuou no governo Itamar[9]. No governo Itamar, eu era ministro e, a partir de dado momento, ministro da Fazenda. Faltava uma nova etapa de abertura. Houve muita pressão sobre mim por parte dos meus amigos de São Paulo, tanto economistas quanto industriais, que não queriam que se continuasse a abertura. Diziam que a abertura iria desorganizar a produção nacional. Esse é o quarto argumento contra o Plano Real: é que ele — dizem — desnacionaliza, faz a abertura da economia, vem capital estrangeiro e o setor nacional não é capaz de acompanhar. Haveria uma desindustrialização, porque as empresas brasileiras não acompanhariam o investimento. Usavam estes argumentos para tentar me convencer a não continuar a abertura.

Contudo, tomei a decisão de continuar. Depois, já não era mais ministro da Fazenda, mas essa decisão seguiu com o ministro Ricúpero[10] e, sobretudo, com Ciro Gomes[11], com os acordos de Ouro Preto, para fazer o MERCOSUL. Na verdade, no meu atual governo, não ampliei a abertura, pelo contrário... Tentei, em certos setores, corrigir um pouco a abertura; por exemplo, a questão do algodão para os têxteis, a questão automobilística, áreas nas quais tomamos algumas medidas que são protecionistas. Não fui eu quem fez a abertura, mas apoiei-a, porque achei que naquele momento era necessário ha-

9. Itamar Franco (1930). Político, senador (1975-1989), atual candidato ao governo de Minas Gerais. Prefeito de Juiz de Fora (1967-1974). Vice-presidente da República (1990-1992), assumiu a Presidência (1992-1994) após o *impeachment* de Fernando Collor de Mello.

10. Rubens Ricúpero (1938), diplomata. Embaixador em Washington (1991-1993). Ministro do Meio Ambiente (1993-1994) e da Fazenda (abril a setembro de 1994) no governo Itamar Franco.

11. Ciro Gomes (1957), político, candidato às próximas eleições presidenciais (outubro de 1998) pelo Partido Popular Socialista (PPS). Governador do estado do Ceará (1991-1994). Ministro da Fazenda do governo Itamar Franco (setembro a dezembro de 1994).

ver abertura. Então, o que aconteceu? Quando se faz uma abertura, garante-se uma certa baixa de preços do que se importa, sobretudo bens de alimentação, vestuário, bens de consumo durável, televisão, geladeira etc. A indústria nacional teve de se ajustar ao preço internacional, por causa da competição. Mas a gente não consegue importar serviços. São os não-*tradables* como se chama em economia, os que não são comercializáveis. Educação, escola, médico, dentista, aluguel de casa, serviços pessoais, cabeleireiro, manicure, massagista — tudo isso não pode ser importado e os preços subiram muito nesses setores. O povo não usa esses serviços. O povo quando vai à escola, a escola é pública e essa, portanto, não se paga, é gratuita. Mas o filho da classe média, meus netos, por exemplo, vão à escola privada e isso sempre ficou muito caro. Os planos de saúde ficaram muito caros. Então a classe média sofreu um desgaste em função dos serviços.

Em síntese, o grosso da população não perdeu com o Plano Real. Pelo contrário, é o que lhe dá a base de sustentação. Mas alguns setores de classe média pagaram um certo preço por causa dos serviços que só agora começam a baixar. Recentemente — tenho visto os dados — os serviços começaram a cair de preço relativo. Aluguéis de casa estão caindo. Há setores da classe média que efetivamente foram prejudicados. Há setores muito amplos de classe média que vivem comodamente, em comparação com a Europa: têm empregados, têm mais de um automóvel, têm filhos em escolas pagas. Esses setores reclamam. Foram os primeiros a reclamar, e com alguma razão.

MS — Esses setores são extremamente importantes no plano político, pelo menos na Europa. Têm uma influência extraordinária, são os líderes de opinião...

FHC — Têm voz, é isso. Devo, no entanto, distinguir: o Plano não criou condições negativas para o povo, antes pelo contrário; criou algumas dificuldades à classe média, isso sim. É verdade. E a isso soma-se a insatisfação de parte dos setores chamados progressistas, que não perceberam as mudanças que estão ocorrendo no mundo, ou as avaliam mal. Usam a classe média como exemplo de que o país está sofrendo. Repare que eu não estou minimizando o fato, estou explicando.

MS — Mas acha que os setores progressistas, nomeadamente na área do Lula e do PT, bem como a esquerda tradicional brasileira, não se adaptam aos novos tempos?

FHC — Até agora não conseguiram.

MS — Será que não serão capazes de perceber que a melhor maneira de poder lutar contra a globalização é aceitar a sua inevitabilidade?

FHC — Até agora não perceberam. Acham que o governo, e eu em especial, queremos a globalização e eles não querem. Não percebem que a globalização não é um valor, é um processo que poderá ter efeitos mais negativos ou mais positivos, dependendo da nossa capacidade de reação. Continuam achando que se poderia evitar a globalização. Ora, evitar a globalização significaria voltar a uma economia autárquica, o que hoje é impensável, totalmente impensável.

O governo está tentando aprovar políticas inovadoras para adaptar criativa e favoravelmente o interesse nacional e o povo às novas condições da globalização. Por exemplo, a questão da desnacionalização da indústria. Eu pedi a um dos meus principais assessores, o Luciano Martins[12], para investigar o que aconteceu com os principais grupos empresariais brasileiros. Localizou os 33 maiores grupos, entre os muitos funcionando no Brasil. Alguns, brasileiros pela propriedade; outros, por estarem exercendo a sua atividade no Brasil, embora sejam multinacionais. Todos cresceram, não houve nenhum que te-

12. Luciano Martins (1934), cientista político. Autor, entre outras obras, de *Estado capitalista e burocracia no Brasil pós-64* (1985).

nha perdido espaço. Então a idéia de que teria havido uma desindustrialização não tem sustentação nos fatos. Ele conversou com industriais de São Paulo, que têm um centro de debates chamado IEDI[13], o qual sustentava essa tese da desnacionalização. Mas eles próprios já perceberam que não houve desnacionalização.

Surgiu uma nova etapa em que é preciso haver uma maior escala de produção. É claro que aí o governo tem que entrar. O que é que o governo está fazendo? O seguinte: é preciso que haja apoio à indústria, mas não como no passado, impedindo a importação e assegurando subsídio interno. É preciso que haja condições de competitividade. Isto significa basicamente duas coisas: investimento em tecnologia — com apoio do governo — e taxas de juro compatíveis com as taxas de juros internacionais, para que as empresas possam competir. É o que estamos fazendo.

O Banco Nacional de Desenvolvimento Econômico e Social, o BNDES[14], que foi um banco que sempre ajudou os grandes capitais brasileiros, dentro da antiga economia fechada, passou a ajudar não só os grandes capitais, mas o setor produtivo nacional em geral, através de taxas de juro mais competitivas. Hoje, as taxas de juro do BNDES são equivalentes às taxas de juro internacionais para os setores estratégicos para uma nova política de industrialização do Brasil. Resultado: conseguimos, por exemplo, vender aviões Embraer 145[15], ganhando dos canadenses, em competição com um avião canadense fabricado pela Bombardier.

MS — Conseguiram vender a quem?

FHC — Aos americanos, aos franceses. Portugal também comprou...

MS — É exato, Portugal também comprou.

FHC — Mas os americanos foram os que mais compraram. Vendemos para os Estados Unidos mais de cem

13. O Instituto de Estudos para o Desenvolvimento Industrial (IEDI) foi criado no final dos anos 80 por empresários paulistas como uma dissidência da Federação das Indústrias de São Paulo (FIESP).

14. Anteriormente denominado Banco Nacional de Desenvolvimento Econômico (BNDE,) (1952-1982), o Banco Nacional de Desenvolvimento Econômico e Social (BNDES) financia o setor industrial nacional.

15. O Embraer-145 é um jato fabricado pela Empresa Brasileira de Aeronáutica (EMBRAER) Campos (SP). Privatizada por *golden shares*, a EMBRAER é hoje propriedade do consórcio Banco Bozzano-Simonsen, SISTEL, PREVI e Caixa de Previdência da USIMINAS.

aviões, o que representa alguns bilhões de dólares. Acabamos de ganhar uma importante disputa na China para a produção de unidades geradoras da grande hidroelétrica das Três Gargantas. Uma parte do conjunto das máquinas vai ser feita no Brasil, porque conseguimos oferecer planos de financiamento compatíveis com as taxas de juro internacionais.

A indústria que sofreu no início do meu governo foi a têxtil e também a de calçados. Mas elas estão sendo reestruturadas com o apoio do governo, do BNDES, dando origem a um processo muito interessante de realocação industrial.

Muitas indústrias que estavam no Centro-Sul, notadamente em São Paulo, no Rio Grande do Sul, algumas em Santa Catarina, estão agora em Minas Gerais, estão indo para o Ceará, Rio Grande do Norte e Paraíba para produzir calçados e têxteis. Isso se faz com financiamento novo, sendo que a mão-de-obra no Nordeste é mais barata. É um pouco o sistema chinês, o novo tipo de *putting out system* — como no final do período de capitalismo manufatureiro. Com apoio do governo, os empregados se organizam em cooperativas.

A idéia de que havia uma desindustrialização — repare — resultou da não percepção de que entramos numa nova etapa do processo de integração industrial, no novo quadro da globalização, mas com o apoio do governo aos setores empresariais. Só agora esses setores começam a perceber que é assim. A crítica de que não há uma política industrial no Brasil não procede. Há uma nova política industrial. Iniciamos uma política de privatização na área das telecomunicações, por exemplo. Estamos ampliando os setores de telefonia fixa e licitando concessão para telefonia celular. Só com as concessões da Banda B nós vamos obter mais ou menos sete bilhões de dólares. Portanto, o governo reagiu.

Resta o grande problema da classe média, não é isso?

MS — Exato.

FHC — Bem, como eu disse, só agora começamos a estabilizar preços de serviços que a classe média tem que utilizar e que estavam muito elevados. Mas, na classe média, há um problema que acho central: a universidade. Porque a classe média que tem voz passa pelas universidades. Aí temos de entrar na política educacional, que é uma política difícil.

MS — Nós vamos depois talvez voltar às questões da globalização. Em que medida a nova política econômica, a política que o Brasil está a fazer desde que Fernando Henrique chegou à Presidência, vai beneficiar o povo em geral e, depois, as classes médias? Falo das classes médias porque, quanto aos grandes grupos econômicos, industriais e financeiros, não tenho dúvidas. Sei que aí tem um grande apoio, há concordância quanto à sua política...

FHC — Um apoio relativo, há setores que apóiam mas há setores críticos.

MS — Sim, naturalmente, os calçados e os têxteis...

FHC — Os bancos também, muitos faliram.

MS — E quanto à dívida externa?

FHC — A dívida externa é muito pequena.

MS — As reservas brasileiras são grandes?

FHC — As reservas são enormes, são mais de sessenta bilhões de dólares. A dívida externa do setor público é menor do que as reservas.

MS — Contudo, as importações, que quase não pesavam nas contas públicas, deram agora um grande salto com o Plano Real...

FHC — O movimento de importação e exportação dobrou em quatro anos, de cinqüenta bilhões para cem bilhões, nos dois sentidos. Há um problema, que é novo e preocupante: temos um déficit apreciável na balança comercial. Aí há uma aposta...

MS — Uma situação inédita, que nunca houve antes...?

FHC — Não, nunca houve porque a economia era fechada. Não havia tanta importação. O que estamos importando? Bens de capital, máquinas, petróleo, matéria-prima. Apenas vinte por cento são outros produtos, como automóvel, alimentos ou o que seja. Isto é, estamos importando para criar as condições de mudança da estrutura produtiva nacional. As exportações que tinham parado, retomaram. O crescimento, nesse semestre, foi de oito por cento. O que é mais importante do que o quantitativo: os preços agrícolas subiram muito. Estamos exportando muitos *commodities*. Mas o que cresceu mais depressa foram as manufaturas. E para onde? Para a América do Sul. O que se imaginava que ia ser um tremendo déficit da balança comercial, refeitas as contas, verificou-se que houve esta mudança. A questão está em saber se isto vai continuar a acontecer ou se vai haver um agravamento crescente da balança comercial. A balança de transações correntes é compensada pela vinda de capitais externos, que é muito grande. Isso não nos conforta. Precisamos ter uma balança comercial mais equilibrada. Estamos realizando fortes políticas de exportação: financiamento à exportação, adaptando a indústria para a exportação.

MS — Mas essa importação de produtos, por exemplo, alimentares e outros, não está a prejudicar a produção nacional?

FHC — Não. A participação de produtos importados que existem nos supermercados não alcança cinco por cento das vendas. O que está acontecendo é que o mercado se expandiu muito. A expansão do mercado interno foi violentíssima. Para dar um só dado: nos últimos dois anos a produção de geladeiras, televisores e eletrodomésticos subiu num ano 25 por cento, noutro, 35 por cento. Agora desacelerou. Mas houve uma expansão muito grande do consumo interno, porque houve uma pequena redistribuição de renda e um aumento da capacidade de compra. Tenho estudado bastante isso. Quais são os fatores causadores deste fenômeno? Um é a estabilização, visto que o salário não perde valor com o correr do tempo. O outro é que houve um aumento forte do salário mínimo.

Em termos de dólares, o salário mínimo era de 64 dólares antes do Real, antes de 1º de julho de 94, e hoje é de 120 dólares. Mesmo que tenha havido uma deterioração do dólar, em termos de poder de compra, foi um grande aumento. E o salário mínimo — embora pouca gente ganhe salário mínimo — é um indicador de salário que puxa os outros. A verdade é que houve um aumento de salário real, na ordem de 25 por cento, no setor formal. No setor informal da economia foi mais forte ainda. Isto deu um aumento de consumo muito grande, e esse aumento de consumo conduziu a mais importação.

MS — A verdade é que os preços brasileiros subiram muito?!

FHC — Não em função do salário daqui. Subiu o preço dos serviços, mas dos produtos, não.

MS — Por exemplo, os estrangeiros quando entram no Brasil sentem um grande aumento do custo de vida. O turismo deve ter sido muito afetado. Os hotéis são muito caros, a paridade com o dólar é muito pesada para um europeu...

FHC — Claro, em relação ao câmbio. Mas quanto ao consumo doméstico, não. A cesta básica, que é a referência principal, cresceu, em três anos, menos de dez por cento. O salário cresceu bem mais. Para quem consome internamente a vida ficou mais barata, para o povo essencialmente. Aliás, quase todos os produtos básicos de consumo ficaram estabilizados nestes três anos. O povo não vai ao hotel...

MS — Pois não, claro. Mas há o turismo externo e interno, também conta.

FHC — Sim, a classe média outra vez. Aí temos de novo o mesmo problema, com os serviços que encareceram. Mas enfim, o que quero dizer é isso. Se forem ler os discursos que fiz no Congresso, no Senado, há muitos anos, eu não tinha a clareza que tenho hoje sobre certos processos, mas vão na mesma direção. As pessoas às vezes querem pegar contradições entre o que eu dizia e o que digo hoje. Elas pegam contradições entre o que elas pensam que eu dizia e o que eu digo, mas não com o que eu disse mesmo...

II

UM PLANO EM TEMPOS DE INCERTEZA

1. Revista semanal de ampla tiragem, publicada pela Editora Abril.

"Acho que era o dia 11 de julho de 94, fui ao interior da Bahia, a uma cidade chamada Santa Maria da Vitória, para fazer um comício ... Chegando lá, percebi que iria ganhar as eleições ... A população estava eufórica ... Pedia que eu autografasse a moeda, a nota de um real."

Fernando Henrique Cardoso

MS — Vamos continuar — antes de entrarmos nos grandes problemas da atualidade, ideológicos e outros — nos aspectos, digamos, mais imediatos.

Para assinalar a passagem dos 175 anos da independência do Brasil, o Presidente deu uma longa e muito interessante entrevista à *Veja*[1]. Explicou as suas razões com grande sentido didático e descreveu alguns dos desafios que o Brasil vai enfrentar, para o próximo tempo. Fê-lo com confiança no futuro e até com um certo otimismo. Antes de entrarmos por aí — isto é, o que pensa do Brasil atual, qual o seu projeto para o Brasil do futuro — gostaria de ouvi-lo sobre as suas próprias motivações pessoais. Há pouco falou-me de que, quando era ministro da Fazenda, não lhe passava ainda pela cabeça ser presidente da República. Pois bem: quando pensou, foi com que motivações, para fazer o quê? Partindo de que análise da situação do Brasil e do mundo? Obedecendo a que preocupações? Eram preocupações meramente conjunturais? Como e por que razão surgiu essa hipótese? Não havia outra possibilidade? Ou, pelo contrário, fundamentou-a numa visão a médio ou mesmo longo prazo?

FHC — Primeiro, vamos só recuar um pouquinho no tempo para eu mesmo me motivar para a resposta. Eu era ministro do Exterior do presidente Itamar Franco. O presidente Itamar Franco foi meu colega no Senado. Tivemos sempre relações boas, mas não de proximidade. Aproximei-me mais do presidente Itamar Franco quando ele era vice-presidente. Estávamos então em pleno processo do *impeachment* do presidente Collor. Recebi um recado pelo senador Jutahy Magalhães[2] — que era amigo do Itamar — dizendo que o vice-presidente queria conversar comigo. Fui e ele me perguntou: "Que é que vai acontecer?" Respondi: "Vai acontecer que você vai ser presidente da República". Ele disse: "Não, não é verdade." Enfim, recusou a hipótese, mas ele sabia que isso ia acontecer. Diga-se de passagem, eu resisti ao afastamento do presidente Collor antes de saber das coisas, porque me parecia que era uma violência muito grande. O Ulysses Guimarães[3] também resistiu.

MS — Isso foi, aliás, uma das grandes dificuldades do Brasil. Mas, ao mesmo tempo, mostrou uma grande maturidade do povo brasileiro e da classe política, tem de se reconhecer...

FHC — Um momento muito difícil. Então Itamar me disse: "O que você acha?". Respondi: "Penso que haverá dificuldades para o seu governo. Existem setores no Brasil que o consideram ultranacionalista, que você gostaria de ver a economia mais fechada. Aí haveria, portanto, um passo atrás a dar no processo de abertura econômica que está em marcha". Ele me perguntou: "Você acha

2. Jutahy Magalhães (1929), político, senador (1979-1995). Deputado federal (1975-1979).

3. Ulysses Guimarães (1916-1992), político. Deputado federal a partir de 1951, fundador e presidente do Movimento Democrático Brasileiro (MDB), um dos líderes da resistência legal ao regime militar. Presidente do Partido do Movimento Democrático Brasileiro (PMDB) desde a sua fundação em 1980. Presidente da Assembléia Constituinte que promulgou a Constituição vigente em 31 de agosto de 1988.

que sou burro?" Certamente que não, ele é um homem inteligente. Respondi: "Itamar, você é muito teimoso". Conversei profundamente com ele. Por fim, disse-lhe: "Se você está disposto, realmente, a assumir as coisas de uma maneira construtiva para o Brasil, e não com uma visão, enfim, preconceituosa...".

MS — Passadista...

FHC — "...passadista, eu vou te ajudar e vou trazer pessoas de São Paulo para conversar com você". Porque ele não tinha ligações com São Paulo. Disse: "Vou assumir essa responsabilidade". Dei uma entrevista ao jornal *O Estado de S. Paulo* afiançando que a posição do presidente Itamar era a de um homem de visão, um homem que estava se abrindo para o mundo, que não faria no governo aquilo que diziam. Itamar gostou do que eu disse. Porque afiancei, enfim, que o Itamar seria um homem capaz de governar percebendo os sinais do mundo. A partir daí, o Itamar e eu nos falamos muitas vezes. Disse-me que queria que eu fosse — já então era claro que iria ser presidente — ministro das Relações Exteriores. Pois não sei por quê, todo mundo achava que isso era meu sonho, ser ministro das Relações Exteriores. Eu vi isso nos jornais várias vezes.

MS — Nesta altura ainda não era?

FHC — Não, era senador e líder do PSDB. Eu, na verdade, não sou pessoa de ter assim projetos de poder para mim, pelo menos de cargos, não fico fixo em uma coisa. Mas disse: "Se você achar que eu devo ser ministro do Exterior, serei, com muito gosto". Mais adiante Itamar me disse pensar que eu não estava querendo ser ministro do Exterior, que eu estava achando, eventualmente, que não era um espaço adequado. Eu perguntava-lhe sempre quem seria o ministro da Educação. "Já tenho o ministro da Educação", respondia; mas não me dizia quem era.

Ele desconfiou que eu quisesse ser. Perguntou-me se era assim. Disse-lhe que não. "Você afaste essa hipótese. Eu não sou educador. Sou pesquisador, o que é uma coisa diferente. Fui sempre um homem de pesquisa, nunca fui propriamente um educador. Não entendo de educação. A minha preocupação é que você não coloque no ministério da Educação alguém que lá vá fazer política clientelista." Acabou por colocar um amigo que foi seu secretário de Educação em Juiz de Fora e que não estava de fato subordinado aos interesses políticos. Então me nomeou ministro do Exterior, função que exerci com a maior satisfação.

Estava no Japão. A todos os lugares que ia tentava explicar que, apesar da inflação, o Brasil estava entrando numa nova fase. As empresas tinham se reorganizado. O crescimento estava sendo retomado. Isso foi em 93. Bem, fui ao Japão para refazer as relações com o Japão, porque o governo Collor, por meio da ministra Zélia Cardoso[4], tivera um insucesso grande na relação com os japoneses. Fui lá e, tanto na ida como na volta, passei pelos Estados Unidos. Na ida conversei com o Boutros Gali[5] sobre Angola, e conversei com o então secretário de Estado americano, Warren Christopher[6]. Dei uma entrevista com ele, falamos sobre Angola. E no regresso do Japão, estava na casa do embaixador na ONU, Ronaldo Sardenberg[7]...

MS — Lembra-se que, nessa altura, encontrei-o no aeroporto de Brasília? Tivemos uma conversa a propósito da situação e o meu amigo admitiu a possibilidade de vir a ser ministro das Finanças. Eu fiquei horrorizado com a hipótese, lembra-se disso?

FHC — Lembro-me. Por que é que houve isso? Porque começou a pressão em cima de mim. No Japão, come-

4. Zélia Cardoso de Mello (1948), economista. Ministra da Economia no governo Collor de Mello, promotora do Plano Collor de estabilização econômica, em 1990.

5. Boutros Boutros-Ghali (1922), ex-secretário-geral da Organização das Nações Unidas (ONU).

6. Warren Christopher (1925), político norte-americano. Secretário de Estado dos Estados Unidos no primeiro governo Clinton (1993-1997).

7. Ronaldo Sardenberg (1940), diplomata. Ministro-chefe da Secretaria de Assuntos Estratégicos (SAE) desde o início do governo Fernando Henrique Cardoso.

çaram a me telefonar. Voltei, fui jantar na casa do embaixador Sardenberg, em Nova York, e quando estava lá, propus: "Vamos fazer um brinde à japonesa, no começo do jantar?". Eles estavam todos preocupados porque havia rumores de que eu sairia do Itamaraty para ser ministro da Fazenda, mas eu dizia, tranqüilo: "Não vai acontecer nada disso...". Quando estava fazendo o brinde, a mulher do Sardenberg, Célia, chegou junto de mim e disse: "Ministro, o presidente Itamar quer falar com o senhor". Eu interrompi o brinde. Fui para a sala do telefone. O Itamar me perguntou: "Você está sentado ou em pé?". Estava sentado. E logo a seguir: "Você não quer ser ministro da Fazenda?". Respondi-lhe: "Itamar, você sabe que não quero. Estou muito bem como ministro de Relações Exteriores. Mas por que você está perguntando isso?". Respondeu: "Porque o Eliseu (o Eliseu Resende[8], hoje deputado) virá aqui falar comigo e acho que ele vai pedir demissão". Resisti: "Itamar, pelo amor de Deus, mantenha o Eliseu, é o quarto ministro da Fazenda, já não sei o que dizer no exterior, mantenha o Eliseu, o Eliseu está tentando organizar as coisas". Respondeu-me: "Está muito difícil a situação do Eliseu. Houve algumas críticas a ele no Senado sobre um negócio de uma empresa que teria pago uma hospedagem dele em Washington. O clima é muito ruim".

Naquele momento, com efeito, o governo Itamar atravessava grandes dificuldades. Então eu disse: "Olha, Itamar, não estou no Brasil, não sei avaliar a extensão da crise aí, sou seu amigo, mas não quero ser ministro da Fazenda. Agora, quem vai julgar isso é você. Com uma condição, você me telefona para nós conversarmos antes. Porque queria que você insistisse com Eliseu para ele continuar no ministério". Foi assim a nossa conversa telefônica. Voltei para o jantar já muito perturbado. Os outros convidados perceberam que havia alguma coisa de estranho.

8. Eliseu Resende (1929), engenheiro, político. Ministro dos Transportes do governo João Figueiredo (1982). Ministro da Fazenda do governo Itamar Franco (1993-1994). Deputado federal (1995).

Mais tarde, no fim do jantar, de novo a senhora do embaixador me procurou e disse: "O ajudante de ordens do presidente Itamar disse que ele não precisa mais falar com o senhor". Fui dormir tranqüilo. De manhã cedo toca o telefone, era minha mulher, muito nervosa, coisa que não é próprio dela: "Você foi nomeado ministro da Fazenda". Eu digo: "Não, eu combinei com o Itamar que ele não ia me nomear sem falar comigo, isso é coisa da imprensa". Toda a imprensa estava telefonando para o hotel.

Aí o ministro Lampreia[9], que era meu secretário-executivo, me telefona: "Você foi nomeado ministro da Fazenda. Está aqui no *Diário Oficial*". Telefonei para o Itamar. Atendeu Raimunda, a empregada dele, dizendo que ele não podia atender de momento. Mais tarde, voltei a telefonar e ele deu uma gargalhada: "Nomeei você ministro, esta madrugada. A repercussão foi ótima". "Mas o que é que eu faço agora? E o Banco do Brasil? Você acabou de nomear o ministro do Planejamento (ele tinha nomeado uma semana antes). E o Banco Central?". Ele respondeu: "Você tem carta branca". "E a Receita, você nomeou?". "Tem carta branca, você faz o que quiser", respondeu Itamar.

Assim é que eu me tornei ministro da Fazenda. Eu estava em Nova York, chamei o Pedro Malan[10], que é meu amigo, e um economista, Armínio Fraga[11]. Disse-lhes: "O que é que vamos fazer? Eu preciso da ajuda de vocês". Tomei o avião de volta para o Brasil. Trouxe o meu chefe de gabinete, que era o embaixador Sinésio Sampaio Góis (que está agora em Portugal) e disse: "Olha, Sinésio, você vai ter de ir comigo para a Fazenda porque não tenho ninguém". Cheguei aqui, fui a meu apartamento, tomei uma ducha, vim ao Palácio do Planalto. Cheguei lá, já estava o Eliseu Resende e me passou o cargo.

Depois do almoço fui para o Ministério da Fazenda. Fiz um discurso de posse onde indiquei o meu pro-

9. Luiz Felipe Lampreia (1941), diplomata, ministro das Relações Exteriores desde o início do governo Fernando Henrique Cardoso. Embaixador em Portugal (1990-1992). Secretário-geral do Ministério das Relações Exteriores (1993-1994).

10. Pedro Malan (1943), economista, ministro da Fazenda desde o início do governo Fernando Henrique Cardoso. Presidente do Banco Central (1993-1995).

11. Armínio Fraga, economista e financista brasileiro.

grama. Fiz no avião, na minha cabeça. Disse: "Aqui, temos de combater a inflação. Nosso problema número um é a inflação. O número dois, a inflação. O número três, a inflação". De onde é que tirei isto? Do José Serra[12], que toda a vida me disse o mesmo. Disse e fiz: "O Brasil está retomando o crescimento, as empresas estão com recursos, o nosso problema é o setor público. O Estado está falido, temos de combater a inflação e repor as finanças públicas, senão isto não vai para a frente, não há política social que se sustente num Estado que não tem capacidade efetiva perante uma tal corrosão inflacionária".

Enfim, as idéias fundamentais, óbvias, foram expostas. E passei a ser ministro da Fazenda. Ninguém queria vir trabalhar comigo. Chamei os amigos mais próximos, o Sérgio Motta[13], que sempre foi meu amigo, o Serra, o Bacha, todos do meu partido, do PSDB. Edmar Bacha[14], depois de muito esforço, concordou em passar alguns dias da semana em Brasília, acabou ficando e foi ótimo, ajudou muito, mas não quis assumir nenhum posto, ficou como assessor especial. O Malan me disse que passaria uma semana por mês no Brasil porque estava negociando a dívida do Brasil lá fora. Tentei vários secretários-executivos, não aceitaram. O Sérgio Motta disse: "E por que não o Clóvis Carvalho?[15]". Tinha sido o segundo do Serra na Secretaria do Planejamento, em São Paulo. O Clóvis aceitou, era vice-presidente de uma empresa chamada Vilares. O Clóvis também é do PSDB e tem um grande sentido público. Aceitou ser secretário-executivo. O meu relacionamento com o Clóvis não era próximo. O secretário-executivo é o segundo do Ministério. Aí conseguimos que o Winston Fritsch[16], que é também do PSDB, aceitasse ser secretário de Política Econômica. Depois, o Fritsch e o Malan propuseram o Gustavo Franco[17], que eu não conhecia. Mas tinha um problema: o Gustavo Franco tinha atacado o Itamar. Mandei chamar o Gustavo Franco, isto tudo numa semana, e disse: "Olha,

12. José Serra (1943), economista, político, senador desde 1995. No governo Fernando Henrique Cardoso foi ministro do Planejamento (1995-1996) e é ministro da Saúde desde abril de 1998. Deputado federal (1987-1995). Fundador e liderança do PSDB.

13. Sérgio Motta (1940-1998), empresário e político. Fundador do PSDB e uma de suas lideranças mais ativas. Coordenou a campanha presidencial de Fernando Henrique Cardoso em 1994 e foi o ministro das Comunicações desde 1995 até sua morte.

14. Edmar Bacha (1942), economista. Presidente do IBGE (1985-1986). Presidente do BNDES (1995). Autor de *Latin America's reentry into private financial markets: domestic and international issues* (1993)

15. Clóvis Carvalho (1938), engenheiro, ministro-chefe da Casa Civil da Presidência da República desde o início do governo Fernando Henrique Cardoso. Secretário executivo do Ministério da Fazenda (1993-1995).

eu não posso propor ao presidente para nomear você, porque você atacou o presidente. O presidente é um homem de bem. Eu convenço o presidente, mas dá um tempinho". Aí demorou um pouco e eu nomeei o Gustavo Franco como adjunto — hoje é presidente do Banco Central, foi um dos autores do Plano Real.

Fomos, assim, criando uma equipe. O Serra ajudou a fazer o plano de ação imediata — PAI. O Bacha, o Serra e o Fritsch fizeram um plano de contenção de gastos públicos. Foi um começo. O Brasil precisava que alguém enfrentasse esses problemas. A receptividade foi muito boa, no Brasil, para o meu nome como ministro da Fazenda. Não tenho formação especial em economia. Trabalhei na CEPAL[18], é verdade, mas sou sociólogo, não sou economista. Enfim, veio a tarefa e comecei a enfrentá-la.

Como é que nasceu o Plano Real? Surgiu assim: o Luís Carlos Bresser[19], que é meu vizinho de chácara, em Ibiúna, em São Paulo, me procurou várias vezes e me interrogou: "Tenho a certeza de que você está preparando algum plano, além desse plano de ação imediata, além da contenção do gasto público. Realmente isso não vai resolver a inflação". Eu sabia que não resolveria, pois não é só uma questão de gasto, de orçamento equilibrado, precisa de mais imaginação.

Aí, numa tarde, em São Paulo, peguei o carro — sempre guiei meu carro, mesmo como ministro, nunca usei motorista, nem guarda-costas, nada disso — e fui à casa do André Lara Rezende[20], que é um homem de imaginação e é também do PSDB. Conversei com o André. Ele apresentou algumas idéias que me pareceram boas. Antes disso, o Edmar Bacha já tinha dado algumas idéias na mesma direção, que igualmente me pareceram boas. Foi a URV. Quer dizer, provocar uma inflação sob controle para dar uma noção de estabilidade de preço. Então estabelece-se uma referência, como se

16. Winston Fritsch (1947), economista. Secretário de Política Econômica do Ministério da Fazenda (1993-1995).

17. Gustavo Franco (1956), economista. Diretor de Assuntos Internacionais do Banco Central (1993-1997). Presidente do Banco Central desde 1997.

18. A Comissão Econômica para a América Latina (CEPAL) é um órgão das Nações Unidas sediado em Santiago do Chile. Sob a direção (1948-1962) do economista argentino Raul Prebisch (1901-1996), foi o centro da formulação da teoria do desenvolvimento para os países daquela região.

19. Luiz Carlos Bresser Pereira (1934), economista, ministro da Administração Federal e da Reforma do Estado desde o início do governo Fernando Henrique Cardoso. Ministro da Fazenda no governo Sarney (1987). É autor, entre outros, de *Economic reforms in new democracies* (1993).

fosse um dólar. Todos os preços variam, mas aquele fica estável. Tudo seria, assim, uma coisa imaginativa, mas muito difícil. Poderia dar um resultado péssimo. Pedi ao André para falar com o Bacha e com o Malan. Começamos a preparar esse plano sem que ninguém soubesse. Nesse meio tempo, Itamar entrou em choque com o presidente do Banco Central e com o presidente do BNDES.

Primeiro, com o Banco Central, criou uma situação difícil por causa de cheque pré-datado. O presidente do Banco Central pediu demissão. Eu estava no Rio, como ministro da Fazenda. O Itamar é impulsivo. Eu voltei para Brasília. No dia seguinte, era uma sexta-feira, 13 de agosto de 1993, tinha um jantar com o André Lara Rezende e com o Pedro Malan para discutir a nova política do plano FHC. Jantamos e fui insistindo para que eles viessem para o Banco Central. Pedro, para o Banco Central, mas o Pedro não queria. Aí o André disse: "Pedro, se você for para o Banco Central, eu assumo a negociação da dívida". Foi a pressão de que necessitava. Peguei o telefone cerca das onze e meia da noite. Repare que só falei com o Itamar, à noite, duas vezes, durante todo o governo, visto que não gosto de incomodar os presidentes. Digo sempre isso porque os meus ministros me telefonam o tempo todo... "Olha, Itamar, vou passar para você o novo presidente do Banco Central, Pedro Malan." Passei. Itamar convidou-o feliz. "Agora o novo negociador da dívida será o André Lara Rezende."

Com o Banco Nacional de Desenvolvimento Econômico e Social — BNDES sucedeu a mesma coisa. Houve uma crise e eu sugeri três nomes ao Itamar: o Pérsio Arida[21] e mais dois. O Pérsio era quem nós queríamos; no entanto, disse ao Itamar com lealdade: "Já nomeamos o André; se nomearmos o Pérsio, o Brasil vai achar que estamos fazendo um novo Plano Cruzado". O Itamar

20. André Lara Rezende (1951), economista, um dos formuladores do Plano Cruzado (1985). Presidente do BNDES desde abril de 1998.

21. Pérsio Arida (1952), economista. Presidente do BNDES (1993-1994). Presidente do Banco Central no início do governo Fernando Henrique, até junho de 1996. É autor, entre outros, de *Inflação zero. Brasil, Argentina, Israel* (1986).

respondeu: "Mas é o que eu quero". E nomeou o Pérsio Arida.

Assim ficamos com uma equipe: Bacha, Pérsio Arida, André Lara Rezende, Winston Fritsch, Gustavo Franco, Pedro Malan. Tínhamos massa crítica para fazer um plano. Fizemos o plano. Foi uma luta tremenda dentro do governo e com o Congresso. Só foi possível porque havia uma crise no Congresso, que desarticulou a Comissão de Orçamento e, portanto, as pressões por maiores gastos.

O plano começou a funcionar. Itamar sempre avaliando se aquilo andava ou não andava, mas com muita confiança em mim. Eu sempre dizendo que ia dar certo. Quando chegou janeiro de 94, começamos a tomar medidas. É difícil preparar um plano desses com uma inflação altíssima, com a pressão de Congresso, num ano eleitoral.

Havia, além disso, a dúvida sobre quem seria o candidato à Presidência da República. Tinha de ser um candidato que bancasse o plano. Eu queria que fosse — até fizemos várias reuniões nesse sentido — alguém do PMDB. Sugeri que fosse o Antônio Britto[22], que é governador do Rio Grande do Sul. Era, na época, um bom ministro de Previdência. A minha tese era que, ficando eu no Ministério da Fazenda, teríamos o controle das coisas e faríamos o plano avançar. Eu não tinha popularidade para ser presidente. Falei com o Pedro Simon[23], falei com o Britto, enfim com o PMDB...

Pedro Simon era senador e líder do governo do Itamar. Queria ser candidato mas não tinha apoios. No PSDB, chamei o Tasso Jereissati[24], que é hoje governador do Ceará. Era presidente do PSDB. Disse-lhe: "Tasso, não tire ninguém da lista dos possíveis, vamos fazendo pesquisas para ver quem tem mais força". Até que percebi que o Itamar queria que fosse eu. Se não aceitasse, Itamar ficaria sem confiança na vitória e eu, como ministro da Fazenda, não poderia fazer o que queria, porque não

22. Antônio Britto (1952), jornalista e político. Deputado federal (1987-1991), governador do estado do Rio Grande do Sul desde 1995. Ministro da Previdência Social no governo Itamar Franco (1992-1994).

23. Pedro Simon (1930), político, senador. Ministro da Agricultura no governo Sarney (1985-1986). Governador do estado do Rio Grande do Sul (1987-1990).

24. Tasso Jereissati (1948), empresário e político, governador do Ceará de 1987 a 1991 e novamente desde 1995. Liderança do PSDB.

teria força política. Essa foi a razão pela qual, no meu íntimo, foi se formando a possibilidade de ser candidato.

Quando deixei o Ministério da Fazenda para ser candidato tinha seis por cento, por aí, de apoio popular. No fundo, o que eu queria era fazer o Plano Real, o plano de estabilização, tinha jogado tudo...

MS — Mas o plano não estava já feito?

FHC — Estava preparado, mas não inteiramente implantado. Eu saí em abril. O que estava feito era só a URV, mas a troca de moedas foi em julho. O povo percebia apenas a inflação crescente. Tivemos muita luta. Quem me substituiu foi o Ricúpero, que foi muito bom na difusão das idéias do plano. Foi uma luta tremenda porque a equipe dos economistas estava com medo de ultimar o plano, lançar a troca de moedas.

MS — Por que é que o Ricúpero saiu? Já não me lembro.

FHC — Porque o Ricúpero, em setembro, falou na televisão umas coisas inconvenientes. Ele não sabia que estava ligado à televisão e aquilo foi reproduzido.

MS — Ah sim, sim...

FHC — Aquilo criou uma dificuldade enorme. Foi a maior crise política que tivemos. Quando eu saí em abril o plano estava totalmente preparado, tínhamos a URV, o povo não sentiu nada porque a inflação continuava, até tinha aumentado por causa da técnica de hiperinflação. Foi muito arriscado mas não havia alternativa política. Maio e junho foram meses muito difíceis. Em maio, os empresários não queriam saber de mim porque achavam que o Lula ia ganhar. A equipe econômica hesitava quanto ao momento para fazer a troca da moeda, que era o momento decisivo, com medo de que não houvesse condições de estabilização. E eu estava insistindo. O Itamar também.

Itamar sempre ficou do meu lado nessas pugnas, porque ele sentia que era preciso. Politicamente, tínhamos que fazer o plano avançar.

MS — O Itamar era contra o Lula, claramente?

FHC — Ele era contra. No dia 1º de junho, eu queria que saísse o plano. A equipe não concordou. "Está bem, então vamos colocar a data de 1º de julho como data fatal, para que haja um limite." Assim foi. Esta foi, no fundo, a minha motivação. Qual era a minha visão? Com a inflação o Brasil estaria perdido. A inflação arruína a população e o Brasil estava sem Estado. Ou se reconstruía o Estado ou não havia como levar este país para diante, de modo a fazer frente ao desafio inadiável, a globalização. Toda a minha motivação para a Presidência foi essa. Note que saí sem nenhuma garantia de que fosse ganhar.

Só senti que podia ganhar em julho de 94, quando já estava lançada a nova moeda. Acho que foi no dia 11 de julho, fui ao interior da Bahia, a uma cidade chamada Santa Maria da Vitória, para fazer um comício. Cheguei tarde, fui num avião de um só motor que assustou todo mundo, um avião pequenininho. Chegando lá, percebi que iria ganhar as eleições. Esperava-me o Antônio Carlos[25], que era o grande chefe da Bahia. A população estava eufórica. No comício, o povo pedia meu autógrafo. Pedia que eu autografasse a moeda, a nota de um real. Uma pessoa disse, com orgulho: "O real vale mais do que o dólar". Toda a gente sentia, logo no começo do Real, o apoio popular à moeda. Daí por diante, os índices de aprovação ao candidato do PSDB cresceram muito e o Lula ficou estacionado.

A moeda é um símbolo nacional. É o que Darcy Ribeiro[26] dizia e com razão: "A moeda é como a língua, um símbolo nacional, não serve só para comprar e vender, é mais do que isso, é uma espécie de orgulho na-

25. Antônio Carlos Magalhães (1927), político. Senador desde 1995 e atual presidente do Senado. Um dos principais líderes do Partido da Frente Liberal (PFL). Deputado federal (1959-1967 e 1970-1971). Governador do estado da Bahia (1971-1975, 1979-1983 e 1991-1995). Ministro das Comunicações do governo Sarney (1985-1989).

26. Darcy Ribeiro (1922-1997), antropólogo, romancista e político. Reitor da Universidade de Brasília (1961-1962). Ministro da Educação (1962-1963) e chefe da Casa Civil (1963-1964) do governo João Goulart, senador (1991-1997). Autor, entre outras obras, de *Estudos de antropologia da civilização* (em 4 vols., 1968-1970) e de *O povo brasileiro* (1995).

cional". Por exemplo, agora, uma ex-empregada da minha mãe foi à Europa — o que é uma coisa fantástica! —, foi a Portugal, à Espanha, à Itália e à França. Voltou encantada. Depois disse: "Professor — ela me chama assim — o nosso dinheiro eu troquei em toda a parte, menos em Portugal".

MS — *(Risos)* Que diabo, logo em Portugal...

FHC — Perguntei ao Guterres[27]: "Por que não se trocam reais em Portugal?" Ele explicou: "Os bancos são livres para trocar ou não. O real tem curso em Portugal".

MS — Exato. Nós compramos reais em Portugal, tranqüilamente.

FHC — Claro, ela foi a algum banco que não vendeu. Mas o curioso é isso: a moeda como orgulho nacional.

MS — Portanto, posso concluir que a idéia de ser presidente da República surge com o Plano Real?

FHC — Surge com o Plano Real, quando eu percebi...

MS — Quando percebe que é indispensável para prosseguir o Plano Real ser presidente da República. Porque se não o fosse, não tinha nenhuma garantia de que o Plano Real viesse a ser um êxito. E também por pensar que o Plano Real é a chave para a construção de um novo Brasil.

FHC — Essa foi a motivação.

27. Antônio Guterres (1949), engenheiro, político e líder socialista. Primeiro-ministro de Portugal desde outubro de 1995.

III

DESENVOLVIMENTO E DEPENDÊNCIA

"Nos anos 60, escrevi esse livro sobre dependência que é o oposto do que dizem hoje que eu teria escrito. Ou seja, era uma tentativa de dizer coisas semelhantes ao que digo hoje sobre globalização."

Fernando Henrique Cardoso

MS — Qual era a análise que fazia da situação do Brasil, nesse tempo? E, ao mesmo tempo, da situação do mundo envolvente, isto é: que condicionava o Brasil? Temos que entender que a idéia de se candidatar à Presidência surge de uma maneira bastante conjuntural, sob o impulso de circunstâncias concretas de uma certa época e por pensar que era a pessoa que tinha, nessa época, especiais condições para fazer as reformas que entendia necessárias para o progresso do Brasil. É assim?

FHC — É assim. Ora veja, de onde é que vem essa percepção? Em primeiro lugar a minha geração foi muito influenciada pela idéia de desenvolvimento. Celso Furtado[1] teve nisso um enorme papel.

MS — Exatamente. A dialética do desenvolvimento e da dependência, como circuitos-chave...

FHC — Lutas contra o subdesenvolvimento. Passei boa parte da minha vida, nos anos 50 e 60, lidando com

1. Celso Furtado (1920), economista. Colaborador de Raul Prebisch na CEPAL, projetou e presidiu a Superintendência do Desenvolvimento do Nordeste (SUDENE) (1959 a 1962). Ministro do Planejamento do governo Goulart (1962-1963) e da Cultura no governo Sarney (1986-1988). Autor, entre outros, do clássico Formação econômica do Brasil (1959).

esses temas. Fui para a CEPAL, trabalhei com Raul Prebisch[2]...

MS — Desenvolvimento e dependência...

FHC — Trabalhei com o Aníbal Pinto[3], com o Osvaldo Sunkel[4], enfim com esta geração de latino-americanos. A idéia latino-americana de dependência e de necessidade do desenvolvimento, na economia, nasce nessa geração, de Prebisch, Celso Furtado. É mais do que uma geração. São várias...

MS — O Celso Furtado tem em relação a si o que, mais dez anos?

FHC — Tem mais, tem onze anos. E Prebisch deve ter em relação ao Celso mais dez. Celso influenciou muito a minha geração. Eu sou amigo dele, e fui de Raul Prebisch, que foi o grande inspirador da CEPAL. Mas antes de ser meu amigo eu já lia os livros do Celso. Ali pelos anos 50, 60, fomos criados com a idéia de que era preciso desenvolver o país para integrar o povo. Não era uma idéia econômica, era uma idéia sócio-econômica, quer dizer, fomos muito influenciados por isso, e por correntes marxistas de pensamento, li muito o Marx, li *O capital*[5].

MS — O grupo do *Capital*...

FHC — O grupo do *Capital*. Li cuidadosamente o Marx e...

MS — Dou-lhe os meus parabéns porque eu nunca consegui passar do primeiro capítulo.

FHC — Aquilo requer uma paciência infinita. Bem, e nós então adquirimos uma formação sólida com relação a certos temas. O tema do desenvolvimento era obsessivo, como o da integração...

2. Raul Prebisch: veja nota 18 do Capítulo I. O seu ensaio *El desarrollo económico de la América latina y algunos de sus principales problemas*, de 1950, foi considerado o "Manifesto" da CEPAL.

3. Aníbal Pinto, economista chileno, inspirou as reformulações teóricas da CEPAL nos anos 60, particularmente nos temas da concentração de renda e da concepção estruturalista da inflação.

4. Osvaldo Sunkel, economista chileno, um dos formuladores da teoria da dependência, co-autor de *El subdesarrollo latinoamericano y la teoria del desarrollo* (1970).

5. No final dos anos 50, um grupo de amigos, todos eles acadêmicos, como Fernando Henrique Cardoso, Ruth Cardoso, Roberto Schwarz e José Arthur Giannoti, dedicaram-se a uma leitura sistemática de *O capital*, de Marx.

MS — Integração nacional. Vamos a ver... Diga-me então o que isso significa. Fale-me, sobretudo, de desenvolvimento *versus* dependência...

FHC — Desenvolvimento autônomo. E por autônomo queríamos significar que existiria uma burguesia nacional — isso nos anos 50... Uma burguesia nacional e um Estado capaz de criar as condições para essa autonomia, para essa integração nacional. Políticas de equalização regional. O Nordeste não devia permanecer atrasado. Enfim, estas eram as idéias-chave. Claro que há aqui muita nuance a estabelecer. Os comunistas viam isso de uma maneira mais mecânica, de imperialismo *versus* antiimperialismo. A questão relativa ao latifúndio, aliada ao imperialismo, algo que nunca houve, mas eles pensavam assim. O Estado tinha de ser recuperado pela aliança da burguesia com o...

MS — O proletariado.

FHC — Era essa a discussão de fundo. A minha geração criou-se ao redor dessas idéias. A idéia de que o Brasil é um país com muito potencial, um país rico. Mas a idéia que tínhamos de riqueza era um tanto antiquada. Pensávamos nas riquezas naturais, terra, mão-de-obra barata e minérios que dariam a base para uma integração futura. Mas sabíamos que era necessário industrializar. Para industrializar era preciso ciência, universidade e Estado, não é isso? A visão era muito Estado, o Estado com variantes e muito antiliberal. Essa era a visão que tínhamos naquela época, não é isso?

MS — Sim, na Europa pensávamos exatamente o mesmo.

FHC — E muito antiimperialista, muito antidependência. Bem, nos anos 60, escrevi esse livro sobre dependência[6] que é o oposto do que dizem hoje que eu teria escrito. Ou seja, era uma tentativa de dizer coisas semelhantes

6. Trata-se de *Dependência e desenvolvimento na América Latina* (1970), originalmente publicado em espanhol em 1969. Foi escrito em co-autoria com Enzo Falleto entre 1965 e 1967, no Instituto Latinoamericano de Planificación Económica y Social (ILPES) das Nações Unidas, em Santiago.

7. Enzo Falleto, sociólogo chileno. Professor e membro do comitê diretor da Facultad Latinoamericana de Ciencias Sociales (FLACSO).

às que digo hoje sobre a globalização. Dizia o seguinte: "Não existe uma só dependência; existem formas diferentes de dependência, segundo a vinculação da componente externa com a interna. Há aí uma dinâmica, que é interna, que pode modificar o externo". Isso é o que eu dizia, com Falleto[7], sobre dependência, contra outros que diziam o oposto, de uma forma algo mecânica. Diziam que a infra-estrutura econômica condicionava a superestrutura política, num marxismo vulgar e, ainda, que sem socialismo não há autonomia. Eu não dizia isso, dizia que pode haver formas diversas de desenvolvimento.

Mais tarde, já nos anos 70, inventei um conceito a que chamei "desenvolvimento dependente associado", associado às multinacionais. Então, nos anos 70, a discussão, aqui no Brasil, era das relações do Estado com as empresas nacionais, multinacionais e estatais. A esquerda tradicional negava que estivesse havendo uma transformação da sociedade; eu afirmava que estava havendo uma modificação grande, que se estavam formando novas classes médias, um proletariado que crescia, um setor de operários que crescia muito e que não se podia imaginar que a dependência significasse estagnação.

A esquerda arcaica achava que a dependência levava à estagnação e que só a revolução produziria uma modificação. Não era o meu pensamento. Agora eles me atribuem ter difundido no passado tudo aquilo que eu criticava, já naquela época. Essas eram as idéias-base. As idéias que difundi como ministro da Fazenda não representam uma ruptura, mas antes um *aggiornamento* do que sempre pensei.

A idéia de nação continua muito forte no meu pensamento. Só que, nas condições atuais, o empecilho é que o Estado virou burocrático e clientelista. Você hoje tem a presença do setor privado dentro do Estado, a privatização do Estado.

Nos anos 70, escrevi artigos sobre a "burguesia de Estado" que tiveram alguma influência. A esquerda tradicional era a favor da burguesia de Estado. Claro que a expressão "burguesia de Estado" é uma contradição nos termos. Usei-a de propósito. Não se pode ser ao mesmo tempo burguesia e Estado. Usei-a para mostrar que o Estado perdera a sua capacidade de defender o bem comum, de ser universal, passou a ser apropriado por um setor de classe, o funcionalismo, que tem a ver com as empresas estatais e que se alia ao setor produtivo local. Sempre fui contra isso e a favor da sociedade civil, a favor dos movimentos sociais. Publiquei muitos artigos sobre esta temática.

MS — Na entrevista à *Veja* há igualmente referências a este tema. É isso que liga talvez o seu pensamento, um pouco, com as posições defendidas, porventura, por Tony Blair[8], por Lionel Jospin[9] e mesmo com o pensamento do Prodi[10]...

FHC — Do Prodi, exatamente. E também do Guterres.

MS — Claro, o Presidente tem uma preocupação social mais direta. Como o Guterres. Um pouco também como o Clinton[11], antes de ter desistido de levar por diante as políticas sociais, que anunciava na sua primeira campanha...

FHC — Um pouco como o Clinton, noutro contexto.

MS — Aí teremos que discutir. Porque, neste momento, estou muito decepcionado com o Clinton...

FHC — Por isso eu enfatizei: noutro quadro. Mas nos anos 70 a Igreja Católica insistia na importância dos movimentos sociais: "Tudo o que é sociedade é bom; tudo o que é Estado é ruim". Eu não aceitava isso.

8. Tony Blair (1953), político britânico, líder renovador do Partido Trabalhista. Primeiro-ministro desde 1997.

9. Lionel Jospin (1937), político francês. Membro do Partido Socialista, desde 1997 é primeiro-ministro do governo Chirac, o qual o havia derrotado nas eleições presidenciais de 1995.

10. Romano Prodi (1939), acadêmico e político italiano. Primeiro-ministro desde 1996.

11. William Jefferson (Bill) Clinton, político americano. Presidente dos Estados Unidos desde 1993, cumpre o seu segundo mandato pelo Partido Democrata.

Então, respondendo ao que você disse: eu sempre tive essa visão de que o Brasil tinha que se integrar internamente, e externamente também, com a condição de termos um Estado capaz de reformular objetivos, que não seja um Estado fechado mas, pelo contrário, um Estado poroso, para permitir que a sociedade tenha influência nele. Essa era e é a minha visão.

IV

POLÍTICA DE ALIANÇAS

"Diz-se muito que essa aliança do PSDB ... com a Frente Liberal é uma aliança contra natura.*"*

Mário Soares

"Numa reunião do PSDB, na casa do Serra, eu disse: ... podemos ganhar sozinhos as eleições. Mas não governaremos."

Fernando Henrique Cardoso

MS — Descrita a situação em que se encontrava quando se lançou na candidatura a presidente da República, pergunto-lhe: a realidade que encontrou e a experiência que adquiriu, como presidente da República, ampliaram, modificaram, completaram ou mesmo contradiziam as idéias que tinha? Em que sentido é que isso aconteceu?

FHC — É um pouco de cada coisa. Por exemplo, para eu chegar a presidente da república — e isso foi uma discussão importante — tivemos que decidir se o PSDB chegava sozinho ou em aliança. Fui procurado por mais de um setor para me dizer que era possível ganhar as eleições só com o PSDB. O diretor de um dos institutos de pesquisa mais influentes do Brasil, o IBOPE[1], me procurou na casa do hoje ministro Eduardo Jorge[2], mostrou-me dados e disse: "O Lula está na frente, mas não é imbatível.

1. O Instituto Brasileiro de Opinião Pública (IBOPE) é o mais conhecido dos institutos brasileiros de sondagem de opinião. Tanto assim que "ter ibope" passou a significar "ter popularidade".

2. Eduardo Jorge Caldas Pereira (1942), funcionário de carreira do Senado, coordenador da atual campanha presidencial de Fernando Henrique Cardoso (1998). Assessor parlamentar do senador Cardoso (1983-1994). Secretário-geral da Presidência da República, do início do governo Cardoso até abril de 1998.

Duas pessoas podem ganhar do Lula, o Antônio Britto ou o senhor. E vai ganhar sozinho, porque quem vai ganhar não é o partido. Quem vai ganhar é o senhor".

Eu talvez pudesse ganhar sozinho. Bem, o PFL[3], estava me procurando, foi aliás me procurar antes mesmo do PSDB — eu era ministro da Fazenda — para ver se eu seria candidato. Conheço os líderes do PFL há muitos anos. Eu era senador, o Marco Maciel[4] era senador, o Jorge Bornhausen[5] era senador e outros mais. Por quê? Porque na crise final do regime militar, quando surgiu a candidatura do Tancredo[6], nós nos esforçamos por dividir o PDS. Nesse tempo tínhamos reuniões freqüentes na casa do Jorge Bornhausen, com o senador Pedro Simon. Nós estávamos incentivando uma dissidência no PDS. Éramos do MDB, depois criamos o PMDB e, no final do governo Sarney[7], fui um dos fundadores do PSDB.

Com o Sarney, hoje no PMDB, a minha relação também é mais antiga. Quando aderiu a essa facção, houve a cisão do PDS, a qual permitiu a eleição do Tancredo pelo Congresso. Então somos velhos conhecidos na conspiração em favor de uma saída democrática. As pessoas falam hoje do Partido da Frente Liberal (PFL) como se fosse o partido dos militares. Ora, representou uma cisão contra os militares, pois foi a cisão do PDS que deu lugar à formação do Partido da Frente Liberal. Os partidos com quem tinha relações foram os primeiros a romper com os militares. Aí entrou o Luís Eduardo Magalhães[8], que é filho do Antônio Carlos e que conheço há muito tempo, porque era deputado. Algumas vezes tomávamos café da manhã na casa do Jorge Bornhausen, do Marco Maciel, e eles foram os primeiros que se propuseram formalmente a apoiar a minha candidatura.

MS — Por quê?

FHC — Porque não tinham candidato, estavam de acordo com o meu programa de estabilização e achavam que na

3. O Partido da Frente Liberal (PFL) foi fundado em 1984 por políticos oriundos do Partido Democrático Social (PDS) — entre eles, Jorge Bornhausen e Marco Maciel — e políticos de outras legendas.

4. Marco Antônio Maciel (1940), político, vice-presidente da República desde 1995. Deputado (1970-1979). Presidente da Câmara dos Deputados (1977-1979). Senador (1982-1994). Governador do estado de Pernambuco (1979-1982).

5. Jorge Bornhausen (1937), empresário e político. Senador (1983-1991). Embaixador do Brasil em Portugal desde 1997. Liderança do PFL.

6. Tancredo Neves (1910-1985), político. Deputado federal (1950). Ministro da Justiça do segundo governo Vargas (1953-1954). Primeiro-ministro (1961-1962) na fase parlamentarista do governo Goulart. Senador (1978-1982). Governador do estado de Minas Gerais

transição era melhor ter esta ligação. Confiavam em mim. Eu fui a pessoa que permitiu a ligação do PFL com o PSDB. Recentemente Alain Touraine[9] falou com o Antônio Carlos e com o Marco Maciel. Reiteraram-lhe, explicitamente, que na situação daquele tempo a alternativa era eu. Não viam condição para apresentar candidato próprio... Então eu levei essa questão ao PSDB: "A minha opinião é a seguinte...".

MS — Nessa altura o líder do PSDB era o Covas?[10]

FHC — O Covas já era o líder e o Tasso era o presidente do partido. Mas o Covas era a grande figura.

MS — Nunca percebi, diga-se de passagem, porque é que não foi você, FHC, o líder do PSDB, desde o começo. E foi o Covas. Já várias vezes falamos nisso.

FHC — Foi. Mas o PSDB estava muito mais próximo do Covas do que de mim. Naquela ocasião, numa reunião na casa do Serra, eu disse: "Vou dar minha opinião: podemos ganhar sozinhos as eleições. Mas não governaremos, porque não temos força para governar. Somos um partido ainda frágil e vamos ter muita dificuldade de obter os votos do Nordeste, porque lá não temos penetração. Ainda assim podemos ganhar, mas não vamos conseguir governar. Por isso, sou favorável à aliança. Mas quero saber a opinião de cada um, um por um". Todos foram favoráveis à aliança.

MS — Mas diz-se muito — estou a perceber a sua lógica e a lógica desse arranjo — que essa aliança do PSDB, um partido com um inspiração social-democrata evidente e com preocupações genuínas de justiça social e de solidariedade, com a Frente Liberal, que é um partido neoliberal, é uma aliança *contra natura*.

FHC — Eles recusam esse rótulo. É verdade, por isso é que estou explicando como foi e por que foi. É claro

(1982-1984). Eleito presidente da República pelo Colégio Eleitoral (1985), faleceu sem ter tomado posse (21 de abril de 1985).

7. José Sarney (1930), advogado, político, escritor, membro da Academia Brasileira de Letras, senador pelo Maranhão (1971-1985) e pelo Amapá desde 1991. Deputado federal (1957-1967). Governador do estado do Maranhão (1967-1970). Presidente da República (1985-1990).

8. Luís Eduardo Magalhães (1956-1998), político, filho de Antônio Carlos Magalhães. Deputado federal, presidiu a Câmara dos Deputados (1995-1996) e foi líder do governo na Câmara de 1997 até sua morte.

9. Alain Touraine (1925), sociólogo francês. Autor, entre outros, de *A sociologia da ação* (1965), *A sociedade pós-industrial* (1969) e *A crítica da modernidade* (1992).

10. Mário Covas (1930), engenheiro, político, governador do estado de

que viria esta crítica. O PT utilizou o PFL como um estigma para dizer: "Estão vendo, eles, os do PSDB, estão traindo, estão indo por outro lado". Não fomos. Voltando à sua questão: a decisão foi tomada para poder governar. Fui eleito presidente com essas forças. O PTB também se juntou, bem como outros partidos menores. Mas o que marcou foi o PFL. O PFL e, obviamente, o PSDB...

MS — O PFL tem bastante força, portanto, na Bahia, no Nordeste, e um pouco por toda a parte?

FHC — Em toda a parte não, ele tem força na Bahia...

MS — E em Minas não?

FHC — Não. Tem alguma força, mas o PFL não é dominante. Tem voto espalhado por todo o Brasil. Força mesmo, naquela altura, era na Bahia. Eles só elegeram dois governadores: o Paulo Souto[11], na Bahia, e a Roseana Sarney[12], no Maranhão.

Uma vez presidente, achei — esse é outro ponto importante — que devia fazer as reformas. O Brasil precisava se modernizar para haver integração social, para melhorar a situação de vida das pessoas, para poder dar mais educação, melhor saúde. Para tudo isso, grandes reformas são necessárias. Para fazê-las, é necessário vencer uma barreira constitucional. Preciso ter 308 votos no Congresso para poder aprovar as reformas. O PSDB elegeu menos de sessenta deputados e seis governadores... A imensa maioria era do PMDB e do PFL.

Então pensei: a experiência do Jânio Quadros[13], quando tentou governar sem o Congresso para fazer reformas, foi desastrosa. Caiu. A experiência do Collor, que tentou governar sem o Congresso foi pior: levou ao *impeachment*. A experiência do João Goulart[14], que perdeu a maioria, resultou em golpe militar. Quer dizer, em

São Paulo desde 1995. Deputado federal (1963-1969) cassado pelo regime militar. Prefeito de São Paulo (1983-1987). Senador (1987-1994). Fundador e liderança do PSDB.

11. Paulo Souto (1943), político. Governador do estado da Bahia desde 1995.

12. Roseana Sarney (1954), política, filha de José Sarney, governadora do estado do Maranhão desde 1995. Deputada federal (1990-1994).

13. Jânio Quadros (1917-1992), político. Prefeito de São Paulo (1953-1954). Governador do estado de São Paulo (1955-1959). Presidente da República (1961), renunciou ao cargo após sete meses de governo.

14. João Belquior de Marques (Jango) Goulart (1919-1976). Ministro do Trabalho do segundo governo Vargas (1953-1954). Vice-presidente da República nos governos de Juscelino Kubitschek (1956-1961) e de Jânio Quadros (1961). Com a renúncia de Jânio Quadros, assumiu a

regime democrático não é possível fazer reformas sem ter o apoio dos partidos no Congresso. Ora, a esdrúxula situação política brasileira leva a que os postos executivos se elejam sem os partidos.

O parlamento brasileiro é um dos mais antigos do mundo, em funcionamento contínuo, com pouquíssimas interrupções. Ninguém presta atenção a isto — mas é importante. Temos uma cultura parlamentar. A justiça no Brasil é uma instituição enraizada, os tribunais têm independência, ou seja, temos uma sólida base de institucionalidade democrática, ao contrário do que se pensa. Esta é a tradição do Brasil. E há uma contradição permanente entre essa institucionalidade democrática e as demandas do país. O parlamento tem uma visão muito politiqueira e a sociedade quer mudar depressa. A sociedade elege o presidente e os governadores com uma expectativa imensa de que eles vão poder fazer mudanças. Só que não podem porque as instituições são fortes.

MS — As instituições são fortes mas os partidos são fracos?

FHC — É isso o que estou dizendo. Os partidos não têm poder de eleger os presidentes nem os governadores, embora não se possa ser candidato sem o apoio dos partidos. Ganhei no primeiro turno, mas o meu partido fez poucos deputados; elegeu, é verdade, seis governadores: Rio de Janeiro, Minas Gerais, São Paulo, Pará, Sergipe e Ceará. Quem os elegeu foi o povo diretamente, sem a intermediação das máquinas dos partidos. O povo vota na pessoa. Votou nesses governadores, mas não deu a maioria no Congresso ao PSDB. Isso é um desequilíbrio da nossa estrutura. É muito sério. Esse desequilíbrio explica o meu comportamento.

Como conheço um pouco a história, não posso me iludir quanto ao fato de ter obtido 35 milhões de votos. Esses milhões vão bater de frente com o Congresso.

Presidência. Em seu governo instituiu-se o parlamentarismo,mas João Goulart restabeleceu o presidencialismo em 1963. Foi deposto pelos militares em 1964.

Não posso também me iludir com o fato de termos elegido os principais governadores. O sistema, o processamento, aqui, é democrático. Quando a pessoa entra em choque com as instituições, ou vai para o golpe...

MS — ...ou cai.

FHC — Cai. Ou a situação fica bloqueada. Então, como é que se deve fazer? Atraí o PMDB para o governo porque não bastava o PFL para segurar a maioria. É muito fácil o PT dizer: "Fizeram uma aliança espúria". Eles não estão no governo. Quando estão no governo, como aconteceu no Espírito Santo, o governador caiu fora do PT para poder governar, pois o PT não deixava o governador fazer as alianças necessárias. Ou então aqui, em Brasília, onde o Cristóvam[15] pode governar porque a cidade não tem autonomia financeira e o Governo Federal apóia. Todos os partidos, o meu próprio, reclamam porque estou ajudando financeiramente o Cristóvam. Não estou ajudando. Estou, como devo, assegurando o funcionamento institucional da democracia.

MS — É uma questão importante.

FHC — E um problema grave. Assim, quando assumi o governo, imaginei, de início, que só com o PFL e o PTB, poderia governar. Vi, rapidamente, que não. Tive de ampliar a aliança e incluir o PMDB. Repare que eu tenho, naturalmente, força, visto que o nosso sistema é presidencialista. Escolhi os ministros. Do PMDB, escolhi três. Dois, foram escolha direta minha: o ministro da Justiça, Nelson Jobim[16], hoje ministro do Supremo Tribunal, foi líder adjunto do Mário Covas na Constituinte, é meu amigo, fizemos o regimento interno da Assembléia Constituinte juntos, é um jurista eminente, um homem de grande formação. Para o Ministério dos Transportes, escolhi um líder do PMDB, Odacir Klein[17], peemede-

15. Cristóvam Buarque (1944), economista, acadêmico, político do Partido dos Trabalhadores (PT), é governador do Distrito Federal desde 1995. Reitor da Universidade de Brasília.

16. Nelson Jobim (1946), jurista, político, ministro do Supremo Tribunal Federal desde abril de 1997. Deputado federal (1987-1994). Ministro da Justiça no governo Fernando Henrique Cardoso (1995-1997).

17. Odacir Klein (1943), político. Deputado federal (1979-1983 e 1991). Ministro dos Transportes no governo Fernando Henrique Cardoso (1995-1997).

bista histórico. Do PFL escolhi três ministros: o ministro da Previdência Social, Reinhold Stephanes[18], um técnico, deputado, homem muito competente; o ministro do Meio Ambiente, Gustavo Krause[19], que é um intelectual de idéias muito abertas; e o ministro de Minas e Energia, Raimundo Brito[20], que o Antônio Carlos me sugeriu. De resto são todos do PSDB ou independentes. Só mais recentemente entrou o PPB, e já havia ministros do PTB.

Quando a oposição diz: "O PFL tem muita influência", está querendo confundir. O PSDB também tem muita influência. Toda a área econômica saiu do PSDB, esses de que já lhe falei: o Malan, o Serra, o Kandir[21]. Na Educação está o Paulo Renato[22], que é do PSDB; as Comunicações, um ministério vital, foi entregue ao Sérgio Motta, também do PSDB.

Então, por que fazem tanta onda com o PFL? Porque no Congresso o PFL tem poder; poder próprio, dado pelo povo. E o PMDB também. O presidente da Câmara é do PMDB, o presidente do Senado é do PFL, os líderes mais conhecidos são do PMDB ou do PFL, enquanto os mais conhecidos do PSDB foram para os executivos, tanto federal quanto estaduais. A imprensa brasileira reduz a política a um debate entre cinqüenta pessoas das quais quarenta são congressistas. O noticiário dá a impressão de que o PFL e o PMDB têm uma força imensa.

No governo, os ministros têm uma ligação direta com o presidente. A linha programática é dada por mim. O PFL nunca se opôs a essa linha. E alguns dos seus membros até se consideram, e são, social-liberais.

MS — Um minuto. O PFL nunca se opôs?

FHC — Nunca se opôs à linha que tenho defendido para o governo. Nunca! Em nada. E agora alguns são social-liberais, e insistem muito no social, como por exemplo, o Inocêncio de Oliveira[23], líder da Câmara, o Marco Maciel, vice-presidente, e o ministro Gustavo Krause.

18. Reinhold Stephanes (1939), político. Deputado federal (1979). Ministro da Previdência e Assistência Social no governo Fernando Henrique Cardoso (1995-1998).

19. Gustavo Krause (1946), político. Deputado federal (1991-1995). Ministro do Meio Ambiente desde o início do governo Fernando Henrique Cardoso.

20. Raimundo Brito (1948), advogado, político. Ministro das Minas e Energia desde o início do governo Fernando Henrique Cardoso.

21. Antônio Kandir (1953), engenheiro e economista, deputado federal (1995). Ministro do Planejamento do governo Fernando Henrique Cardoso (1996-1998).

22. Paulo Renato Souza (1945), economista, ministro da Educação desde o início do governo Fernando Henrique Cardoso. Secretário da Educação em São Paulo no governo André Franco

Alain Touraine ficou surpreendido quando encontrou verdadeiros social-democratas no PFL.

MS — O Touraine está a fazer algum inquérito sociológico?

FHC — Não, teve contatos e conhece bem os políticos do Brasil.

MS — Social-liberais é como eles se consideram?

FHC — Sim. Alguns deles referem-se ao liberalismo social ou social-liberal...

MS — Como a corrente que surgiu há muitos anos em Itália, daquele Carlos Rossellini[24], teórico do socialismo liberal?

FHC — Rosselini está publicado no Brasil, mas pelo PSDB.

Montoro (1983-1987). Reitor da Universidade Estadual de Campinas (1987-1990).

23. Inocêncio de Oliveira (1938), político. Deputado federal (1975). Presidente da Câmara dos Deputados (1993-1995).

24. Carlos Rossellini, antifascista e teórico italiano do socialismo liberal.

V

REFORMAS DIFÍCEIS

"Se você estiver na sala de um ministro, pela conversa, não distinguirá os partidos. Há sempre muitos pedidos ... Antes de ser presidente eu tinha subestimado esse jogo todo. É mais difícil fazer reformas do que eu imaginava."

Fernando Henrique Cardoso

"[Fisiologia:] Trata-se de um termo tipicamente brasileiro, não tem equivalente na ciência política. Ou tem?"

Mário Soares

MS — Qual o seu maior adversário no Congresso?

FHC — Na verdade, o grande adversário que tenho no Congresso, no que diz respeito às reformas, não é a ideologia liberal, mas sim o atraso. O atraso: os conservadores brasileiros são estatizantes no mau sentido.

MS — Sim, nós, na Europa, dizemos muitas vezes que os comunistas são conservadores. É nesse sentido?

FHC — É isso, nesse sentido, eles são estatizantes. Só que houve a fusão do estatismo de esquerda com o da direita. A direita usa o Estado para clientelismo. No Brasil se chama "fisiologia". É clientelismo, às vezes corrupção, mas os fisiológicos em geral são apenas clientelistas.

MS — E não existe à direita do PFL conservadorismo? Como se chama um político do antigo regime, economista muito conhecido e conservador?

FHC — Ah, o Delfim Netto?

MS — Delfim Netto. E o Campos, não há também um Campos?

FHC — O Roberto Campos[1] é liberal, no sentido clássico europeu. Tem uma visão liberal, mas não é fisiológico, nem atrasado. O Delfim é inteligente, tem boa formação, foi do regime militar, hoje é crítico e irônico em relação a tudo. Os dois influenciam a opinião conservadora.

MS — Isso tem a ver com a fisiocracia, quando diz...?

FHC — Não. "Fisiológico" é o deputado ou o político que usa o Estado para fins pessoais ou familiares ou de clientela política. Quer o cargo para tirar vantagem. Esse é o maior adversário: o atraso das nossas instituições. Está muito enraizado no comportamento político brasileiro. Uma observação superficial classificaria os políticos segundo os partidos a que pertencem: de esquerda, direita, liberais, social-democratas etc. Essa classificação, contudo, não explica o comportamento e o voto dos parlamentares. A cultura política tradicional pesa. Usam, às vezes, esses rótulos, mas o comportamento não tem nada a ver com as etiquetas utilizadas.

MS — Exatamente, esse é o problema da fragilidade dos partidos no Brasil. Da sua falta de base político-ideológica...

FHC — É, a crise dos partidos. O comportamento que mais malefícios causa ao país é o comportamento chamado fisiológico.

1. Roberto de Oliveira Campos (1917), economista, diplomata, político, senador pelo Mato Grosso (1983-1991). Embaixador em Washington (1961-1964) e em Londres (1975-1982). Ministro do Planejamento no governo Castelo Branco (1964-1967).

MS — Trata-se de um termo tipicamente brasileiro, não tem equivalente na ciência política. Ou tem?

FHC — É brasileiro. Não existe noutro lugar. Nepotismo também, vem tudo junto. O que nós chamamos de fisiologia perpassa transversalmente todos os partidos. Se você estiver na sala de um ministro, pela conversa, não distinguirá os partidos. Há sempre muitos pedidos.

Eu sempre digo: "Temos de cuidar das políticas e não dos políticos". Há setores partidários que se preocupam com as políticas, mas algumas vezes estão mais preocupados com os cargos e com as posições dos apaniguados. O que faz a diferença, para mim, é saber quem está preocupado com o bem público e quem quer apenas conquistar posições no aparelho do Estado.

MS — Voltando à questão dos liberais...

FHC — Há poucos neoliberais estruturados. Aqui não tem ninguém neoliberal. A maioria quer o Estado atuante e, se possível, em expansão.

MS — É estatizante.

FHC — É estatizante no mau sentido. Nós é que estamos propondo o *aggiornamento* de tudo isso, a abertura da economia mas com outra visão do Estado também. Eu sempre dizia ao Luís Eduardo Magalhães, que era o presidente da Câmara: "Luís, na Câmara — estou brincando, estou exagerando —, só nós dois queremos a reforma". Pressionamos pela reforma da Administração, reforma da Previdência. Quase ninguém quer. Nenhum partido, estão acomodados. É claro que em todos os partidos existe quem queira...

MS — Eu vi, por exemplo, alguns elogios na sua entrevista ao Roberto Freire[2], do ex-Partido Comunista.

2. Roberto Freire (1942), político, senador por Pernambuco desde 1995. Deputado federal (1979-1995). Liderança do extinto Partido Comunista Brasileiro (PCB), hoje Partido Popular Socialista (PPS).

FHC — Do Partido Comunista. Mas mesmo no PT há o Paulo Delgado[3], o José Genoíno[4], o Hélio Bicudo[5], o Eduardo Jorge[6], eles sabem que as mudanças são necessárias. Fazem declarações, nesse sentido, e depois votam contra. Porque o partido manda votar contra. O PT vive ainda numa espécie de centralismo democrático. Em todos os partidos você tem gente que está com a cabeça *aggiornada* e gente que não.

Agora, nós ganhamos sempre, temos sempre conseguido as reformas, com mais de 308. Por quê? Por causa do poder do governo, dos apoios que conseguiu no Parlamento, por causa das lideranças do Congresso. Há vários políticos que têm visão reformista e têm prestígio. E principalmente porque a sociedade apóia. Na última pesquisa que vi, a sociedade era a favor da reforma da Previdência, altamente favorável.

Eu tinha subestimado, antes de ser presidente, este jogo todo. É mais difícil fazer reformas do que eu imaginava. Quer dizer, a resistência às mudanças é maior do que pensava, porque não é só o aspecto material, que está em jogo, é também o mental. As cabeças resistem. Muitas vezes não é em função de vantagens materiais.

Vou dar um exemplo: o meu amigo Almino Afonso[7], que saiu do PSDB. Saiu porque está mentalmente contra, chegou à conclusão — aliás certa — de que não é o PFL que está levando o país para o lado das reformas, sou eu. Eles, como o PSDB, concordam. Para que lado estou levando o país? Dou-lhe o exemplo da Companhia Vale do Rio Doce[8]. O Almino, pessoalmente, pensa que ela deveria continuar nas mãos do Estado.

MS — É um pouco a linha do Brizola[9] e do Arraes[10].

FHC — Do Arraes menos, é mais sutil, tem mais o pé no chão. O Brizola não, o Brizola hoje pensa, sinceramente, que estamos vendendo o país. O grande responsável pelas nossas dificuldades é o que ele chama "perdas

3. Paulo Delgado (1951), professor, político. Deputado federal desde 1987.

4. José Genoíno (1946), professor, político. Deputado federal desde 1983.

5. Hélio Bicudo (1922), advogado, político. Deputado federal desde 1991.

6. Eduardo Jorge (1949), médico. Deputado federal desde 1987. Líder do PT em 1992.

7. Almino Afonso (1929), advogado e político. Deputado federal desde 1995. Ministro do Trabalho no governo João Goulart (1963). Deputado federal cassado pelo regime militar em 1964.

8. Companhia Vale do Rio Doce, companhia mineradora estatal privatizada em 1998, com a sua venda para um consórcio liderado pela Companhia Siderúrgica Nacional (CSN).

9. Leonel de Moura Brizola (1922),

internacionais". Desse discurso negativo não se podem extrair conseqüências práticas.

MS — Mas o Itamar também está nessa linha, mais ou menos. Embora por outras razões.

FHC — Mais ou menos.

MS — Não sei como é aqui a vida no parlamento, mas admito que não seja tão dinâmica como nos outros sítios, e gostaria de ouvi-lo sobre esta questão.

FHC — Dentro do parlamento, para responder à sua questão, a vida é muito ativa, há muitas comissões de inquérito, há muitas reuniões de comissão, enfim há realmente muita atividade. O que talvez haja é pouca eficiência nas decisões.

MS — São lentas.

FHC — Lentas e, às vezes, ineficazes porque, depois de se ter decidido, não acontece nada. É um pouco como na Justiça, também se fica com a sensação de que o parlamento funciona um pouco como caixa de lamentações.

MS — É também um problema de articulação entre o governo e o parlamento.

FHC — Mas acontece que esta articulação não é entre o governo e os partidos, é entre o governo e quinhentos deputados. É isso que faz com que eu dedique um tempo imenso aos deputados e senadores, porque não tenho canais organizados de negociação. No início do governo, chamava os presidentes dos partidos, mas não adiantava nada, porque eles não controlavam os partidos. Daí por diante passei a me reunir com os líderes no Congresso. Mas percebi que os líderes, na verdade, são mais um canal de transmissão dos desejos dos deputados, embora não todos — alguns têm liderança, ou-

engenheiro, político, cunhado de João Goulart. Governador do Estado do Rio Grande do Sul (1958-1962). Governador do Estado do Rio de Janeiro (1982-1986 e 1990-1994).

10. Miguel Arraes (1916), político, governador do estado de Pernambuco desde 1995. Eleito governador pela primeira vez em 1963, foi cassado pelo regime militar em 1964. Reeleito, governou ainda de 1987 a 1990.

tros não. Resultado: a minha agenda parlamentar é enorme. E, pior do que isso, a população não gosta, porque pensa que é "politicagem" e que o presidente...

MS — ...está a manobrar o Congresso.

FHC — É isso. Mas fico emparedado. Se não manobro o Congresso, não aprovam o que eu preciso. Se manobro, fica apenas a sensação de que estou manobrando.

MS — Quer dizer que, nesse sentido, a sua visão se tem aprofundado desde que é presidente da República, em face das realidades com que tem sido confrontado?

FHC — Isso.

VI

REELEIÇÃO

"A dúvida que tenho é ... saber se nos sistemas locais um segundo mandato não vai proporcionar abusos e uma ainda maior oligarquização da política ... Não tenho qualquer certeza sobre os efeitos de tal medida nos costumes políticos brasileiros."

Fernando Henrique Cardoso

"Minha reeleição [em Portugal] ia se transformando quase num movimento de unidade nacional ... Ora, isso é um perigo, porque falseia o xadrez político."

Mário Soares

MS — As mudanças constitucionais abriram o caminho à sua provável reeleição. Tratou-se, portanto, de uma modificação institucional importante, não só porque respeita ao presidente mas também porque joga com todo o sistema constitucional... Pergunto-lhe então: pensa que faz sentido essa modificação para além das circunstâncias da conjuntura que a explicam e, portanto, das suas próprias circunstâncias pessoais?

FHC — Em uma conversa que tive com o presidente Sarney, esse tema foi colocado. O Sarney me disse que achava melhor que houvesse extensão do mandato. Por quê? Porque quatro anos, de fato, para pôr em marcha um projeto com a envergadura do que temos, é pouco tempo, não dá...

MS — É verdade. Mas, nessa ordem de idéias, mesmo oito anos seria pouco tempo.

FHC — Mesmo oito. Sempre se pode argumentar que alguém poderá continuar, o que também é verdadeiro.

MS — Exato.

FH — Talvez se possa dizer que seria difícil encontrar, nas circunstâncias atuais, quem reúna as condições para levar adiante, com êxito, um tal projeto. Até agora, pelo menos, não apareceu. Mas enfim... Sarney, se bem me lembro, preferia o mandato presidencial de seis anos. A extensão do mandato não passaria, penso eu, pela aprovação popular. E sem isso ela não é aceitável.

A dúvida que tenho é simples de expor: saber se nos sistemas locais um segundo mandato não vai proporcionar abusos e uma ainda maior oligarquização da política. O contra-argumento reside no seguinte: o que pode fazer agora qualquer prefeito? Elege-se por quatro anos e depois põe um preposto dele e volta quatro anos depois. O povo nem percebe. Então é melhor que haja um julgamento eleitoral sobre a administração de cada prefeito. Pode ser... Por um lado, continuo achando que isso deveria ser feito paulatina e experimentalmente até chegar às prefeituras. Não tenho qualquer certeza sobre os efeitos de tal medida nos costumes políticos brasileiros. A questão da reeleição representa uma mudança de mentalidade muito forte — e nos próprios hábitos políticos — que tem de ser examinada com todo o rigor, independentemente do meu interesse pessoal. Haverá que proceder com a maior cautela. Acho que tenho aí um papel pessoal de grande responsabilidade cívica. Como é que, pessoalmente, vou-me comportar? Não usar a máquina do Estado, enfim, cortar abusos que possam vir a existir.

O que posso dizer é que a reeleição foi desejada nacionalmente. Todas as pesquisas de opinião, todas sem exceção, antes, durante e depois da aprovação, foram favoráveis à reeleição. Repare: como tese, independentemente de serem favoráveis à minha reeleição em concreto. A idéia teve o apoio de toda a mídia brasileira, sem exceção, e teve uma aprovação ampla no Congresso.

E por quê? Também por razões práticas, dos partidos. O PFL diz que o projeto deles para a presidência é só a partir de 2002. Não têm candidatura para a próxima eleição. Sentem-se cômodos na aliança com o PSDB. O PMDB, na minha opinião, se escolher um candidato, fragmenta-se, como aconteceu outras vezes. Não tem uma personalidade unificadora, embora o partido seja forte regionalmente. Do ponto de vista do interesse estrito do PMDB, é mais fácil não ter candidato e me apoiar do que ter um candidato próprio. Quem se opôs à reeleição? Só dois setores, no Congresso: o PT, porque o partido do Arraes não se opôs; o PDT, sim, porque tem um candidato natural, o Brizola, por uma motivação quase pessoal. Qual foi o outro que se opôs? Foi o Maluf [1], parte do partido do Maluf se opôs à reeleição. Por quê? Porque o Maluf era candidato...

MS — O Maluf disse-me a mim em Lisboa, que não quererá ser, mas que me convidará para a posse da presidência dele em 2002...

FHC — Porque aconteceu com o Maluf, na altura da votação da reeleição, o que aconteceria, creio eu, com o PMDB. Na prática, se o partido dele lançar um candidato, divide. Na discussão da reeleição falei com os líderes do partido sobre o Maluf. Disseram-me que eram favoráveis a que não houvesse uma disputa pela reeleição. Propuseram-me: "Façamos um acordo: vamos fazer uma

1. Paulo Salim Maluf (1931), engenheiro, político. Prefeito de São Paulo (1969-1971 e 1992-1996). Governador "biônico" (nomeado) do estado de São Paulo (1979-1982). Candidato derrotado à Presidência da República em 1985 (no Colégio eleitoral) e em 1989 (contra Fernando Collor de Mello).

consulta popular para saber se querem ou não a reeleição". Eu aceitei. A Constituição não dá ao presidente a faculdade de suscitar um plebiscito ou um referendo. Só o Congresso pode tomar tal iniciativa. Mas eu declarei, várias vezes, que era favorável à consulta popular.

MS — O Congresso não propôs a consulta?

FHC — Não, nunca houve. Propôs mas nunca andou. Então o Maluf se opôs à reeleição. Mas o partido dele rachou: metade ficou a favor, metade contra. O que é que eu estou querendo dizer? Que as razões que levaram à aprovação da reeleição pelo Congresso foram políticas. A decisão foi política, por larga maioria. No entanto, não quero deixar de salientar que acho sempre muito difícil uma reeleição.

MS — No seu caso — e como observador, exterior aos fatos — não sinto, de momento, que seja difícil a sua reeleição. Não me parece haver nenhuma alternativa válida. O Lula já perdeu duas vezes. Mas o problema que se põe é o pós-reeleição.

Tenho a minha própria experiência, nessa matéria. Claro que em Portugal temos um regime semipresidencialista, muito diferente do brasileiro, com a possibilidade do presidente ser eleito por dois mandatos de cinco anos cada. Dou-lhe o exemplo da minha reeleição, que se ia transformando quase num movimento de unidade nacional, porque os dois grandes partidos rivais, PS e PSD/PPD, me apoiaram. Os interesses político-partidários encaminharam-se, nesse sentido, por razões próprias dos partidos. E das pessoas. Eu tentei dividir as águas, declarando-me "republicano, socialista e laico". Mas as pessoas juntaram-se para depois poderem influenciar a política. Sabiam que não se podiam opor. Juntaram-se por meras razões negativas. Ora, isso é um perigo, porque falseia o xadrez político.

Mas a pergunta que eu lhe queria fazer ia noutro sentido: apresentar-se-á com um novo projeto político ou, pelo contrário, vamos assistir a uma certa evolução na continuidade, com os perigos que isso comporta? O segundo mandato é sempre mais difícil, até porque não pode ser renovado. Veja, por exemplo, o que tem estado a suceder com o presidente Menem. Não é um exemplo muito feliz...

FHC — A reação, digamos, conservadora seria dizer: "O povo quer estabilidade" e, a partir daí, fazer uma contraposição entre estabilidade e incerteza, ou mesmo o caos. Talvez esse seja o caminho mais seguro para a reeleição. Não é isso?

MS — Talvez... Mas também o menos criativo e inovador...

FHC — O que, nessa hipótese, iria acontecer? A continuidade, porque não se apresenta uma boa alternativa. Mas, concordo, não é uma posição estimulante, nem sequer boa.

MS — Acho que não...

FHC — Acho que o Brasil hoje vive uma situação de estabilidade. E quando falo em estabilidade não é na moeda que estou pensando. É mais do que isso: veja o que está acontecendo aqui hoje. Estou uma manhã inteira conversando, vou passar o dia todo discutindo certamente problemas interessantes, mas que não são do dia-a-dia... As coisas estão calmas.

De vez em quando há uma grande manifestação. Mas no dia seguinte acabou, ninguém fala mais nisso, não põe em xeque o governo. O Congresso vai ter uma votação importante, os jornais falam muito, haverá uma certa tensão, mas acaba. Nós não estamos vivendo, digamos *à bout de souffle*. Não estamos à beira do abismo: não é essa idéia que passa para o país. Pelo contrário! A idéia que passa é que vivemos uma situação de estabilidade. Tenho tido muito cuidado na questão de mudança de ministros, porque o Brasil viveu sempre mudando.

Agora parou a inflação, o governo tem rumo, eu gostaria — como tenho tentado — de passar ao país essa sensação: temos um caminho, a gente pode errar, mas corrige. Não há intolerância, há muita liberdade, como nunca, uma liberdade, repare, com condições novas porque implica cidadania reivindicante, o povo não está distante nem ausente. Agora o povo reclama e mais ainda: a imprensa é muito crítica, assumiu um papel pioneiro, reivindicativo, contemporâneo. Não assume mais a defesa do governo, de nenhum governo nem de nenhum partido. Levanta sempre os temas que estão no cotidiano das pessoas. Apesar disso, o país vai andando com bastante estabilidade, calmo. Isso é positivo. E mais importante do que a moeda, não é?

Há, no entanto, um fator de preocupação grande — vamos voltar a ele — que é o emprego. Tem a ver com o futuro dos filhos e isso pesa na classe média. Não é um problema específico brasileiro, é geral. Precisarei apresentar desafios novos ao país — novas metas — foi o que tentei dizer na entrevista à *Veja*, ao sublinhar: "Estamos sequiosos de ideologia e de valores". Uma candidatura que se apresenta só com a bandeira da estabilidade é, necessariamente, conservadora.

MS — Exatamente.

FHC — O sentido da minha recandidatura tem de ser inovador. Quero ser eu a definir os termos da polêmica. Não devo permitir que seja a oposição a defini-los. Seria regressivo e dilemático: "Tem desenvolvimento ou não, estão perdendo salário ou não, é liberal ou não?". Isto é regressivo. Tem de ser um debate voltado para o futuro: o tema da Justiça, o tema da impunidade, o tema da violência, o tema da mulher. Enfim, esses temas têm que ser politizados. Mas, entenda, não os quero politizar antes da hora, sobretudo os temas da maior igualdade, de maior integração social e, com eles, algumas políticas públicas específicas. Na educação tenho o mapa feito. Na saúde não tenho — e esse é um tema que mexe com o cotidiano das pessoas. Tem um outro tema que ninguém tocou, não sei porquê, que é o tema urbano. Quer dizer, uma parte do desespero, da angústia brasileira, tem a ver com o problema do deficiente e injusto desenvolvimento urbano.

MS — É um problema gravíssimo por todo o lado: nos Estados Unidos, na União Européia, no Japão... E também, obviamente, no Brasil.

FHC — É a situação do transporte, da habitação... Gostaria de levantar a nova candidatura ao redor destes temas, que dizem muito às pessoas, sem esquecer o tipo de desenvolvimento econômico que preconizo. Estamos lançando bases bastante fortes para o desenvolvimento. Não tenho dúvida quanto a isso. Mantida a inflação sob controle, não havendo uma crise externa que afete a moeda ou sei lá que agressão financeira vinda de fora, tudo irá bem. Porque a taxa de investimento está crescendo muito, investimento externo e interno.

MS — Deixando este ponto, ao qual voltaremos quando começarmos a falar dos grandes desafios com que o Brasil se confronta, ainda lhe queria fazer uma pergunta específica sobre a questão da recandidatura. Não há dúvida de que o presidente da República, no Brasil, é o chefe do Executivo, é o poder máximo do país. Tem poderes tão consideráveis ou mais do que o presidente Clinton...

FHC — Talvez um pouco maiores.

MS — Maiores, visto que o Clinton tem grandes dificuldades no Congresso que o presidente Fernando Henrique aqui não tem. Pergunto-lhe: o que é que é para si o poder? Como é que pensa que o deve exercer?

FHC — Deixe-me primeiro dizer porque acho que o poder do presidente aqui é maior do que nos Estados Unidos. O sistema de *checks and balances* é lá muito mais poderoso, há mais forças que se contrapõem ao poder presidencial. Disse uma vez ao Clinton: "A diferença entre nós dois, deste ponto de vista, é que você tem uma maioria organizada contra si e eu tenho uma maioria desorganizada a meu favor. É desorganizada, realmente, mas é a meu favor". Então o Congresso tem mais força do que o Clinton.

Ponto dois: aqui existe uma instituição complicada, que se chama Medida Provisória. O presidente da República, em muitas áreas, pode tomar uma decisão unilateral, que terá valor de lei até que o Congresso julgue. Para lhe dar um exemplo extremo: na semana passada promulguei uma lei, quer dizer, o Congresso transformou em lei uma Medida Provisória que tinha sido reeditada 52 vezes, porque vale só por trinta dias mas o presidente pode reeditá-la indefinidamente. Veja, esta foi reeditada 52 vezes, ou seja, durante mais de quatro anos o Congresso não disse que sim nem que não. E existiu como lei. Não me lembro agora qual era a Medida Provisória, em concreto, mas é algo relativo à desindexação do salário, uma dessas matérias difíceis para o Congresso opinar.

Então, o presidente assume a responsabilidade, baixa a Medida Provisória, que figura como lei. O Real foi assim, o Real levou mais de um ano sem ser, efetivamente, lei. Com o passar do tempo a medida torna-se irreversível. E mais: o presidente pode modificá-la a cada trinta dias. Se o presidente tem bom senso, vê a reação da sociedade, acomoda os interesses e melhora a lei. Isso dá uma margem de poder enorme. Mas o mais curioso é que este procedimento foi introduzido pela Constituição de 1988. Quanto a cada renovação, de trinta em trinta dias, foi criada no tempo do presidente Sarney, pelo assessor jurídico.

Por que foi criada tal medida? Porque no mundo moderno têm de ser tomadas medidas com força imediata, por exemplo, as relativas a juro, câmbio, medidas financeiras importantes. Ora, o Congresso leva um tempo imenso discutindo até resolver. Trinta dias é um prazo curto. O Congresso não tem tempo de decidir.

A maneira de obviar a dificuldade será dar ao presidente a possibilidade de emitir uma medida, por noventa dias, podendo retomá-la em mais noventa dias. Depois bloqueia-se a pauta do Congresso, que deve dizer sim ou não. Sou favorável a esta modificação. Todas as vezes que o Congresso reclamou da Medida Provisória, apoiei o Congresso. Repare, eu fui senador, entendo que uma tal medida é demasiado forte como instrumento de poder.

Não obstante, o Congresso não vota a modificação da Medida Provisória, parece não querer aumentar os seus poderes. É uma coisa paradoxal. Por quê? Talvez sinta que há medidas que é melhor o presidente assumi-las porque são impopulares. Então, é freqüente pedirem para eu emitir uma Medida Provisória, em vez de proporem uma lei à votação do Congresso. É a forma de andar mais depressa. Tento resistir a utilizar Medidas Provisórias. Há áreas em que não se podem editar Medidas Provisórias. Por exemplo, em matéria penal.

Por outro lado, a Constituição de 1988 transformou em lei o que antes era decreto. Muitas medidas do Executivo que deveriam ser decreto passaram a depender da lei. Daí o recurso constante à Medida Provisória, o que dá um poder demasiado grande ao Executivo e, eu diria mesmo, perigoso. É fundamental haver um certo balanceamento.

Por um lado, é evidente, uso essa Medida Provisória com a necessária cautela. No começo acusaram-me de ser ditador por causa disto. Limitei-me a refazer medidas antigas. Dei-lhe o exemplo de uma que tem 52 meses. Agora procedo de outro modo: quando a medida é nova eu ponho Medida nº 10; quando ela é velha, ponho Medida nº 9/36. Quer dizer, a 36ª vez que estou reeditando a Medida nº 9. Muitas são de outros presidentes, que o Congresso ainda não votou. As medidas realmente novas, que eu tomei, foram poucas. Proporcionalmente, sou o presidente que menos medidas provisórias editou por ano. Mas nem por isso certa oposição deixa de me chamar "ditador"...

VII

O PODER

"A minha ambição política e intelectual é abrir uma nova era ... É uma ambição grande. Quero deixar uma marca e ficaria muito triste — posso até ganhar a reeleição — se não deixar a marca de que o Brasil mudou comigo."

Fernando Henrique Cardoso

"Governar é descontentar."

Mário Soares

MS — Qual é o fascínio que exerce sobre si o poder? Você tem atrás de si uma vida rica de experiência. Chegou ao poder supremo, como é hoje o seu, numa altura da vida em que já tinha uma enorme soma e muito diversificada de experiência, experiência universitária, científica, como grande sociólogo, como homem de cultura. Ao mesmo tempo, é alguém que conhece bem o mundo internacional — fato bastante inabitual no comum dos políticos brasileiros tradicionais —, fala várias línguas, e tem um acesso fácil à informação mais atualizada. E, depois, teve uma longa vida política na oposição, primeiro, exilado e, depois, associado ao poder, como senador, ministro e, finalmente, presidente. E eu pergunto-lhe: qual é o fascínio que o poder exerce sobre si? Qual a sua principal motivação na corrida para o poder? Como é que exerce, propriamente, o poder, de que forma, com que estímulo e como é que o pensa exercer no futuro?

FHC — Bem, em primeiro lugar, devo adverti-lo de que, ao responder a esse tipo de pergunta, corro o risco de estar racionalizando. Não será assim? Como é que eu me vejo? Basicamente como um intelectual e um professor, embora esteja na Presidência, com o poder de que disponho. Mas nunca separo estas diferentes condições. O que me fascina? Pelo lado intelectual, me fascina conhecer mais, muito mais, na posição de poder em que me encontro. As informações são imensas, muito diversificadas.

MS — Tem aprendido tanto e tem tanta informação, que pode ajudá-lo até a modificar a visão que tinha das coisas e do mundo...?

FHC — Exatamente. As coisas são geralmente mais complexas e fazer o bem não é tão simples assim. Fazer o mal é mais fácil. O lado que me fascina é estar sempre tentando entender. Quando vou receber uma pessoa, um deputado, um empresário ou seja quem for, procuro não ter uma reação estereotipada. Sei normalmente o que me vão dizer, mas procuro sempre extrair um pouco mais.

Por exemplo, se vou receber um deputado que é clientelista, procuro entendê-lo, não o julgo. Evito o maniqueísmo, procuro sempre entender para poder reagir, para poder saber se concedo ou não o que me pedem.

Há outro lado: o poder dá uma enorme capacidade de influência. Antes de dizer sim ou não e de assinar em baixo, posso influenciar. Aí, de novo, é o professor. É muito difícil separar-me dessa condição. Por exemplo, fui há pouco a um fórum em São Paulo. Quase nunca leio textos. Nesse dia, fiz três discursos. Sempre procuro convencer, dar argumentos — é um pouco pretensioso dizê-lo — ensinar, mas é o reflexo do professor. Procuro estabelecer uma relação pedagógica com o interlocutor e com o país. Posso ganhar uma discussão ou uma votação porque me é atribuído o poder de impor. Mas não desejo isso, quero mais, quero convencer.

MS — Convencer...

FHC — Convencer, é isso. Tenho, por exemplo, muito maior interesse e paixão por conversar com a oposição do que com o governo, com os que estão do meu lado. É muito difícil que eu esteja discutindo com os que estão do meu lado. Estou discutindo sempre ou quase sempre com os que estão contra. Você, como presidente, com o poder que tem, aumenta muito a sua possibilidade de convencer. Isso me fascina. Por isso dizem que sou vaidoso, intelectual. Não é isso. Pode ser um pouco também, claro, mas é mais do que isso — é uma posição pedagógica num sistema sociocultural essencialmente democrático.

MS — Portanto, o poder para si é também uma forma de realização pessoal?

FHC — Ah, não tenha dúvida.

MS — E de deixar uma marca da sua passagem, como se escrevesse um livro?

FHC — Isso. Um livro. Para mim, é isso. Disse, quando saí do Congresso, que eu queria colocar um fim na era Vargas[1], no período de Vargas. Eu acho que Juscelino[2] tentou mudar o sistema varguista. Mas o Geisel[3] reafirmou a era Vargas. A minha ambição política e intelectual é abrir uma nova era. É uma ambição grande, não é?

MS — Claro.

1. Getúlio Vargas (1883-1954). Presidente da República de 1930 a 1945. A partir de 1937, no período conhecido como Estado Novo, governou com poderes ditatoriais. Voltou ao governo em 1951, como presidente eleito. Sob ameaça de um golpe militar, suicidou-se em agosto de 1954.

2. Juscelino Kubitschek de Oliveira (1902-1976), político. Prefeito de Belo Horizonte (1940-1946). Governador do estado de Minas Gerais (1951-1955). Presidente da República (1956-1961). Promotor da criação de Brasília.

3. Ernesto Geisel (1907-1996), militar, quarto presidente da República do período autoritário militar (1974-1979), persistiu na política econômica dos megainvestimentos do "Brasil grande", mas iniciou a abertura política do regime revogando o Ato Institucional nº 5, que havia cassado e aposentado políticos e funcionários públicos.

FHC — É uma ambição grande. Quero deixar uma marca e ficaria muito triste — posso até ganhar a reeleição — se não deixar a marca de que o Brasil mudou comigo. Se não o fizer, para mim, terá sido um fracasso. Não vou medir o meu êxito por ser reeleito. Sempre disse e pensei assim...

MS — Seria uma ambição muito acanhada.

FHC — Muito acanhada, e a minha é maior do que isso. Agora, para poder modificar o Brasil — e você é exemplo, estou falando para quem passou por uma experiência idêntica — é preciso, além de agir, compreender e ser tolerante. Penso que não se pode exercer o poder democrático, exercê-lo bem, com plenitude, se você, simplesmente, impuser. Não é? Sou criticado, até por pessoas próximas, porque crêem que levo tempo para decidir. Mas eu não decido com imposição. Prefiro, como lhe disse, convencer, prefiro conduzir, mais do que impor. Mesmo no governo, muito raramente dou ordens no sentido tradicional. Prefiro discutir e provocar os consensos possíveis. Mesmo com as pessoas mais simples.

Acho que deve ser assim, sobretudo no Brasil, onde o presidente tem de ser uma referência de comportamento moral e político. Você foi isso, no seu caso. Assisti uma vez à sua campanha — a primeira, creio — e você foi uma referência nacional. Isso foi muito positivo para Portugal, porque o presidente tem um valor simbólico, acima do seu partido e dos seus partidários. Se eu fosse governar só para o PSDB ou para a aliança PSDB/PFL não governaria bem.

Tenho de governar para todos os brasileiros, incluindo a oposição. Mesmo quando me atacam — e atacam-me bastante —, isso não me leva a dizer: "Bom, desses não quero mais saber". Porque acho que, no atual momento brasileiro, temos de reacender valores que sejam ou venham a ser consensuais. Um é a democracia, o outro é a justiça social. O que exige do presidente não ter, de qualquer forma, uma visão mesquinha do poder. Não tenho o prazer banal de nomear e demitir. Gosto de administrar, o que pode parecer não habitual para quem tem a minha formação. Sei o que está acontecendo em cada ministério e no país.

MS — Quer dizer que conhece os dossiês, discute os dossiês...

FHC — Discuto.

MS — De tudo o que se está a fazer?

FHC — Nas grandes linhas, de tudo procuro informar-me. Sou bastante bom nos números, fixo-os, jogo com eles e isso é uma vantagem. Jogo bem com estatísticas. Leio os dossiês. E também debato e converso.

Penso que devo isso ao meu pai[4]. O meu pai era militar, chegou a general, e foi deputado. Falava muito e ouvia mais ainda. Foi preso na Revolução de 22, e esteve na Ilha de Lages. É uma rocha na baía de Guanabara que foi uma antiga fortaleza. Lá, quase tudo é subterrâneo, e meu pai ficou preso com o irmão, que também era militar, por terem feito a Revolução de 22. Eram tenentes. Meu avô[5], que era general, também foi preso nessa época. O meu pai contava que, mesmo na prisão, conversava com os carcereiros e que, em pouco tempo, começou a passar informações para o irmão, por intermédio deles.

Eu converso com todo o mundo. Se vou no carro, converso com os meus ajudantes de ordens ou com o motorista. Se estiver com o segurança, converso com ele; se estiver com o piloto, da mesma maneira; se vou para a fazenda, eles vão para a mesa comigo para conversar. É muito difícil — você sabe — ser presidente.

4. Leônidas Fernandes Cardoso (1889-1965), pai de Fernando Henrique Cardoso, nascido em Curitiba, militar, alcançou a patente de general. Participou dos levantes militares iniciados em 1922. Apoiou a Revolução de 30. Oficial de gabinete do ministro da Guerra, general Pedro Aurélio de Góis Monteiro. Reformado, participou da campanha nacionalista "O petróleo é nosso". Eleito deputado federal em 1954.

5. Manuel Joaquim Ignácio Batista Cardoso (1860-1924), natural de Goiás, alcançou a patente de marechal. Organizou e comandou o Batalhão de Cavalaria da Polícia Militar de São Paulo na época da consolidação da República.

Vivemos muito isolados... É preciso furar esse círculo, conversar.

MS — Os presidentes estão geralmente cercados por pessoas que só lhes dizem aquilo que pensam, que eles querem ouvir. Não aquilo que efetivamente querem saber.

FHC — Mas eu sempre tenho algumas que até dizem demais. Mas é bom ter quem diga as coisas, com espontaneidade.

MS — Mas o poder comporta coisas diferentes: isso que me explicou, e também em alguns casos o poder de manipular, de alguma maneira...

FHC — É verdade.

MS — De pôr uns contra os outros, de dividir para reinar. Essa, digamos, é a parte menos nobre do poder.

FHC — É. Eu não utilizo técnica de *divide et impera*, de dividir para ganhar, para imperar. Aqui, no Brasil, temos uma imprensa que vive de notas soltas, de fofocas. Há mais ou menos quinhentas por dia nos vários jornais. Há muita gente que leva a vida colocando intriga nos jornais. Eu nunca fiz isso. A minha assessora de imprensa, que é muito competente, nunca põe intriga.

MS — Mas há outro aspecto do poder que também já abordou e que é muito importante. Poder é decidir. E decidir é desagradar. Governar é descontentar, como dizia Mendès-France[6]. O presidente Fernando Henrique, também tem esse poder de desagradar. É capaz de o exercer?

FHC — Com tranqüilidade. Muita gente pensa que não gosto de desagradar. Eu não gosto, mas é curioso que você desagrada, mesmo achando que não está desagradando. Tem de se habituar a isso. Muita gente se

6. Pierre Mendès-France (1907-1982), político francês e líder socialista. Foi primeiro-ministro e ministro das Relações Exteriores da França (1954-1955).

sente desagradada, porque quer mais. Nessa hora, devemos ser tranqüilos e fazer o que tem de ser feito.

MS — Cumprir o dever.

FHC — É. Ninguém gosta de desagradar mas é impossível não desagradar. É impossível! É isso mesmo, Mendès France tinha razão, é impossível. Você, no dia-a-dia, ao agradar a um desagrada ao outro e, sobretudo, aos mais próximos. Você tem de desagradar às pessoas com quem está convivendo. E mesmo quando pensa que não está desagradando, está, porque a tentativa de qualquer círculo de poder é ter o monopólio sobre quem tem o poder. Eu disse recentemente que muita gente quer que eu seja ditador para fazer a sua vontade — não a minha.

MS — Sim. E depois há também outra questão que é a das susceptibilidades. As pessoas querem carinho e querem atenção. Julgam-se abandonadas...

FHC — Essa expressão "carinho" é muito usada aqui: é preciso dar carinho. O vice-presidente Marcos Maciel usa uma expressão que é simpática: é preciso dar uma "ternurada" nas pessoas. Só que isso é quase infinito. Eu digo sempre: político é como gato siamês, quando mais se agrada, mais quer ser agradado. Eu me incluo aí *(risos)*.

VIAGEM DE ESTADO DO PRESIDENTE
FERNANDO HENRIQUE CARDOSO A PORTUGAL
JULHO DE 1995

VIII

O OUTRO PODER

"Ninguém será mais eleito presidente deste país se não tiver capacidade de expressão na mídia ... O rádio prepara a base e a televisão dá o tiro de morte ... Para governar, é preciso a imprensa; para ganhar a eleição, não."

Fernando Henrique Cardoso

"Também se diz que é muito difícil alguém ser presidente no Brasil sem ter um grupo de comunicação social atrás de si."

Mário Soares

MS — Hoje, tende a dizer-se que tudo se faz para a imagem. Nós, os latinos ou de ascendência latina, não chegamos ainda a esse ponto, felizmente. Mas, de qualquer maneira, todos nós somos mais ou menos influenciados por esse tipo de democracia mediática. Essa situação criou uma nova classe que se permite todos os direitos — como se tem visto, por exemplo, no caso da espionagem sobre as vidas das pessoas, nos chamados inquéritos à vida privada das pessoas. Refiro-me a uma comunicação social que é extremamente agressiva, cuja responsabilização é difícil. Por um lado, há os jornalistas e, por outro, os patrões da comunicação social.

Por detrás disso, ainda, existe o público que tem alguns sentimentos de *voyeurismo*, que são normalmente estimulados, e que se alimenta do escândalo e da fofoca. A televisão e a imprensa brasileira são muito fortes em termos comparativos, tanto na América Latina como na Europa. Por exemplo, uma instituição como a Globo[1] é uma empresa de comunicação social que pode rivalizar com as grandes empresas americanas e que se bate com as européias, mantendo associações com várias televisões européias e com êxito. Depois, há ainda grupos de comunicação social no Brasil que são verdadeiras instituições como, por exemplo, *O Estado de S. Paulo*[2]...

FHC — O *Jornal do Brasil*[3], *O Globo*...

MS — O *Jornal do Brasil*, a *Folha de S.Paulo*[4] são grandes jornais. Todas estas instituições andam à procura de espaço e à procura de...

FHC — Até de poder...

MS — Isso interfere muito na política. Diz-se, por exemplo, que o presidente Collor foi eleito porque teve o apoio do dr. Roberto Marinho. Não sei se é exato. É uma afirmação que se faz. Como também se diz que é muito difícil alguém ser presidente da República no Brasil sem ter um grupo de comunicação social atrás de si. Eu gostaria que o Presidente me falasse disto, da comunicação social, da sua nova relação com o poder político. Não é só um problema brasileiro, é internacional. Como é que pensa que o novo poder da comunicação social se articula com a sua reforma do Estado e como é que se articula com o seu projeto relativamente ao futuro do Brasil?

FHC — Com o processo de democratização do país, da sociedade, houve uma certa democratização da mídia. Vou dar um exemplo: quando começou a campanha pelas "Diretas" — no governo Figueiredo, em

1. As Organizações Globo, a maior empresa de comunicação e informação no Brasil, propriedade da família Marinho. Roberto Marinho (1910), jornalista e filho do fundador da Globo e seus três filhos dirigem o conglomerado.

2. *O Estado de S. Paulo*, diário paulista, propriedade da família Mesquita. De linha liberal, é opositor ferrenho de qualquer limitação à liberdade da imprensa.

3. *Jornal do Brasil*, diário carioca de propriedade da família Pereira Carneiro. Fundado em 1891, foi durante muitos anos dirigido por Manuel Francisco do Nascimento Brito, genro do conde Pereira Carneiro.

4. *Folha de S.Paulo*, diário paulista, propriedade da família Frias.

1984 —, a TV Globo não noticiava as concentrações populares. Houve reação da população que começou até a virar os carros da Globo. Até que a emissora colocou no ar as manifestações e isso teve um grande efeito em cadeia.

Na época do *impeachment* do presidente Collor já foi o contrário, os meios de comunicação anteciparam-se muito, foram eles quem, na verdade, mostraram as evidências mais diretas de que havia alguma coisa de errado no governo. Bem, é verdade que na eleição de Collor houve um debate cuja reprodução na Globo dava uma sensação de superioridade do Collor sobre o Lula. Provavelmente, o próprio debate não foi tão negativo para o Lula, embora no segundo debate, ele não se tenha saído realmente bem.

MS — Eu vi esse debate e o Collor ganhou absolutamente.

FHC — Ganhou. O que a mídia pode fazer é dar mais ênfase a um processo. Acho que dificilmente hoje a comunicação social pode inventar um candidato, ela pode apenas ajudar. Posso dizer que, quando fui candidato, a posição geral da mídia era no começo de grande simpatia pelo Lula, não dos donos, mas dos repórteres.

Fui entrevistado pela revista *Veja* e perguntaram como é que eu estava vendo a cobertura da campanha. Respondi: queiram ou não queiram, o Lula é melhor para os meios de comunicação porque o Lula é um espetáculo, é um trabalhador que ascende, e se ele chegar à Presidência será um grande espetáculo. Esse é o lado da sociedade de espetáculo que nós temos um pouco. E os meios de comunicação são levados pelo espetáculo. Mesmo que eles votassem individualmente em mim, do ponto de vista cênico seria muito melhor o espetáculo Lula.

MS — Isso é um pouco discutível. O Lula tem algumas dificuldades de expressão e de comunicação das suas idéias...

FHC — Eu sei, e acabou perdendo por isso mesmo. Mas, em tese, o entusiasmo era pela idéia de que um operário podia chegar à Presidência no Brasil. Que é uma idéia fascinante. O processo foi mais complicado porque eu não seria completamente incompetente, embora não seja usual um intelectual chegar a presidente... A verdade é que ninguém será mais eleito presidente deste país se não tiver capacidade de expressão na mídia. É praticamente impossível.

MS — Exato.

FHC — Quando digo mídia, digo televisão e rádio. O rádio prepara a base e a televisão dá o tiro de morte.

MS — E a imprensa escrita?

FHC — A imprensa também, mas tem menos peso para a eleição. Para governar é preciso a imprensa; para ganhar a eleição, não. Mas isso é geral no mundo de hoje. As personalidades que têm capacidade de afirmação eleitoral são personalidades que se ajustam a essa necessidade da presença na mídia.

A televisão é um instrumento perigosíssimo. Aqui, no Brasil, durante a campanha eleitoral, os partidos têm televisão gratuita. Todos têm igualdade, não na produção porque ela é cara, mas na difusão. E os partidos lutam por ter mais tempo de televisão. Eu acho isso um risco enorme porque, quando as pessoas não sabem usar a televisão, a televisão liquida as pessoas. Mas tudo isso está mostrando o seguinte: daqui por diante, não há alternativa, a política e os meios de comunicação estão casados.

Até que ponto os donos dos grandes meios de comunicação social vão ter uma influência decisiva? No período normal, o que é que acontece com a mídia brasileira? Deixa de ser partidária. Não há nenhum jornal no Brasil que se identifique com qualquer partido. Nenhum!

MS — Não são partidários mas têm interesses econômicos muito concretos...

FHC — Há interesses econômicos e interesses sociais, mas não pertencem a um partido. Em geral, a mídia assume uma posição crítica porque o leitor quer isso. Por vezes, eles substituem a inexistência de uma crítica política concreta por uma crítica difusa. A informação vem sempre sob a forma de crítica. Posso pegar num jornal e mostrar como a notícia aparece quase sempre de uma forma crítica. É a "teoria do deslize" que, aliás, foi elaborada pela *Folha de S.Paulo*. O que vale é o deslize, o que tem interesse é o deslize, não é o eixo principal, é o que está fora do eixo principal.

Vou dar um exemplo banal que se passou comigo. No dia 7 de setembro, juntamos aqui crianças que tinham ganho um prêmio por terem feito uma frase bonita sobre o país, e crianças que tinham sido tiradas do trabalho forçado nas carvoarias e na cana-de-açúcar. Trata-se de um programa muito forte, com mais de trinta mil crianças que recebem uma bolsa para deixarem de ser forçadas a trabalhar. Se eu disser fofoca sai no dia seguinte. E eu percebi que eles não iam dar nenhuma notícia sobre o evento, porque isso de tirar trinta mil crianças do trabalho não é bombástico. Ainda se fosse algum partido da oposição que estivesse tirando trinta mil crianças... Então, sentei-me no chão para assistir ao espetáculo do "Castelo Rá-tim-bum" ao lado das crianças. Saiu em todos os jornais a minha fotografia. E não saiu nenhuma notícia sobre o conteúdo da reunião.

MS — Em Portugal passa-se o mesmo...

FHC — Tancredo Neves usava gravata e, quando queria aparecer nos jornais, chupava a gravata. Era garantia de fotografia...

MS — *(Risos)*

FHC — Eu fui à parada de 7 de Setembro, com o Jorge Sampaio[5]. Fato importantíssimo: os presidentes de Portugal e do Brasil. A parada foi bonita. O Jorge estava emocionado. Sabe o que é que saiu? Quando terminou o desfile havia muito povo na rua e eu deixei a segurança de lado e fui para o meio da gente. Foi só fotografia... Saí no meio do povo. Se não fizesse isso, não sairia nada.

5. Jorge Sampaio (1939), advogado e político português, ex-secretário-geral do Partido Socialista. É presidente de Portugal desde 1996.

MS — Infelizmente, é assim.

FHC — Nada. O Collor era um mestre nisso, o Jânio também. Eu levei muito tempo a entender que para certa imprensa só interessa o insólito...

MS — Exatamente.

FHC — O insólito é o que sai, mas não sou muito dado a isso.

MS — Há outro aspecto do problema dos meios de comunicação social que hoje é de uma grande gravidade: o recurso excessivo à violência, às imagens de violência...

FHC — Certamente. Crime, violência, corrupção...

MS — ...e recorrem também ao sexo, de uma maneira exagerada...

FHC — Também.

MS — ...e deseducam as crianças. Hoje pode dizer-se que as crianças vêem programas que não deviam ver e que não podem entender. É altamente deseducativo. Ainda que também aprendam e amadureçam mais depressa.

Deve conhecer, com certeza, um livro de Karl Popper[6], o último livro que escreveu, e que é exatamente sobre isso. Cito de cor o que ele diz: "Se nós não controlamos a televisão e os *media* em geral, a televisão e os *media* vão controlar a democracia e destruí-la. Mas, para controlarmos a televisão, nós também podemos pôr em causa a própria democracia...". E é o próprio Karl Popper o autor da famosa Sociedade Aberta, que chega a preconizar o regresso à censura. Isto é realmente muito perturbador. O que pensa o Presidente disto?

6. Karl Raimund Popper (1902), filósofo austríaco radicado na Inglaterra, autor de *A sociedade aberta e seus inimigos* (1945), considerado a crítica mais demolidora da filosofia e das doutrinas históricas do marxismo.

FHC — Apesar desses riscos que Popper menciona e que nós todos reconhecemos, eu não creio que a solução possa ser a censura...

MS — Eu também não. Obviamente. Tivemos uma experiência muito dura, durante as ditaduras, que nos imuniza contra todo o tipo de censura...

FHC — Aqui, nós procuramos em certos casos — sobretudo no que diz respeito a programas para crianças — buscar uma forma de censura indicativa, do tipo não é recomendável para tal idade.

MS — Mas ninguém liga a isso!

FHC — Ninguém liga. Mas o Ministério da Justiça está preparando, com a associação das empresas de comunicação social, algo para aumentar a sua responsabilidade social. Eu acho que é esse o caminho...

MS — Um código deontológico.

FHC — Isso. É verdade que a violência está virando uma obsessão e que também há uma espécie de reprodução de maus comportamentos. Eu vou dar um exemplo retirado da política. Eu diria que, no Congresso, a imensa maioria dos deputados é gente normal e correta. Mas há uma minoria, reduzida, que não o é. Esta minoria aparece muito mais do que a maioria e, muitas vezes, gosta de dar a impressão de que tudo está podre. Não é verdadeiro. Mas é reproduzido pela mídia como se fosse verdadeiro.

MS — E depois é difícil de destrinçar.

FHC — E depois é difícil. Os meios de comunicação bons são os que separam o trigo do joio — atacam o joio, criticam o errado, mas também ressaltam o bom. Aqui há uma espécie de acanhamento para reconhecer o que é bom. Uma voracidade para apresentar as coisas catastróficas. Por exemplo, há uma crise financeira na Tailândia, e os meios de comunicação começam imediatamente a buscar sinais de que o Brasil também vai entrar em crise. Se algum estrangeiro, que não sabe nada do Brasil, declara que o mercado brasileiro é a próxima vítima, isso dá logo manchete. Porque é o deslize.

MS — É uma situação que pode pôr em causa a democracia.

FHC — Eu acho que sim e pode pôr em causa a legitimidade do poder...

MS — A campanha que se faz contra a classe política, por exemplo, é outro exemplo da mesma real...

FHC — É isso. Por exemplo, pode ter a certeza que nunca houve tanto trabalho como na atual legislatura. O parlamento trabalhou muito. Mas continua saindo, de vez em quando, aquela famosa fotografia do plenário vazio, como devesse estar sempre cheio, como se as questões se resolvessem pela presença de todo o mundo, permanentemente, no Congresso. Contudo, passa para a opinião pública uma má idéia. A opinião pública considera o parlamento uma das instituições mais desacreditadas do Brasil, não é? Embora não só por isso.

MS — Sim, na União Européia temos o mesmo problema. Creio que é universal...

FHC — É uma coisa curiosa, essa voracidade contra algumas instituições que são fundamentais para a democracia. Se elas viessem a ser liquidadas, a imprensa seria a primeira vítima e protestaria imediatamente.

Mas acho que, pelo menos entre nós, os donos já não têm o controle total dos jornais. Podem ter o controle dos editoriais e, em certos casos, nos quais têm muito interesse...

MS — Por quê? Há comitês de jornalistas?

FHC — Hoje, a vivacidade do jornalista é muito grande e a defesa da integridade do profissional é também muito grande. Houve uma certa democratização, não necessariamente no bom sentido, às vezes no mau, no sentido de uma certa irresponsabilidade. Mas, por outro lado, também o fato de você poder distorcer a favor do dono ou a favor daquele que é amigo do dono, é hoje muito mais difícil.

Eu tenho relações pessoais com quase todos os donos dos meios de comunicação no Brasil. Tenho relações pessoais com uma boa quantidade de jornalistas, desde os mais importantes aos menos conhecidos. Isso não altera em quase nada a avaliação que eles fazem de mim ou do governo. Quase nada!

O que me preocupa mais é a falta de fidedignidade do noticiário que leva a uma distorção. Há dias, veio aqui o pessoal de um jornal, gente toda amiga minha. Disse-lhes que o jornal desse dia estava uma maravilha porque reproduzia na íntegra o que eu tinha dito. Mas

7. Silvio Santos, empresário e comunicador brasileiro, proprietário da rede de TV Sistema Brasileiro de Televisão (SBT). Animador de programas populares de TV desde meados dos anos 50.

outra notícia sobre o que eu tinha dito não tinha nada a ver com o que eu dissera. No mesmo jornal!

MS — *(Risos.)*

FHC — Isso é freqüente.

MS — Há televisão do Estado?

FHC — Só as educativas.

MS — E essas não podem rivalizar por cima e servir de exemplo?

FHC — Deveriam, e algumas são boas. A TV Cultura de São Paulo é uma boa televisão, tem um bom noticiário. A Nacional é uma das mais críticas ao governo. Porque também existe essa idéia: já que eu trabalho para o governo, então tenho que mostrar que sou independente.

MS — Sim, isso em Portugal também existe.

FHC — *(Risos.)* Mas são detalhes. Na verdade, as TVs dos governos não têm tido possibilidade de competição... Porque as televisões privadas, do ponto de vista técnico, são muito boas — não é só a Globo, não, várias delas são muito boas. E também os jornais...

MS — Mas aqui houve um fenômeno interessante, na última campanha eleitoral. Um homem da televisão, o Silvio Santos[7], apresentou-se como candidato...

FHC — Mas não chegou até o fim.

MS — Está bem, não chegou, mas foi uma tentativa que, realmente se fez pela primeira vez. Não conheço outro país onde isso tenha acontecido.

FHC — Ele desistiu porque percebeu que ia prejudicar a televisão dele. Porque isso é outra coisa engraçada, a formação da opinião pública. Acho que precisaríamos de mais conhecimento sobre isto: como é que se forma a opinião pública? Existem mecanismos informais que pesam na opinião pública. Não é? Veja o que aconteceu com a princesa Diana. Foi um caso extraordinário.

MS — Sim, sim, extraordinário. É uma questão de natureza sociológica que vai dar, com certeza, motivo a grandes estudos. Passou-se ali um fenômeno muito complicado, que foi aliás muito bem aproveitado pelo primeiro-ministro britânico Tony Blair que, simultaneamente, o suscitou e o aproveitou. Isso mostra que ele tem uma boa antena para captar o que se passa. Mas, por outro lado, houve também a manifestação de um certo descontentamento do povo inglês com a monarquia.

FHC — Mas eu acredito que pode haver um efeito danoso para a democracia, pelo excesso de irresponsabilidade em certas circunstâncias, pelo exagero. Mas também há outro lado: na democracia contemporânea os fatores simbólicos são fundamentais e sem a mídia não há como expressar os símbolos.

E numa sociedade tão fragmentada como é a sociedade contemporânea, em que as classes já não têm cimento, em que mesmo as corporações são fragmentadas, há paradoxalmente a necessidade de uma comunhão. É aquela famosa discussão sociológica de comunidade e sociedade. Em dado momento, precisa a comunhão.

MS — Mas a princesa Diana é isso. É uma questão de comunhão que se fez de todas as classes, gente muito variada...

FHC — A mídia cria a política virtual. É tudo virtual, antes de as coisas acontecerem já a mídia começa a desenhar o que vai acontecer. É quase como se fosse uma premonição. Mas é uma premonição que, ao mesmo tempo, está criando também as condições para que aconteça.

MS — Contribui profundamente para isso.

FHC — Então, é uma relação ambígua, entre a vontade difusa da sociedade e a capacidade de captar isso, que a mídia tem. Quando o político ou os partidos são capazes de entender isso...

MS — Foi o que fez Tony Blair...

FHC — É. Isso leva-nos a estar permanentemente atentos — "antenados", como se diz aqui — aos meios de comunicação... Que, na verdade, não é aos meios de comunicação, mas à sociedade, aos pequenos movimentos que podem às vezes, por uma espécie de curto-circuito, desencadear mudanças mais amplas. E, de novo, aí a posição central da Presidência é muito importante, porque você tem acesso aos meios de comunicação. Pode contra-atacar ou pode aproveitar-se de um fenômeno que esteja nascendo.

Não sei como será em Portugal, mas aqui tudo é assim embora as personalidades mediáticas sejam muito poucas.

MS — Os líderes dos partidos não são personalidades mediáticas?

FHC — Não creio. Eventualmente, um ou outro, como o presidente do Senado. Ou um ministro como o Sérgio Motta, porque é muito espalhafatoso e competente e a mídia lhe dá um espaço enorme.

IX

PARTIDOS, FIDELIDADE E VOTO

"Como é possível um político como o Lerner, por exemplo, que era do partido do Brizola, de repente passar para o Partido da Frente Liberal? Dá a impressão de que ir para um partido ou ir para outro é indiferente."

Mário Soares

"Por que não se muda o sistema de votos no Brasil? Porque os deputados foram eleitos pelo sistema vigente e não querem a mudança... É esse o calcanhar de Aquiles do nosso sistema."

Fernando Henrique Cardoso

MS — Vamos entrar na questão do sistema dos partidos. Há uma coisa que me faz, como europeu, muita confusão — é ver uma pessoa como o Lerner[1], por exemplo, que era do partido do Brizola e, de repente, vai passar para o Partido da Frente Liberal. Como é que isto é possível? Dá a impressão de que ir para um partido ou ir para outro é indiferente e que não há qualquer sanção relativamente aos políticos que mandam no partido. Nos países europeus, em Portugal, por exemplo, quando um político muda de um partido para outro é geralmente sancionado pela opinião pública, que não gosta dos chamados "vira-casacas". Aqui, no Brasil, não é assim...

1. Jayme Lerner (1937), político, governador do Paraná desde 1995. Prefeito de Curitiba (1971-1975, 1979-1983 e 1989-1993).

FHC — Não marca...

MS — Não parece ter importância nenhuma. E que estrutura é que têm os partidos? De que é que vivem os partidos? Recebem financiamentos do Estado?

FHC — Esse tema, bem como as questões do federalismo e da reorganização administrativa e tributária, talvez sejam os mais difíceis. É muito complicado para um europeu entender o funcionamento dos partidos brasileiros. Sinteticamente, a estrutura política brasileira não tem muito a ver com a européia, ainda que, na aparência não seja assim. Aparentemente os partidos se organizam num espectro que vai da esquerda à direita: temos os partidos comunistas, o PT, os partidos trabalhistas, os sociais-democráticos, os liberais, e agora só não temos a direita, que está desaparecendo no Brasil. Ninguém quer assumir a posição de conservador. Nenhum partido no Brasil se assume como conservador.

Os programas dos partidos são muito parecidos uns com os outros. Na prática, a estrutura é mais de tipo americano. Quer dizer, são partidos que funcionam como comitês eleitorais, que têm força no momento da eleição e que, no intervalo entre as eleições — com a exceção porventura de um ou outro partido de esquerda — apenas existem dentro do Congresso. Não existe uma rotina de vida partidária. Quando se aproximam as eleições, começam a abrir comitês nas ruas e todo o resto... Então, a nossa tendência é mais americana, no sentido de um partido eleitoral e não de um partido organizado e interveniente na sociedade e no Estado.

MS — Mas nunca houve aqui o bipartidarismo que houve na América.

FHC — Houve apenas durante o Império. Na República, houve um partido só. Como funcionava a chamada República Velha? Vivia sob a aparência de um partido só, que era o Partido Republicano, mas que se fragmentava em vários partidos locais: Partido Republicano Paulista, Partido Republicano Mineiro ou Riograndense do Sul. Mas tinham todos o mesmo nome: Partido Republicano. O sistema funcionava na base das chamadas dissidências, quer dizer, as oposições criavam as dissidências, mas não saíam do partido, antes faziam a dissidência dentro partido. Foi assim toda a vida da República Velha — era uma espécie de PRI[2] mexicano...

Houve tentativas da criação de um partido chamado democrático — mas, naquela altura, os partidos eram estaduais. Os chefes políticos eram locais. O presidente Campos Sales[3] organizou o que se chamava então de "política dos governadores" e que, basicamente, era o seguinte: os governadores tinham por obrigação prestar apoio e vassalagem ao presidente da República, que era o chefe natural, era o chefe dos chefes. Em compensação, o presidente da República garantia tudo ao poder local, aos governos locais e não se intrometia na política. A Câmara Federal tinha uma "comissão de revisão de poderes" que podia caçar os mandatos. Na hora de fazer a revisão das eleições, afastava todos os candidatos que fossem inimigos do governador. O presidente da República tinha o controle político. Era um sistema muito pouco democrático.

MS — Nada, mesmo.

FHC — Nada. Durou até 30. Em 1930, com a Revolução Liberal, houve tendência para constituir partidos, mas veio logo o Getúlio. Houve uma tentativa em São Paulo de aprofundar o processo democrático contra as oligarquias locais. São Paulo já estava se industrializando, perdera a Revolução de 1932 contra Getúlio (o ministro da Guerra era um tio-avô meu do lado do Getúlio) mas, não obstante, Getúlio teve de convocar uma

2. O Partido Revolucionário Institucional (PRI) foi fundado pelo general Plutarco Elias Calles, presidente do México, nos anos 20, como instrumento de controle de um governo marcado por corrupção e assassinatos políticos.

3. Campos Sales (1841-1913), político, presidente da República do Brasil (1898-1902).

Constituinte, em 1934. É então que surgem algumas idéias corporativas.

Em 1937, Getúlio deu o golpe, acabou com os partidos, acabou também com os partidos regionais, centralizou tudo e manteve as chefias locais. Os interventores federais que nomeou geralmente se acomodavam com a chefia local.

MS — É aqui que entra o Estado Novo, não é? Mas, em 1945, o regime aceita a criação de partidos...

FHC — Depois da Constituição de 1946 surgem o PTB[4], o PSD[5], a UDN[6] etc. Surgem, depois, mais partidos e aí começa a existir uma democracia mais normal, assegurada pela Constituição, que vai durar até ao golpe de 1964. Neste período, há um embrião de formação de partidos, não no sentido efetivo da participação, da militância, da democracia interna, mas no sentido do espectro partidário com esquerda, centro, direita, liberais ou conservadores. Depois, havia ainda, como dissemos, o PTB, que era um partido trabalhista, os comunistas e o PSD, que era o grande partido do poder, do centro do poder. Os chefes locais foram majoritariamente para o PSD. Surge também o Partido Democrata Cristão. O Partido Trabalhista e o Partido Democrata Cristão cresceram bastante, e os comunistas também, até serem postos para fora do sistema legal.

O golpe de 64 criou de cima para baixo o bipartidarismo — a ARENA[7] e o MDB[8]. O MDB é o Movimento Democrático Brasileiro; a ARENA é a Aliança Renovadora Nacional. Mas, como era muito difícil a ARENA contentar a todos, inventaram uma coisa que já havia no Uruguai: criaram-se sublegendas dentro do mesmo partido.

MS — É a dissidência outra vez.

4. O Partido Trabalhista Brasileiro (PTB) teve Getúlio Vargas entre seus fundadores e foi extinto pelo Ato Institucional nº 2 em 1965. Na reforma partidária de 1980, os grupos liderados respectivamente pelo ex-governador do Rio Grande do Sul, Leonel Brizola, e pela ex-deputada Ivete Vargas disputaram o registro da sigla PTB. O Tribunal Superior Eleitoral deu ganho de causa ao grupo da ex-deputada. O PTB conseguiu o registro em novembro de 1981.

5. O Partido Social-Democrático (PSD), partido político brasileiro durante a vigência da Constituição de 1946. Foi extinto pelo governo militar em 1965.

6. A União Democrática Nacional (UDN), o PTB e o PSD foram fundados em 1945, no final da ditadura getulista, e formaram a cena política da "República de 46". Da UDN vieram vários participantes do golpe de 1964. Foi extinta pelo governo militar em 1965.

7. A Aliança Renovadora Nacional (ARENA), governista, reagrupou os

FHC — Mas a ARENA reuniu quem tinha poder e o MDB quem estava contra o regime autoritário. Não foi tanto, talvez, por causa da ideologia, mas antes para apoiar o governo. Os do MDB, pelo contrário, queriam a democracia. O sistema só se rompeu quando José Sarney em 1985, assumiu a Presidência em substituição de Tancredo Neves. Tancredo foi eleito pelo Congresso em 1985, mas não assumiu, dada a sua doença e morte. Aí é que se começa a mudar, a criar novas regras de formação de partidos...

MS — E a nova Constituição.

FHC — É nessa altura que se formam os novos partidos. Mas a crise de 1989, na Europa, a queda do muro de Berlim, deixa, de certa maneira, todos os partidos do centro para a esquerda um pouco tontos. Claro que mais diretamente o PT, o Partido Comunista, ou os partidos comunistas. O PT ficou sem ter discurso porque era um partido de trabalhadores, de sindicatos, mais a Igreja, e defendia um vago socialismo. O PT nunca conseguiu definir exatamente o que é.

MS — O Brizola era o velho partido trabalhista.

FHC — Mas cada vez mais nacionalista e menos trabalhista, menos ligado aos sindicatos. O PT ocupou esse espaço. Bem, e o PSDB, que nasce com a idéia de ser social-democrata num momento em que também a social-democracia está em crise.

Quanto aos outros, o PFL é liberal com uma certa inclinação social. E a direita deixou de existir como tal, não se formula, não há um partido da direita. Existe, como eu disse, uma base atrasada, clientelista, que é a base que vota em qualquer governo, desde que tenha um sistema de trocas de favores e de cargos; não se constitui ideologicamente em "direita". O MDB não conseguiu existir, o MDB era um partido mais...

saudosistas da UDN no sistema de bipartidarismo imposto pelo regime militar pelo Ato Institucional nº 4 de 1965, o qual seguiu o de nº 3 dissolvendo as 13 siglas partidárias então existentes.

8. O Movimento Democrático Brasileiro (MDB), criado no início de 1966, à semelhança da ARENA foi também uma frente, só que de oposições ao regime militar.

MS — ...frentista.

FHC — Frentista, vagamente nacionalista e democrata.

MS — Socialista?

FHC — Nunca foi socialista.

MS — Mas o próprio Ulysses Guimarães, em certa altura, "namorou" muito a Internacional Socialista.

FHC — Sim, mas nunca foi. Ulysses era um conservador, ele vinha do PSD.

MS — O Ulysses era um conservador, mas quis ter uma certa ligação com a Internacional Socialista.

FHC — Por pressão nossa, pela competição dele com o Brizola e o Arraes. Era mais para ocupar o espaço. Ulysses era um democrata, tornou-se um democrata, apoiou circunstancialmente o golpe de 64, mas era um democrata. O Severo Gomes[9], que foi grande amigo nosso, também foi ministro do regime militar.

MS — Morreu com ele, não é?

FHC — Morreu com Ulysses num desastre de helicóptero. Mas o que quero dizer é que a consistência, digamos, ideológica, doutrinária, é muito pequena. Também porque a crise do socialismo europeu complicou mais ainda a formação de uma esquerda no Brasil. Mas isso não é o principal. O principal é que, como são partidos eleitorais, ou melhor, são comitês de eleição num sistema eleitoral completamente distorcido, não vai haver partidos enquanto não mudarmos o sistema eleitoral.

MS — Os partidos não são subsidiados?

FHC — Muito pouco. Existe um fundo público, mas os partidos são basicamente subsidiados pela iniciativa

9. Severo Gomes (1924-1992), industrial e político. Ministro da Indústria e Comércio do governo Geisel (1977). Senador (1983-1989).

privada e, no passado, pelo caixa-dois das empresas. Hoje já não é tanto assim, são financiados pelas empresas, abertamente. Recebem subsídios públicos.

Temos dezoito partidos no Congresso. É um excesso. Mas há uma coisa ainda mais grave, que é o sistema eleitoral.

Como é que se elege alguém aqui? Na eleição para a Câmara o voto é proporcional, o distrito eleitoral é o Estado e todos os partidos apresentam candidatos. Por exemplo, São Paulo tem direito a setenta deputados e cada partido, para candidatar-se a todos os lugares, pode lançar, digamos, duas vezes o número de vagas. Se multiplicar por dez, obtém-se 1.400 candidatos que vão disputar o eleitorado de São Paulo, ou seja, vinte milhões de pessoas. E vão disputá-lo de forma selvagem.

Então, qual é o principal adversário de um candidato a deputado de um partido "x"? É o outro candidato do mesmo partido. Por quê? Como é que vai ser a distribuição? Quantos votos teve o partido? A soma de todos, dos 140 candidatos. Quais são os eleitos? Se, dessa soma, o partido tiver direito a dez deputados, são os dez primeiros colocados. Por isso, a briga interna é imensa dentro de cada partido.

MS — Dentro do partido?

FHC — Necessariamente. Não há solidariedade. Além disso, o candidato não tem nenhuma ligação direta com o eleitorado — recolhe votos em vinte milhões. Quando o candidato é local, quando alguém concentra seus votos numa cidade, promete tudo àquela cidade. Na eleição seguinte, muda de cidade, promete de novo, e não cumpre, nem aqui, nem ali. Obviamente isto não se refere à maioria dos candidatos. Mas alguns procedem assim.

Há também uma rotatividade imensa do eleitorado, não há vinculação do eleitor com o candidato, com o eleito. Dentro de cada partido é uma briga entre os deputados, que já estão prevendo a próxima eleição, na qual vão ser adversários.

Propus ao Congresso — e consegui aprovar na Comissão de Justiça do Senado, quando era senador — um voto de tipo alemão, distrital misto, onde se garante a proporcionalidade por causa das minorias. Cria-se um distrito e cada partido, naquele distrito, lança só um candidato. Aí, você fortalece o partido. E se o sistema for misto, você apresenta um conjunto de nomes importantes para a sua sigla — e têm de ser pessoas com uma certa coerência, aí sim, doutrinária, para obter o voto.

Se não mudar o sistema de voto, também não vão mudar os partidos. E por que não se muda o sistema de votos no Brasil? Porque os deputados foram eleitos pelo sistema vigente e não querem a mudança. É uma luta tremenda. É esse o calcanhar de Aquiles do nosso sistema.

Segunda questão: é preciso haver fidelidade partidária. Ora, o que é o líder do partido, na situação brasileira? O partido é o que eu estou dizendo: um conjunto de pessoas que se elegeram combatendo-se, às vezes, umas às outras, nem sempre com relação de fidelidade com o eleitorado. O que é que faz o líder? Faz parte de uma cadeia de transmissão do Executivo para o partido e das demandas do partido para o Executivo. Não tem poder de controlar os deputados, a menos que atenda os interesses políticos dos deputados. Isso é constitutivo do sistema. Se não houver fidelidade partidária não pode haver também coerência no comportamento do deputado. Mas, caso se instaure a fidelidade partidária nos partidos atuais, tal como eles são e com este sistema eleitoral, nós vamos simplesmente dar um poder imenso à cúpula do partido, que passará a negociar os apoios. Por isso é preciso regras de democracia interna nos partidos.

MS — Vamos tentar compreender melhor. Em São Paulo, o PSDB, por exemplo, apresenta uma lista de setenta deputados. São ordenados?

FHC — Não, o povo é quem vai ordenar. Vota em qualquer um. Quem tiver mais votos é que vai ser eleito. Por isso a briga entre eles.

MS — Sim. Mas, se não fosse assim, também havia briga, só que dentro do partido...

FHC — Dentro do partido, para conquistar um bom lugar na lista. Aí, é a briga dentro do partido!

MS — Sim, mas com o domínio do aparelho do partido, ao passo que, com o vosso sistema, o aparelho não manda.

FHC — Aqui, o candidato a deputado é independente da cúpula e até independente do eleitor. Para obter votos, é preciso muito discurso, muito apoio da população, muita paciência para ouvi-la, para atender as reclamações. Enfim, é um sistema perverso. A consistência dos partidos não depende apenas da fidelidade ideológica, mas sobretudo da mudança de regras.

MS — Por que é que a pessoa se inscreve num partido e não noutro?

FHC — Inscrevem-se onde têm mais chances de se fazer eleger. Por que o Lerner foi para o PFL e não para o Partido Socialista? Porque, no Partido Socialista, ele não teria tanta probabilidade de ser eleito, porque o PSB não tem prefeitos e não dispõe de uma boa lista de deputados.

Recentemente, uma pessoa importante em São Paulo procurou-me para saber se deveria ir para este ou para aquele partido. A pergunta era para saber onde teria mais chances de se eleger. Para isso, deve ver quem são os seus competidores, ou seja, dentro do partido escolhido, quem são os outros candidatos. Se, dentro de um determinado partido, houver um candidato forte, é melhor ir para outro.

Estou usando, aqui, uma crueldade absoluta de sociólogo e não estou mistificando nada do sistema, porque é assim mesmo. Mas a imprensa trata os partidos como se eles, realmente, existissem e cobram de mim um comportamento para com os partidos como se existissem no sentido europeu. E essas análises — do tipo, o PFL é da direita, o PSDB está no centro a ir para a direita, o PMDB está na esquerda — são todas vagas porque não têm correspondência efetiva nos comportamentos. As coisas mantêm-se desta forma porque o sistema político ainda não mudou.

MS — Portanto, uma das grandes reformas do Estado passa também pela reforma do sistema eleitoral?

FHC — Pode-se perguntar por que não propus ainda tal reforma. O PSDB tinha apenas cinqüenta e tantos deputados. Se propusesse a reforma eleitoral no início de um mandato, teríamos ficado discutindo política sem governar. As reformas que estou fazendo no plano econômico, no Estado e na Administração teriam sido prejudicadas pela briga política que se teria instalado no Congresso.

Na próxima campanha eleitoral talvez se possa colocar essa questão. E a reforma terá que ser plebiscitada, pois será muito difícil aprová-la no Congresso por uma maioria de três quintos, como manda a Constituição.

MS — Há plebiscitos na lei brasileira?

FHC — Há. Mas é preciso que o Congresso proponha o plebiscito. No entanto, se a população não participar, não há força para movê-lo, porque não é do interesse do Congresso, que foi eleito por esse sistema, mudar os critérios da eleição. Aliás, diga-se de passagem que os militares mudaram o sistema e, quando houve a redemocratização, voltou-se atrás. Porque a chamada redemocratização foi, em larga medida, uma volta ao antigo regime de clientelas e das nomeações. Na fase da democratização, tudo o que tinha vindo do regime autoritário e militar parecia ruim. Não se fez a separação. Bastava dizer: "Não, esse é do regime militar", sem se fazer a análise da situação objetiva.

Isso que estou lhe dizendo com clareza, talvez até com rudeza, é dito às vezes, mas nunca de maneira contínua, sistemática, porque não interessa ao sistema político dizer isto de uma maneira mais direta. A esquerda opôs-se sempre ao voto distrital misto. Eu tive conversas com o João Amazonas[10], o líder do PC do B, no tempo da Constituinte, para tentar explicar-lhe que o Brasil já mudou.

Caso se faça um sistema distrital no estado de São Paulo, por exemplo, que tem um eleitorado imenso, a cidade de São Paulo vai eleger proporcionalmente mais deputados do que o interior. A cidade é mais progressista, os partidos de esquerda vão ganhar mais. Não houve jeito. Ele achava que era uma manobra da oligarquia, que o voto bom é o voto como nós temos. Eles tinham em mente a França, onde o sistema distrital de De Gaulle foi feito para liquidar o Partido Comunista. Você lembra?

MS — Claro que sim.

FHC — Mas na Alemanha não é assim. Até hoje, a idéia não passa na esquerda tradicional. De novo, é a viseira mental que leva essa esquerda a apoiar um sistema que beneficia a "direita", tal como a temos: atrasada e obcecada pelos interesses pontuais.

10. João Amazonas (1912), político. Liderou a dissidência do Partido Comunista Brasileiro (PCB) que levou à formação do Partido Comunista do Brasil (PC do B) em 1962.

X

NAS MÃOS DA JUSTIÇA

"O governo fez tudo para apressar a apuração do massacre de Eldorado de Carajás, embora não tivesse poder legal para isso... Se tivermos sorte, lá pelo ano 2000 esse caso vai ser julgado."

Fernando Henrique Cardoso

MS — Podíamos falar sobre outra questão. O presidente da República, no sistema constitucional brasileiro, tem imensos poderes — já vimos —, mais poderes que o presidente dos Estados Unidos. Como é possível controlar o presidente? Qual é o sistema de controle e de equilíbrio de poderes dentro do sistema constitucional brasileiro? Isso é algo que o deve preocupar também para o futuro.

FHC — Quando o presidente é mau, quando transgride a regra, aí a Justiça entra. E, em homenagem à Justiça brasileira, devo dizer que ela tem tido um papel crescente no controle da constitucionalidade.

MS — O Tribunal Federal?

FHC — É o Supremo Tribunal Federal que controla a constitucionalidade. Mas não no sentido europeu, ou seja, o Tribunal não tem iniciativa. Há o controle difuso, mas as decisões do STF são muito prestigiadas. Ele exerce o controle concentrado da constitucionalidade. Os partidos vão freqüentemente ao Tribunal reclamar das leis e das medidas do governo. E o Supremo Tribunal, se for matéria constitucional, decide. E decide com independência e muita força. É um lado positivo do nosso sistema judiciário.

A outra possibilidade de controle do presidente é através do Congresso. E a outra, ainda, a suprema, do eleitor.

MS — Sim, o eleitor e a opinião pública.

FHC — Aqui já usamos o *impeachment*. A imprensa, como sabe, é muito ativa e crítica. O controle do comportamento diário do presidente, de cada ato, é feito pela opinião pública. As despesas públicas são todas postas no computador, não há gasto que não esteja registrado e ao alcance de cada parlamentar. Os Tribunais de Contas atuam com um imenso rigor. Mas é melhor assim.

MS — Então avancemos para a questão judicial.

FHC — Essa é a mais difícil de todas. Há várias questões. Primeiro, a sensação popular de que não há Justiça. E essa sensação tem relação com o fato de que, em geral, os condenados no Brasil são os pobres e os excluídos. Há uma nítida percepção — embora nem sempre seja assim — de que a Justiça é para os que não têm proteção. Nem sempre é verdade, mas há um aspecto que é verdadeiro, e que é o seguinte: o nosso sistema, de origem ibérica, é tão complicado, há tantos mecanismos legais, que as pessoas que têm recursos e advogados conseguem entorpecer a decisão judiciária por muito tempo. Isso vale para o direito administrativo, para os que são devedores de imposto, isso vale para quem atropela gente na rua, para quem é criminoso comum, ou para o crime de colarinho branco...

MS — Portanto, a Justiça é lenta e dispendiosa.

FHC — Lenta e dispendiosa. A culpa, se é que existe culpa específica, não é dos juízes, é da legislação, é da cultura. E isso desmoraliza a expectativa de uma Justiça eficaz, sobretudo entre a população mais pobre.

MS — Apesar do *impeachment*, que é a demonstração do contrário?

FHC — Realmente é a demonstração do contrário. A grande maioria dos juízes não é partidária nem corrupta. Mas o conjunto do sistema judiciário é de tal maneira complexo, custa tanto obter uma decisão, que gera esse sentimento negativo.

A Constituição de 1988 "tribunalizou" a política. Passou a haver recurso para cada decisão do Congresso ou minha. Dá a sensação de que as coisas não vão andar nunca. E, também, de que quem pode "compra" — não no sentido de "comprar" a Justiça, mas no sentido de que tem advogados que são capazes de dificultar as decisões finais da Justiça.

Além disso, temos algumas irracionalidades marcantes. Por exemplo, nós mudamos, na Constituição de 1988, as funções do Supremo Tribunal Federal. O Supremo Tribunal Federal é uma versão brasileira da Suprema Corte americana. Os juízes que lá estão — são onze — são nomeados pelo presidente da República com aprovação do Senado e são vitalícios. A diferença é que, nos Estados Unidos, o presidente nomeia o presidente do Supremo. Aqui não, aqui rodam entre si. Em geral, são pessoas que têm uma boa formação, abalizada e tudo o mais.

MS — O presidente nomeia-os todos?

FHC — Todos. Não eu, mas alguns presidentes, porque eles são vitalícios, até os setenta anos, quando se aposentam compulsoriamente. Eu só nomeei um, os outros são nomeações dos presidentes que me precederam.

MS — Eles não são eleitos, não há eleição em nenhuma instância?

FHC — Não, em nenhuma instância eles são eleitos. O que faz uma grande diferença em relação ao sistema americano.

MS — O direito brasileiro e o direito português são bastante semelhantes...

FHC — A matriz é portuguesa. O Supremo Tribunal Federal só decide casos concretos, não toma decisões genéricas. Interpreta a Constituição. Porém, a sua decisão não vincula os juízes da primeira instância, da segunda instância, nas suas sentenças.

Não é que faltem os direitos ao cidadão. O que falta é eficácia para que esses direitos sejam efetivos. Ora, essa circunstância dá a sensação terrível de que o pobre é desassistido porque não tem recursos para pagar advogado.

MS — Mas há o advogado público, oficioso?

FHC — Sim, há. Mas sem a mesma eficiência dos advogados pagos e ainda pouco numerosos.

MS — Não funciona o instituto do advogado oficioso?

FHC — Com eficiência, não. A sensação é de falta de Justiça e, portanto, de impunidade. O que é gravíssimo. Vou dar um caso concreto: o massacre de Eldorado de Carajás. Independentemente das responsabilidades, o fato é que houve um massacre.

No dia do massacre, fui à televisão e protestei energicamente contra o massacre para dar sinal de que o governo não apóia essas coisas. Bom, pela lei, eu não tenho a menor possibilidade de ingerência nisso. O crime foi local, foi no Pará, foi a polícia do Pará que o fez numa reação contra invasão de propriedade. Isso tem de ser julgado pela Justiça do Pará, não é federal. Eu não posso fazer nada, nem teoricamente, nem praticamente. Nada.

Bem, o que é que eu fiz? Mandei o Ministério Público — aqui no Brasil ele não é o defensor do governo, é o defensor das leis e da sociedade e funciona, às vezes, até com excesso de zelo...

MS — Mas o procurador é nomeado também pelo presidente?

FHC — É nomeado por mim, a partir de uma lista tríplice escolhida pelos procuradores-adjuntos.

Enviei ao Pará o procurador e a Polícia Federal, embora ela não tenha mandato constitucional para entrar nestes casos. Só tem a ver com crimes de contrabando, narcotráfico e crimes federais.

Todo mundo sabe disso, mas faz de conta que não sabe e joga a culpa no governo federal. Fizeram até o meu julgamento simbólico. José Saramago[1] veio aqui para me julgar, culpar...

MS — Veio cá?

FHC — Veio e me "julgou" culpado desse crime. Foi um pseudo-julgamento político. Mas esse não é o meu ponto.

MS — Desculpe, o Saramago fazia parte de um tribunal?

FHC — Um tribunal político.

MS — Político? Com outras personalidades?

FHC — Chico Buarque[2], por exemplo. E aí fizeram o meu julgamento como se eu tivesse alguma coisa a ver com o crime ou com a impunidade do crime. Mas o fato é que, quando houve o crime, eu enviei ao local o chefe da Casa Militar e o ministro da Justiça e demos

1. José Saramago (1922), romancista, teatrólogo e poeta português. Autor, entre outros, de *Levantados do chão* (1980), *A jangada de pedra* (1988), *O evangelho segundo Jesus Cristo* (1993).

2. Francisco (Chico) Buarque de Holanda (1944), músico, compositor, poeta, cantor popular, escritor, filho de Sérgio Buarque de Holanda. Autor de *Estorvo* (1991).

todos os sinais de que o governo federal queria uma punição.

Um ano depois, mandei lá de novo o ministro da Justiça. Ele chamou a polícia, chamou o juiz, tomou providências, falou com o governador, falou com os tribunais do Pará, voltou e apresentou-me um relatório. E o que ele me disse? Que fez tudo para apressar a apuração dos fatos, embora não tivesse poder legal para isso. Pôs as coisas em ordem. Mas, se tivermos sorte, lá pelo ano de 1999 ou 2000 esse caso vai ser julgado.

Esta é a situação. As oposições fazem manifestações para dizer que o crime está impune, como se eu fosse responsável. Já mudamos muita coisa. Por exemplo, eu mandei ao Congresso um projeto de lei para que crimes contra direitos humanos passassem a ser da alçada federal.

Até hoje, o Congresso não aprovou esse projeto. Antes, os crimes da Polícia Militar eram julgados só pelos tribunais militares. Já não o são. Fizemos de tal maneira que esses crimes são julgados pela Justiça comum. Houve muito avanço, mas até que se altere a cultura existente, para que as mudanças tenham eficácia, passará muito tempo. É um problema grave da democracia, porque dá a sensação de que as coisas não andam.

XI

FECHANDO FERIDAS

"Os jornais publicaram uma fotografia significativa do general Cardoso, chefe da Casa Militar, abraçado à viúva do Rubens Paiva, um ex-deputado que foi muito meu amigo e que morreu na tortura."

Fernando Henrique Cardoso

MS — As Forças Armadas foram sempre, ao longo da história do Brasil, um motivo de perturbação. Muitas vezes intervieram na ordem democrática, intervieram no poder político.

FHC — É verdade. A reorganização das Forças Armadas aconteceu com a vinda de D. João VI[1] para cá. Durante o Império elas tiveram um papel pouco expressivo, até a Guerra do Paraguai. Na verdade, até a Guerra do Paraguai existia muito mais um poder local das guardas nacionais, como se chamavam. A Guerra do Paraguai durou cinco anos e foi uma guerra sangrenta, penosa, e as figuras militares passaram a ter prestígio. A proclamação da República já foi conseqüência de uma presença militar mais ativa, dos militares mais jovens que se opunham tanto ao regime escravocrata como ao regime imperial.

MS — A República foi obra do exército, das Forças Armadas?

1. Dom João VI (1767-1826). Deixando Portugal, então invadido pelo exército francês, o príncipe regente Dom João chegou ao Brasil em 1808. Em 1815, o Brasil é elevado a Reino Unido juntamente com Portugal e Algarves. Com a morte de Dona Maria I em 1816, Dom João é aclamado rei e volta a Portugal em 1821, deixando o Brasil entregue a seu filho Dom Pedro, futuro Dom Pedro I do Brasil.

FHC — Foi obra das Forças Armadas basicamente, com algum apoio dos produtores de café de São Paulo no setor que não tinha escravos. Foi essa aliança que permitiu a República. Foi a classe média urbana militarizada, sobretudo os jovens com forte influência do positivismo de Auguste Comte e, por outro lado, os produtores de café que não estavam dependentes da escravatura. Mais tarde os militares não conseguiram manter o poder. O primeiro presidente foi militar, ainda que por pouco tempo. O segundo, Floriano[2], o mais duro, foi quem consolidou a República Velha, como se diz aqui. Durante a República Velha, havia uma oscilação entre as oligarquias paulistas e as oligarquias mineiras, que controlaram a República praticamente até os anos 30.

As Forças Armadas tiveram um papel nas rebeliões, várias rebeliões, todas elas contra as oligarquias, democratizadoras, pelo voto universal. Foram contra o predomínio do caciquismo, dos coronéis etc. A partir de 1930, passaram a ter um papel maior porque ganharam a revolução com o Getúlio. Em 37, inicia-se o Estado Novo com o apoio das Forças Armadas...

MS — A marcha de Prestes[3] é de quando?

FHC — A de Prestes é de 1924, na fase da rebelião democrática das Forças Armadas. Houve uma revolução em 1922, outra em 1924. Nessa fase, os militares estão lutando contra as oligarquias. Depois, em 30, Prestes já não apóia o movimento revolucionário, mas os tenentes apoiam-no e vão para o governo com Getúlio Vargas. A era Vargas é uma fusão das aspirações liberais com a tradição autoritária e caudilhesca do Rio Grande do Sul e com a presença militar centralizadora. Foi uma era confusa.

MS — Ambígua.

2. Floriano Vieira Peixoto (1839-1995), militar. Vice-presidente do Marechal Deodoro da Fonseca, primeiro presidente da República Federativa do Brasil, ascende à Presidência com a renúncia do marechal em 1891.

3. Luís Carlos Prestes (1898-1990), militar e líder revolucionário. Chefe da coluna que levou seu nome (1926), formada no auge dos levantes militares dos anos 20. Líder do PCB de 1943 a 1980. Exilado na União Soviética entre 1971 e 1979.

FHC — Ambígua. Mais tarde, o Getúlio incorporou a idéia do povo, dos trabalhadores — sobretudo no final do Estado Novo. A partir daí essa ambigüidade foi se tornando mais caracterizada. Uma parte das Forças Armadas tornou-se mais liberal e ligou-se à chamada UDN — União Democrática Nacional. Tiveram um candidato às eleições, logo depois da queda do Getúlio, em 1946, Eduardo Gomes[4], contra o general Dutra[5], que representava a continuidade do sistema que havia sido montado pelo Getúlio com as Forças Armadas e com os chefes locais. O Eduardo Gomes representava a ala liberal, a pequena burguesia e a burguesia urbana, contrária ao Estado centralizador.

Em 1950 ganhou de novo Getúlio por eleição democrática. Incorporou ao governo uma parte da UDN. As Forças Armadas que estavam ligadas à burguesia mais liberal continuaram a rebelar-se contra Getúlio, acabando por dar um golpe contra ele!

Foi esse jogo das Forças Armadas, apoiando às vezes o setor liberal, outras vezes o setor nacional estatizante, que marcou esse período. Derrubaram o Getúlio. Vem o Juscelino, que foi eleito em 1955. Tentam golpes contra Juscelino. O Juscelino, de alguma maneira, foi a modernização do setor oligárquico. Estou simplificando um pouco. E depois de Juscelino vem o Jânio Quadros, apoiado pelos setores mais antiestatais das Forças Armadas. O Jânio assumiu o poder e as Forças Armadas continuaram divididas, uma parte com ele, outra contra.

Finalmente desferem o golpe de 1964. O Castelo Branco era a expressão do setor "liberal" das Forças Armadas. Ou seja, não estatizante, não comuno-petebo-pessedista, digamos assim. Mas, dentro do regime militar, acabou prevalecendo o outro lado, mais centralizador e autoritário. Com Costa e Silva[6], Médici, Geisel.

Veja que dentro das Forças Armadas havia sempre uma tensão — as Forças Armadas não eram unidas por-

4. Eduardo Gomes (1896-1981), militar, um dos tenentes da Revolução de 1922. Candidato à Presidência da República em 1945 e em 1950. Ministro da Aeronáutica em 1954 e em 1965.

5. Eurico Gaspar Dutra (1883-1974), militar. Ministro da Guerra (1936-45). Presidente da República (1946-1951).

6. Artur da Costa e Silva (1902-1969), militar. Ministro da Guerra (1964-1966). Segundo presidente do regime militar (1966-1967), foi o promotor do endurecimento do regime.

que havia percepções diferentes do processo brasileiro. O setor mais golpista era aparentemente o mais "democrático" — eles davam o golpe contra a ascensão das massas, do sindicalismo, essas coisas...

O general Castelo Branco tinha uma visão profissionalizante das Forças Armadas e mudou a burocracia militar de uma maneira muito interessante. Os generais antigamente ficavam indefinidamente como generais. Castelo Branco estabeleceu que nenhum oficial pode ficar nas Forças Armadas por mais de doze anos, desde a sua primeira ascensão a general de brigada. Isso dá uma mobilidade muito grande e impede que um chefe militar se torne caudilho das Forças Armadas. Modernizou-as, profissionalizou-as, e essa tendência permanece. Então, pouco a pouco, paradoxalmente, o regime militar acabou com a influência política das Forças Armadas.

Hoje as Forças Armadas são profissionalizadas e têm uma concepção muito clara de que são parte do Estado e não do governo. Com uma característica que custa a ser entendida: a ligação entre as Forças Armadas e o setor civil é o presidente da República, que é o comandante supremo das Forças Armadas. Aqui eles fazem questão disso, como se quisessem dizer: "A nossa subordinação ao poder civil se dá porque nós estamos subordinados ao presidente da República". E não gostam nada quando se diz que, sem um Ministério da Defesa, não existe a subordinação civil.

MS — Existe hoje o Ministério da Defesa?

FHC — Não existe. Estamos tratando de criá-lo. Na minha experiência pessoal, não tive a menor dificuldade com as Forças Armadas e vou dar alguns exemplos para deixar isso bem claro.

O presidente Itamar substituiu Collor nas circunstâncias que são conhecidas e resolveu demitir todos os ministros militares. Informou-me disso na véspera de tomar posse. Eu até achei que era um gesto arriscado...

MS — Arriscado, claro.

FHC — Até porque eu tinha conversado com alguns ministros militares em nome do próprio Itamar e não era essa a minha expectativa. No entanto, ele os demitiu e não aconteceu nada. Nomeou os ministros que desejou e não aconteceu absolutamente nada.

MS — As Forças Armadas acataram a decisão do presidente?

FHC — Acataram com toda a tranqüilidade. Poderá ter havido um ou outro episódio mais delicado durante o mandato de Itamar, mas nenhum desrespeito. Como ministro da Fazenda, recebi forte apoio dos ministros militares, não no sentido político, mas eles achavam que era preciso dar um rumo ao Brasil. Fui eleito presidente, designei os ministros como bem entendi e, ao designá-los, anunciei que ia criar o Ministério da Defesa e que o ministro e chefe do Estado-Maior das Forças Armadas — há esse título — estava encarregado de preparar o Ministério da Defesa.

Claro que posso criar o Ministério da Defesa quando e como quiser — é uma competência constitucional minha —, mas prefiro que seja feito em consenso, que o problema se discuta abertamente nas Forças Armadas. Ainda recentemente o ministro apresentou a sua proposta, que não é única, e vamos discuti-la. Pretendo criar o Ministério da Defesa antes do fim do meu mandato. Há resistências, como é normal que haja, aqui e ali, algumas concepções diferentes de qual é a funcionalidade do Ministério da Defesa. Mas o único ponto em que nenhum deles acredita é que seja preciso um Ministério da Defesa para que haja subordinação ao poder civil.

MS — E obedecem, de fato, ao poder civil?

FHC — Obedecem. Não tive até agora nenhum problema.

MS — As Forças Armadas brasileiras não estão integradas com outras Forças Armadas sul-americanas ou norte-americanas?

FHC — Não. No tempo dos militares houve uma ruptura dos acordos feitos com os Estados Unidos. Os americanos, sobretudo durante a administração Carter, opuseram-se muito fortemente à repressão que havia no Brasil...

MS — Exato.

FHC — ...e, por conseqüência, a situação ficou tensa e houve uma descontinuação na relação entre as Forças Armadas brasileiras e as Forças Armadas americanas.

Aqui, as Forças Armadas sempre apoiaram a idéia de, em vez de comprar aviões, fazer aviões, em vez de comprar foguetes, fazer foguetes. Um desenvolvimento autônomo.

Os quatro ministros — do Exército, Marinha, Aeronáutica e Estado-Maior das Forças Armadas — têm o mesmo nível hierárquico. Na prática, existe um elo intermediário com a presidência da República que é o chefe da Casa Militar, um general também, que faz a triagem dos assuntos que eles devem trazer até mim.

Desde a democratização não houve qualquer problema com as Forças Armadas. Nem sequer em matéria de orçamento, apesar dos cortes. Não tem havido pressões armamentistas.

Na questão do relacionamento com os outros exércitos, existe uma relação muito positiva com as Forças Armadas argentinas. Fazemos manobras em conjunto. Existem regimentos brasileiros que têm nomes de heróis argentinos e regimentos argentinos com nomes de heróis brasileiros. Existe também uma grande aproximação com o Uruguai. E com o Chile.

Com os Estados Unidos, é a questão do narcotráfico. Os americanos insistem muito no narcotráfico e, uma vez por outra, existe a percepção de que eles gostariam que as Forças Armadas participassem diretamente do combate ao narcotráfico. A posição do governo brasileiro é contrária a isso. As Forças Armadas têm missões específicas e esse combate é com a polícia, não com as Forças Armadas. O que estas dão é o apoio logístico, de informação, de transporte etc.

Os americanos têm proposto várias operações em conjunto, chamadas *laser strike*, que são manobras que pretendem integrar as Forças Armadas e integrá-las crescentemente no comando militar sul baseado no canal do Panamá. A posição brasileira é de cooperação mas não de integração. Existe aqui uma disposição muito clara de que as Forças Armadas brasileiras não aceitam um comando externo.

E nisso não há pontos de vista divergentes entre o governo e as Forças Armadas — nesta matéria de estratégia. Eu criei a Câmara de Defesa e Relações Externas, que junta o ministro do Exterior, o ministro da Justiça, o chefe da Casa Civil, o ministro da Fazenda e os ministros militares e que é presidida por mim, para discutirmos em conjunto as questões estratégicas. Já produzimos um documento, que mandamos para o Congresso, com a política brasileira de defesa — que hoje é uma política do país, não é das Forças Armadas — e em que se diz com todas as letras que não há nenhum objetivo externo de conquista... Com ele, estamos transformando a questão da defesa numa questão de política nacional e não numa questão de política militar.

MS — E a questão da repressão? Foi mais delicada, não?

FHC — Vou contar um caso curioso. No início do meu governo, fui convidado para jantar na casa de um dos ministros, com os demais ministros militares. Jantamos muito agradavelmente, em roupa esportiva, porque nós somos bastante informais. Na hora do brinde eu disse: "Quero brindar ao fato de o presidente da República estar aqui com os chefes militares e não haver nenhum repórter à porta. No passado, ou seria eu preso ou estaria dando um golpe".

MS — *(Risos).*

FHC — Bem, depois passamos à sala de estar para conversar e eu informei aos ministros que ia fazer um gesto de conciliação e de redenção das violências do passado. Contei-lhes o que me sucedeu, dei detalhes sobre a repressão, não falei dela como uma questão abstrata. Eu nunca estive envolvido em atividades ditas subversivas — mas conheci e vi com os meus olhos muita gente próxima que foi torturada. Estive preso eu próprio, ainda que por pouco tempo, é verdade, mas numa organização policial comandada por um militar. Sabia o nome desse militar e dei o nome dele. Disse-lhes então: "Os senhores hão de entender que, para mim, é uma questão existencial, não é só uma questão abstrata, de princípio, é uma questão moral. Não posso deixar de tentar encerrar este capítulo".

E nós encerramos. Como? Aprovamos uma lei no Congresso que permitiu que o Estado indenizasse as vítimas da repressão que tinham morrido sob tortura ou, pelo menos, sob guarda militar. Num discurso, pedi desculpas às vítimas em nome do Estado brasileiro. Disse que fazia isso, embora eu próprio tivesse estado do outro lado. Os jornais publicaram uma fotografia significativa e bonita, do general Cardoso[7], chefe da minha Casa Militar, abraçado à viúva do Rubens Paiva[8], um ex-deputado que foi muito meu amigo e que morreu na tortura.

MS — Morreu na tortura!

7. Alberto Mendes Cardoso (1940), militar, chefe da Casa Militar desde o início do governo de Fernando Henrique Cardoso.

8. Rubens Beirodt Paiva (1929-1971), engenheiro. Seu nome está entre aqueles dos desaparecidos políticos no regime militar.

FHC — Essa fotografia expressava simbolicamente essa nova etapa. Pois bem, a partir daí, foi criada uma comissão que passou a julgar os casos em que as pessoas poderiam ter uma indenização quando tivessem sido vítimas sob a guarda do Estado. Essa comissão julgou vários casos, não sei quantos, talvez algumas centenas.

Mas chegou o momento em que tinha de discutir dois casos complicados: Carlos Marighela[9] e Carlos Lamarca[10]. Quanto a Marighella, não senti que tivesse havido uma reação muito forte dos setores contrários, embora, no seu caso, não tenha sido o exército, mas a polícia de São Paulo. Foi uma emboscada na qual tiveram uma participação direta, pouco clara, alguns dominicanos, ainda que sob pressão, e Marighella foi fuzilado.

Lamarca era uma questão diferente. Por quê? Porque era militar, foi desertor, matou um oficial pessoalmente e foi morto no interior da Bahia. Ele estava armado — é verdade que já no fim da resistência e com outras pessoas —, mas estava tecnicamente em guerrilha. Não estava preso.

Com a lei da anistia, as famílias dos oficiais, mesmo dos oficiais que foram expulsos ou que foram mortos, receberam uma indenização, uma pensão mensal. Eles foram promovidos *post-mortem*. Tudo isto já tinha acontecido mas, ainda assim, houve um pedido de indenização porque era uma questão de reparação moral ao Carlos Lamarca. Eu não vi que houvesse total razão para isso porque, na verdade, ele não foi morto dentro de uma dependência militar, não estava preso, não estava sob custódia, mas sim na luta. Pode-se dizer que foi uma emboscada, sim, mas ele estava na luta, ele também poderia matar.

Não obstante, por maioria, a comissão decidiu que se deveria dar a reparação à família, embora a mulher dele sempre tivesse recebido salário. Isso provocou uma forte reação. Diga-se de passagem que os documentos

9. Carlos Marighela (1911-1969), natural da Bahia, engenheiro. Liderança e dirigente do PCB, editor da revista *Problemas*, expulso do partido em 1967, liderou uma dissidência que se engajou na guerrilha formando a Ação Libertadora Nacional (ALN).

10. Carlos Lamarca (1937-1971), militar. Capitão do Exército, desertou seu regimento em janeiro de 1969 para aderir à guerrilha na Vanguarda Popular Revolucionária (VPR).

que levaram a essa revisão do caso Lamarca foram encontrados na Polícia Federal da Bahia e entregues à imprensa.

Chamei, então, o ministro do Exército, mostrei os documentos, que ele também não conhecia, onde se via o Lamarca morto em várias fotografias. De alguma maneira, foi um achado dessa natureza que permitiu a revisão do processo. Houve reação. Na comissão havia um representante das Forças Armadas, um general da reserva que conheço bem. Procurou-me para dizer que não tinha mais condições de permanecer naquela comissão. Pretendia que não teria havido um julgamento, mas sim um preconceito, e que, objetivamente, não havia razão para essa indenização. Podia mesmo ser olhada como uma provocação às Forças Armadas. Disse-me que tinha admiração por mim, que tinha feito a minha campanha, que tinha aberto um comitê por mim, mas que estava muito chocado com tudo isso. Ele imaginou que eu tivesse, provavelmente, levado a comissão a conceder a indenização, mas eu não fiz isso. Pelo contrário. Apenas respeitei a decisão da comissão.

Ele compreendeu a minha posição e não protestou publicamente. Aliás, só houve um pronunciamento público, feito por um general comandante lá no Nordeste. Ele foi demitido e passou para a reserva imediatamente. Esse foi o momento, digamos, mais delicado porque mexia no passado e mexia no caso de Lamarca, alguém que era um desertor.

MS — Compreendo.

FHC — Mesmo assim a repercussão foi muito limitada. Os jovens militares nem sabem o que aconteceu na época da repressão. Não existe hoje nenhum resquício desse tipo de pensamento nas Forças Armadas. Apenas há entre os que estão retirados, na reserva. Eles criticam muito o general Cardoso, o chefe da Casa Militar, porque o acusam disto e daquilo. O general Cardoso é um homem íntegro, de grande correção.

Hoje posso dizer que não temos nenhuma preocupação em relação a esse grande corpo do Estado que são as Forças Armadas. Estão profissionalizadas.

MS — Têm uma posição, em todo o caso, nacionalista?

FHC — Sem dúvida.

MS — E da manutenção da unidade nacional.

FHC — Claro, de manutenção da unidade nacional, do prestígio da autoridade... por exemplo, durante uma greve importante dos petroleiros, mandei que cercassem as refinarias, sem violência. Eles fizeram-no porque o Exército tem poderes para atuar por ordem minha e para manter a ordem, em certas circunstâncias. No caso de Alagoas houve um certo início de rebelião dos policiais militares. Novamente as Forças Armadas atuaram de maneira responsável e moderada...

MS — Moderada?

FHC — Moderada. Eu diria que os militares têm um papel grande na Amazônia, de assistência às populações ribeirinhas, de controle do território. A sua preocupação não é só patriótica, é também social. Por exemplo, preocupam-se em que não haja diferença salarial grande entre os mais baixos e os mais altos graus da hierarquia militar. E não há. Eles ganham mal, bastante mal. Isso está errado. Temos de criar condições para melhorar a remuneração. Um general de quatro estrelas deve receber hoje quatro mil reais. O que, deve reconhecer-se, é pouco para um general que em termos de funcionalismo chegou ao fim da carreira. Recentemente, para corrigir essa injustiça relativa, o governo reajustou as gratificações funcionais dos militares.

MS — Realmente, em comparação com magistrados e com embaixadores, ganham pouco. Em Portugal esses vencimentos são mais ou menos equiparados.

FHC — Mas tem havido modernização. Há mulheres nas Forças Armadas, crescentemente. Visitei uma unidade de mísseis da Marinha de guerra comandada por uma mulher. E nos navios também há mulheres. Enfim, houve uma modernização...

MS — Podíamos passar para outro aspecto, que está ligado com este, e que é o das polícias e da segurança dos cidadãos — um dos aspectos, digamos, mais críticos, neste momento, no Brasil... Sobretudo, esta questão recente dos movimentos das polícias.

FHC — As polícias são subordinadas aos governadores. O presidente da República não tem comando sobre as polícias — nem a Polícia Militar, nem a Polícia Civil. Só tem comando sobre as Forças Armadas e a Polícia Federal, a qual está perfeitamente disciplinada. Atua no Brasil todo, mas são apenas sete mil pessoas, e atua só em crimes específicos, como contrabando, narcotráfico... As atribuições de criminalidade comum estão na Polícia Civil, que é sempre dos estados, ou na Polícia Militar estadual. E é muito complicada a relação entre as duas.

MS — Como sempre.

FHC — E das duas com a Justiça e com o Ministério Público. Este é um assunto mal resolvido. Então, tudo o que acontece com as polícias militares é da responsabilidade dos governadores — são eles que comandam as polícias militares, de acordo com a Constituição. Embora haja sempre confusão sobre os poderes do presidente, como se ele mandasse em tudo.

O que nós fizemos diante de tudo isso? Apresentamos uma emenda constitucional, desconstitucionalizando as polícias militares, porque elas estão na Constituição com um estatuto muito próximo do das Forças Armadas. É uma emenda para tirar da Constituição as atribuições e para dar mais autonomia aos governadores para que organizem as polícias civis e militares.

Aí há um problema. A Polícia Militar provém da Força Pública das províncias no passado. Até os anos 30, as polícias militares tinham mais efetivos do que as Forças Armadas. Há, aqui, um movimento pendular — na medida em que se democratiza e descentraliza, os poderes locais reforçam-se. Na medida em que se centraliza o poder tornando-o mais autoritário, as Forças Armadas dominam as polícias. No regime militar elas dominavam. Com a Constituição de 1988, as polícias militares passaram a ser autônomas e a responder perante os governadores. Elas garantiram para si funções que, em outros países, são das polícias civis, e a briga entre as polícias civis e militares é fortíssima. Em geral, os governadores acham que as polícias militares são mais corretas do que as polícias civis quanto à corrupção.

MS — Mas isso é um fator de dispersão, porque certamente cada governador tem o seu critério em relação às polícias; e, por outro lado, é um fator de confusão entre competências das polícias civis e das polícias militares.

FHC — Esse é um problema muito sério, tão sério quanto o da Justiça. E demos o primeiro passo, que foi esse de enviar a emenda da Constituição, para permitir que as polícias se reorganizem.

Muitas vezes não se percebe como funcionam as instituições. Como eu já disse, as instituições no Brasil são fortes, ao contrário do que parece, suficientemente fortes para emperrar, para atrapalhar. Não existe força política capaz de contrariar regras constitucionais e tradições que já passaram pelo crivo de decisões judiciais. A liberdade política do presidente ou do governador, nessas matérias, não é tão grande quanto se pensa. É uma situação muito peculiar, em que temos órgãos com poder legal exercendo funções que não se coadunam mais com as exigências da sociedade. É essa luta permanente que tenho no Congresso, por isso preciso estabelecer alianças políticas.

Entende a dificuldade que temos? Perdemos muitas oportunidades na nossa história. Os militares, quando tinham o poder, poderiam ter modernizado muito mais. Não o fizeram. Aliaram-se às oligarquias e não as levaram a apoiar as mudanças necessárias. Quando fizemos a Constituição de 1988, perdemos a oportunidade, também, de consagrar instituições e metodologias mais aptas a transformar o Brasil.

A Constituição é antiautoritária e nisso está bem. Garante muitos direitos, mas é também nacional-estatizante, autárquica. Em nome do antiautoritarismo, manteve privilégios, como já disse, transformou tudo em regra constitucional. Concedeu excessivas prerrogativas às polícias militares e a outras instituições tornando-as independentes do poder político.

MS — Sim. Esse grande conflito que houve recentemente com as polícias, a greve das polícias e alguma corrupção que existe... Ou, ainda, atos pouco recomendáveis praticados pelas polícias. Qual é realmente a situação?

FHC — Tudo isso aconteceu por duas razões fundamentais, uma delas salarial. Ao contrário das Forças Armadas, houve em algumas polícias estaduais uma concentração de salários elevados nos altos comandos. Para dar números: enquanto um general de quatro estrelas ganha mais ou menos quatro mil reais, um coronel da polícia de São Paulo ganha em média onze mil — quer dizer, quase três vezes mais do que um general do Exército. E um soldado ganhará quinhentos reais, se ganhar. A desproporção é enorme entre o salário da base e o salário de cima, e o de cima é muito mais alto do que o salário das Forças Armadas. Isso vale também, muito freqüentemente, para os tribunais, onde quanto mais pobre é o estado mais alto é o salário. E, como eles têm garantias constitucionais, opõem-se à reforma. É por isso que digo que há uma aliança da direita conservadora com a esquerda tradicional. Essa esquerda diz que nós estamos atacando os direitos dos trabalhadores mas, na verdade, estamos reduzindo os privilégios de algumas categorias de funcionários.

A outra razão fundamental é a politização das polícias. Por quê? Porque a Constituição permitiu a formação de associações de cabos, de sargentos, de oficiais de polícia, que são quase sindicatos...

MS — Mesmo sindicatos?

FHC — Quase, não são sindicatos, são associações...

MS — Não podem, portanto, fazer greve?

FHC — Não podem, mas fazem... Fizeram e devem ser punidos. Por outro lado, há muitos policiais que são candidatos a vereadores e deputados e apóiam candidatos. A politização das polícias somada à disparidade salarial levou a que a indisciplina começasse a grassar. É um problema gravíssimo.

O meu poder como presidente para corrigir essa situação é muito pequeno. Posso, em casos de emergência, a pedido dos governadores, colocar o Exército à disposição deles. O governador Tasso Jereissati, do Ceará, foi destemido e enfrentou a polícia.

VIAGEM DE ESTADO DO PRESIDENTE
FERNANDO HENRIQUE CARDOSO A PORTUGAL
JULHO DE 1995

XII

HERANÇAS: GETÚLIO, JK E GEISEL

"Pode ser até que eu faça alguma injustiça aos outros. Mas esses três deixaram uma marca muito forte na política e no Estado brasileiros."

Fernando Henrique Cardoso

MS — Bem, acho que vamos entrar agora noutras questões. Ficou para trás uma referência que fez a três ex-presidentes como os que marcaram o Brasil. Referiu, explicitamente, o presidente Getúlio Vargas, o presidente Juscelino Kubitschek de Oliveira e o presidente Geisel. Quer-me explicar por que eles foram tão importantes em relação aos outros?

FHC — Pode ser até que faça alguma injustiça aos outros. Mas os três deixaram uma marca muito forte na política e no Estado brasileiros. Getúlio deixou mais de uma marca, e contraditórias. Na verdade, quando foi escolhido, em 1930, já expressava um movimento de renovação que ziguezagueou até 1937, quando veio o golpe. O Getúlio foi, indiscutivelmente, uma pessoa autoritária naquela época. Não tanto ele, mas o regime foi autoritário, com inclinações fascistóides...

MS — Estado Novo?

FHC — Estado Novo. Depois, vem o Getúlio de 1946, que é o mais significativo — o Getúlio que vem depois de 50. Quando é reeleito...

MS — Foi uma eleição democrática.

FHC — Democrática, claro. Ele ganhou e a sua concepção de um Estado desenvolvimentista ficou mais clara. Era gaúcho com forte influência do positivismo do Rio Grande do Sul na sua formação.

MS — Mas ele foi um pouco influenciado também pelo Estado Novo português...

FHC — Também.

MS — ...e pelo que se passava em Portugal e na Europa fascista do tempo.

FHC — Que coincidia com a visão autoritária que trouxe do Rio Grande do Sul. Era a visão do Júlio de Castilhos[1] no começo da República, e mais tarde do Borges[2] de Medeiros. Eles viam o presidente como um quase ditador e acreditavam que o Estado organizaria a sociedade. Essa foi sempre a visão de Getúlio, embora a prática nem sempre fosse coincidente com essa visão. A prática era mais tradicional do que revolucionária ou reformista. Mas, bem ou mal, fez algumas reformas. Reorganizou o Estado, que se tornou capaz de definir rumos para o país.

Por que razão menciono sempre o Juscelino? Porque transformou essa mesma visão numa visão democrática. Motivou o país, fez uma aliança com os capitais estrangeiros — que era necessária naquela altura —, trouxe a indústria automobilística e a naval. Mas, sobretudo, manteve um jogo democrático de liberdade, reintroduziu as esquerdas no processo político — que Getúlio, no tempo da ditadura, expulsou e que, no seu segundo governo, voltou com o Goulart. Mas, de qualquer maneira, o Getúlio nunca foi propriamente uma pessoa capaz de entender a importância essencial do progressismo no jogo político. A visão de Getúlio era muito mais

1. Júlio de Castilhos (1859-1903), governador intermitente do Rio Grande do Sul, entre 1891 e 1898, republicano de formação positivista.

2. Borges de Medeiros (1863-1961), jurista, republicano e positivista. Presidente do estado do Rio Grande do Sul (1898-1903, 1903-1907, 1908-1913, 1915-1928).

elitista, falava ao povo mais de cima, da elite. O Juscelino não falava ao povo diretamente, mas articulava forças democráticas e tinha uma visão otimista do Brasil, de desenvolvimento.

MS — Há quem diga, no entanto, que a fundação de Brasília foi o princípio do descalabro financeiro e econômico do Brasil.

FHC — E é verdade. Do ponto de vista da gestão pública, o governo Juscelino foi pouco cauteloso. O início da inflação deve-se à construção de Brasília. Houve uma utilização indevida dos recursos dos institutos de pensões no financiamento de Brasília. Foi o começo do grande desequilíbrio fiscal.

MS — Mas, em todo o caso, a maioria do país nessa altura queria Brasília.

FHC — Queria. Brasília foi símbolo de otimismo e confiança nacional. Correspondeu à vontade de uma burguesia industrial ascendente, com o apoio da classe média. Inicialmente, o governo de Juscelino foi muito contestado. Só depois foi reconhecido como um elo de união nacional.

MS — O Juscelino não deixou memórias?

FHC — Não, por escrito não. Juscelino foi substituído pelo Jânio Quadros e pelo João Goulart. O Jânio durou apenas sete meses. As instituições não estavam suficientemente consolidadas. Juscelino sucede a um período de grandes crises com o final do governo Getúlio. No período de Juscelino as crises também se sucederam. Houve revoltas militares. Depois, ele conseguiu ajeitar uma maioria com o PTB do Getúlio e com o seu PSD. Manteve essa maioria e construiu Brasília. Jânio tentou fazer reformas e definir uma política externa independente.

Tudo o que fazia parecia uma farsa. As suas ações não tinham consistência.

MS — Muito improvisado.

FHC — O Jânio não entendeu o funcionamento do regime democrático, imaginou que era tão forte que podia pôr em xeque o Congresso, que o povo o reporia no comando quando renunciou. Ele não teve a adequada compreensão do processo político brasileiro.

MS — É essa a explicação. Deu um golpe que teve como conseqüência, mais tarde, a ditadura.

FHC — Em seguida veio João Goulart e, depois, a ditadura. No começo do regime militar, o general Castelo Branco[3], apesar do golpe, procurou reestruturar a economia, mas não teve tempo — foram só dois anos — para deixar marca. Quem se aproveitou disso mais tarde foi Médici[4], quando começou a haver a expansão econômica. Contudo, Geisel foi o início da tentativa dos militares de pensarem de novo o Brasil. Organizou o II Plano Nacional de Desenvolvimento e incluiu nesse programa algumas transformações da estrutura produtiva brasileira. Só que, como tinha uma visão centralizadora e autoritária, esse novo modelo foi criado com forte acento dirigista do Estado. Bem ou mal, conseguiu dar, outra vez, um certo rumo de desenvolvimento ao país.

MS — E acabou por ser ele o primeiro a abrir um pouco o regime à democracia.

FHC — Entendeu que era preciso abrir e dar alguns passos sobretudo em matéria de liberdade de imprensa, no final do seu governo. O general Figueiredo[5] já não teve condições de governar depois da crise da dívida. A certa altura, quando era preciso frear o crescimento, achou que devia acelerá-lo. Acabou por aumentar a inflação.

3. Humberto de Alencar Castelo Branco (1900-1967), militar, alcançou a patente de marechal. Primeiro presidente do regime militar (1964-1967).

4. Emílio Garrastazu Médici (1905), militar, alcançou a patente de general. Dirigiu o Serviço Nacional de Informações (SNI). Terceiro presidente do ciclo militar (1969-1974).

5. João Baptista de Oliveira Figueiredo (1918), alcançou a patente de general. Último presidente do ciclo militar (1979-1985).

Antes, no governo Geisel, deu-se o primeiro choque petrolífero, em 1973. A equipe econômica e o próprio presidente não levaram a sério as conseqüências da crise do petróleo.

A dívida externa começou a crescer desmedidamente e, quando chegou a época do general Figueiredo, a situação estava descontrolada. Em 1982, com a crise do "Setembro Negro" no México, houve também no Brasil uma quebra muito grande. Em 1982, o Brasil teria tido a sua última oportunidade para definir novos rumos de crescimento.

MS — Diz-se que, durante a ditadura militar, o grande estrategista era o Golbery[6].

FHC — Sim. Só que eu não sei avaliar o general Golbery. Na altura, achávamos que era o responsável por tudo o que era ruim, por causa do serviço de informações que criara e da sua visão geopolítica voluntarista. Os que o conheceram não têm essa impressão. Dizem que era um homem, digamos, mais...

MS — ...aberto.

FHC — Sim. Tinha um pouco mais de visão do processo político e, também, do processo de abertura democrática. Atribui-se ao Golbery muita coisa que não é dele, ou melhor, que não foi conseqüência da sua ação. Ele tem um livro famoso...

MS — Eu sei. Eu conheço o livro. É do mesmo tempo do livro de Pinochet no Chile.

FHC — Sim. É uma visão parecida, menos autoritária. Na verdade, Golbery caiu porque queria abrir mais o regime. Posso contar algo pessoal sobre essa questão. Na época, em São Paulo, eu trabalhava no CEBRAP[7], que você conheceu, e nós editávamos uma revista chamada

6. Golbery de Couto e Silva (1911-1987), militar, alcançou a patente de general. Criador do Serviço Nacional de Informações (SNI), e ideólogo do regime militar. Chefe da Casa Civil no governo Geisel, foi o arquiteto da abertura política.

7. O Centro Brasileiro de Análise e Planejamento — CEBRAP — foi criado em 1969 por um grupo de acadêmicos da área de ciências humanas, aposentados da Universidade de São Paulo pelo Ato Institucional nº 5, entre eles, Fernando Henrique Cardoso. A interdisciplinaridade e a compreensão crítica da sociedade brasileira são as marcas de sua produção intelectual.

Argumento, que era uma revista cultural. Foi feita pelo Fernando Gasparian[8], pelo Antonio Candido de Mello e Souza[9], pelo Paulo Emílio Salles Gomes[10] e ainda pelas pessoas do CEBRAP. Eu estava nesse grupo. Foi em 1974, 1975.

Quando chegou ao número quatro, a revista foi objeto de uma perseguição da censura porque tinha um artigo sobre política de habitação feito pelo Arnaldo Pedroso Horta[11]. Aquilo produziu um grande choque, porque a revista tinha tido uma grande repercussão — você sabe, nos regimes fechados ou autoritários qualquer sinal de liberdade pega fogo.

Quando isso aconteceu, eu, pela primeira vez, resolvi utilizar os canais dos militares ligados à minha família para ver se conseguia algum acesso às áreas de poder para evitar a censura. E fui visitar o marechal Cordeiro de Farias[12], que era muito influente, e que era muito ligado ao meu avô e aos meus pais e tios. Fui ao escritório dele com o Antonio Candido e o Paulo Emílio, conversar sobre o fato de estarem fazendo censura. Ele nos recebeu muito amavelmente, tirou da gaveta um telegrama e mostrou que ele também estava sendo censurado. Disse-nos que iria falar com o presidente Ernesto Geisel e com o general Golbery. Mas não sabia o que poderia acontecer. A situação estava difícil.

Efetivamente, algum tempo depois, a secretária do Golbery telefonou para o CEBRAP e marcou-me uma audiência com ele aqui em Brasília. Fui ao Palácio do Planalto — só tinha entrado lá uma vez, no tempo do Jânio —, esperei por ele muito tempo. Quando lhe disse o que se passava, respondeu-me que era um absurdo tudo isso e que tinha que acabar.

O general Golbery começou a perguntar-me coisas concretas do CEBRAP, de prisões e torturas. Eu tinha estado na OBAN, onde se torturava, e que era um centro ter-

8. Fernando Gasparian (1930), editor paulista. Promotor de publicações de oposição ao regime militar como o jornal *Opinião*, as revistas *Ensaios de Opinião* e *Argumento*. Proprietário da Editora Paz e Terra. Deputado federal (1987-1991).

9. Antonio Candido de Mello e Souza (1918), sociólogo e crítico literário. Autor, entre outros, do clássico *Formação da literatura brasileira* (1959) e de *Os parceiros do Rio Bonito — Estudo sobre o caipira paulista e a transformação dos seus meios de vida* (1964).

10. Paulo Emílio Salles Gomes (1916-1977), escritor e crítico de cinema. Fundador e diretor da Cinemateca Brasileira.Autor de *Jean Vigo* (1957) e *Humberto Mauro, Cataguases, Cinearte* (1974).

11. Arnaldo Pedroso Horta (1914-1973), jornalista. Autor de *México — Uma revolução insolúvel* (1965) e de *Peru — Da oligarquia econômica à militar* (1971).

rível de violência policial. Então o Golbery fez-me várias perguntas sobre a OBAN[13]. Disse-lhe que o interrogatório que me fizeram tinha sido absurdo. Achavam que eu era trotskista. Faziam perguntas sobre os trotskistas da Argentina, do Uruguai, que eu não conhecia nem de nome e que estavam metidos em guerrilha. Depois, percebi que era porque havia estado num seminário no México no qual também estava um senhor que se chama Ernest Mandel[14]...

O Geisel governou — voltando a ele — numa época de muita dificuldade. O fato de ter reposto alguns objetivos nacionais e ter conseguido acabar com os desmandos maiores da repressão confere-lhe posição de destaque. Respeito o Geisel por causa disso.

12. Osvaldo Cordeiro de Farias (1901-1981), militar. Participou dos levantes militares da década de 20. Interventor no Rio Grande do Sul (1938-1943). Governador do estado de Pernambuco (1955-1958). Ministro extraordinário para a Coordenação dos Organismos Regionais do governo Castelo Branco (1964-1966).

13. A Operação Bandeirantes (OBAN) foi criada em São Paulo em 1969 como centro de interrogatórios, tortura e detenção informalmente ligado ao II Exército. Era composta por efetivos das forças armadas e de todos os organismos de segurança civis.

14. Ernest Mandel, economista e militante socialista natural da Bélgica (1923). Participante da IV Internacional. Autor de *Tratado de economia marxista* (1962), *O capitalismo tardio* (1972).

XIII

CLÁSSICOS DO BRASIL

"Sérgio Buarque de Holanda, Gilberto Freyre e Caio Prado foram gigantes do pensamento sobre o Brasil."

Fernando Henrique Cardoso

"A idéia de que o brasileiro era um videirinho, capaz de dar um jeitinho em tudo, está a ser substituída pelo culto do trabalho, próprio da era da globalização."

Mário Soares

MS — Também houve intelectuais que, ao longo destes anos, tiveram uma idéia para o Brasil e contribuíram muito para dá-la a uma grande parte dos brasileiros. Por exemplo, o Gilberto Freyre[1], o Hélio Jaguaribe[2]. Quem mais?

FHC — O próprio Darcy Ribeiro teve essa visão. O Celso Furtado, Florestan Fernandes[3]...

Nos anos 30, no Brasil, houve um renascimento cultural importante. A partir daí, algumas pessoas tentaram formar uma visão sobre o Brasil. Eu diria também Gilberto Freyre, o Caio Prado[4] e o Sérgio Buarque de Holanda[5]: creio que esses foram os três maiores. Houve outra visão mais autoritária, que era a de Oliveira Viana[6], que tam-

1. Gilberto Freyre (1900-1987), sociólogo e antropólogo. Autor do clássico *Casa grande & senzala* (1933) e de *Sobrados e mocambos* (1936).

2. Hélio Jaguaribe (1923), sociólogo. Diretor e secretário-geral do Instituto Brasileiro de Economia, Sociologia e Política (IBESP) em 1953, transformado em 1955 no Instituto Superior de Estudos Brasileiros (ISEB). Autor de *Problemas do desenvolvimento latino-americano* (1967).

3. Florestan Fernandes (1925-1995), sociólogo paulista, foi professor de Fernando Henrique Cardoso na Universidade de São Paulo, aposentado pelo regime militar em 1969. Deputado federal constituinte (1987-1990). Autor, entre outros, de *A organização social dos Tupinambá* (1949) e *A integração do negro na sociedade de classes* (1964).

4. Caio Prado Jr. (1907-1990), historiador paulista, autor dos clássicos *Formação do Brasil contemporâneo* (1942) e *A revolução brasileira* (1966).

bém tem um pensamento estruturado sobre o Brasil. Oliveira Viana e, depois dele, Azevedo Amaral[7].

Oliveira Viana e Azevedo Amaral eram ideólogos do Estado brasileiro como organizador da Nação — quer dizer, a sociedade organizada seria conseqüência da ação do governo, do Estado. Oliveira Viana é um pensador interessante, mas a sua tese básica era de que, no Brasil, a sociedade civil é fraca e dependente do Estado. Mais tarde, outro autor, Raimundo Faoro[8], publicou um livro muito interessante, *Os donos do poder*, no qual, embora não endossando essa tese, mostra quanto ela está fundamentada em fatos reais: a idéia de que a sociedade brasileira foi, em larga medida, construída pelo Estado. E isso tem a ver com Portugal, com a vinda de D. João VI e toda formação muito específica do Brasil, de uma colônia que vira metrópole e que traz a Corte para cá com as burocracias, instituições jurídicas etc.

MS — Traz o Reino.

FHC — A análise do Oliveira Viana é mais ideológica. Preconiza a intervenção do Estado porque a sociedade não tem condições autônomas para se organizar.

Nos anos 30, Gilberto Freyre publica o seu livro *Casa grande e senzala*, que é uma análise excepcional das raízes históricas e sociológicas do Brasil. Introduz uma idéia que, na época, não era nada banal — a de um país mestiço. Pode-se dizer do Gilberto Freyre muitas coisas. A esquerda nunca o assimilou em virtude de ter louvado a oligarquia escravocrata. Porque o Gilberto Freyre faz a análise dos escravos, em *Casa grande e senzala*, a partir de uma certa idéia de que o regime escravocrata não foi tão duro assim. Era antropólogo de formação e fez algo que só muito tempo depois voltaria a ser feito — a sociologia da vida cotidiana, da cozinha brasileira, de hábitos e comportamentos do povo.

5. Sérgio Buarque de Holanda (1902-1982), historiador. Autor do clássico *Raízes do Brasil* (1936) e organizador da *História da civilização brasileira*, publicada entre 1960 e 1982.

6. Oliveira Viana (1883-1951), historiador. Autor de *Populações meridionais do Brasil* (1933) e de *Raça e Assimilação* (1933).

7. Azevedo Amaral, teórico político getulista, autor de *O Brasil na crise atual* (1934).

8. Raimundo Faoro (1925), Autor do clássico *Os donos do poder* (1958) e de *Machado de Assis: a pirâmide e o trapézio* (1976).

MS — Ele tem também o livro *Brasil, brasis, brasileiros* não é? Esse livro é muito importante também porque oferece um esquema do Brasil e da diversidade brasileira.

FHC — As diferenças culturais, as diversidades, a diferença. E do ângulo do povo. Ao mesmo tempo que descreve benevolamente os senhores, também descreve a vida dos escravos.

E benevolamente por quê? Na idéia dele, a relação entre as raças, a miscigenação, gera sempre uma relação de afetividade muito forte, e isto nem sempre é verdadeiro. Mas ele mostra uma série de peculiaridades. Começa a reivindicar como um valor positivo aquilo que é não-ocidental no Brasil. E o Brasil tem sempre esse componente não-ocidental. Na minha geração, Gilberto Freyre foi mal apreciado porque nós o olhávamos pelo prisma político, como autor de uma racionalização do modo senhorial de vida. A crítica procede, mas Gilberto foi muito mais do que isso.

MS — Em Portugal também, é muito curioso. Nós temos um grande preconceito contra Gilberto Freyre...

FHC — *O mundo que o português criou*...

MS — *O mundo que o português criou* é um livro admirável. Mas a teoria da especificação da colonização de Portugal, de certa maneira, ajudou a levar água ao moinho da política do ditador Salazar, quando este resistia à descolonização inevitável.

FHC — É isso.

MS — Nesse sentido, temos um preconceito anti-Gilberto Freyre. Mas, tirando esse aspecto, não há dúvida de que as teorias dele são muito interessantes para Portugal, mesmo do ponto de vista do que é o português de hoje.

FHC — Freyre fez uma análise de tipo cultural que foi uma grande contribuição. Essa foi uma das maiores contribuições intelectuais dos anos 30. A outra foi a de Caio Prado. O Caio Prado era comunista e com formação marxista.

MS — Tem um livro chamado *Interpretação do Brasil*.

FHC — Sim, e tem um livro chamado *Formação do* Brasil contemporâneo, que é um grande livro embora seja um pouco esquemático no raciocínio marxista. Ele teve uma boa formação...

MS — O Sérgio Buarque de Holanda também.

FHC — Eu vou falar do Sérgio, que é de quem mais gosto. O Caio teve uma boa formação, não só marxista — essa talvez não tenha sido tão boa assim... Foi aluno de Lévi-Strauss[9] em São Paulo... Foi aluno dos franceses que aqui estiveram. Ele era aluno de geografia de Desfontaine[10], de Pierre Monbeig[11], alguns dos fundadores da geografia humana francesa. O Caio sabia ver, sabia olhar o país, viajava, era capaz de, tendo um esquema marxista, não se perder em abstrações sem base. E defendeu — até em oposição a Gilberto Freyre — que a dinâmica do Brasil estava marcada pelo latifúndio e pela escravidão e que isso era negativo. O Caio exerceu uma influência muito grande e publicou muitos trabalhos importantes.

O outro grande pensador dos anos 30 é o Sérgio Buarque de Holanda.

MS — *Raízes do Brasil*, logo de Portugal. Eu conheci-o pessoalmente na primeira vez que vim ao Brasil, quando estava cá o professor Barradas de Carvalho, que era muito amigo dele...

FHC — O Sérgio era uma pessoa extraordinária, que também foi mal compreendido. Por quê? Ele tem esse livro, *Raízes do Brasil*, que é um livro precioso, mas foi

9. Claude Lévi-Strauss (1908), etnólogo francês, participou da primeira fase da missão francesa na Universidade de São Paulo entre 1935 e 1946. Autor de *As estruturas elementares do parentesco* (1949), *Tristes trópicos* (1955), *Antropologia estrutural* (1959) e da tetralogia *Mitológicas* publicadas entre 1964 e 1971.

10. Pierre Desfontaine (1900-1980), geógrafo francês, participou da primeira fase da missão francesa na Universidade de São Paulo entre 1935 e 1946. Autor de *Geografia humana do Brasil* (1952, 3ªed.).

11. Pierre Monbeig (1908-1985), geógrafo francês, participou da primeira fase da missão francesa na Universidade de São Paulo entre 1935 e 1946. Autor de *Pionniers et planteurs* (1952).

visto aqui como se fosse o homem que propôs ver o brasileiro como um ser cordial... Mas cordial, na linguagem dele, quer dizer emoção, vem do coração, vem do impulso. Não é da razão. E aqui foi interpretado como se fosse afável. Não era isso.

MS — O malandro.

FHC — Aliás, o Antonio Candido de Mello e Sousa tem um ensaio muito bom sobre o malandro.

Por que é que gosto muito do Sérgio? Porque é um grande democrata. Nas *Raízes do Brasil* faz uma diferença entre a América portuguesa e a espanhola que é admirável. Ele era weberiano, partia dos tipos ideais. Faz uma análise muito interessante do Brasil, de reivindicação democrática. No fundo, diz o seguinte: essa questão do homem cordial pode levar ao engano e pode levar à mistificação das relações tradicionais. E o que nós temos de criar, aqui, são relações mais universais, são relações mais legais, um espaço democrático. Acho que o Sérgio é o mais atual para se entender o processo brasileiro de hoje. Mas esses três homens foram gigantes do pensamento sobre o Brasil. Depois acho que vem o Celso, porque atualizou tudo isso em termos da temática que, então, se discutia e que era a do desenvolvimento econômico, e fez uma revisão muito boa da história econômica do Brasil. Foram eles, junto com Hélio Jaguaribe, os que mais influenciaram, de forma global, a idéia de Brasil da minha geração. O Darcy foi posterior.

MS — A defesa do índio...

FHC — A defesa do índio e também da mestiçagem do país, do mulato. Que é importante do ponto de vista de se entender melhor o que nós....

MS — A propósito da questão do país mulato e da reivindicação do país moreno, eu vi um inquérito, que

12. Roger Bastide (1898-1974), sociólogo francês, participou também da primeira fase da missão francesa na Universidade de São Paulo, onde Fernando Henrique Cardoso foi seu assistente de pesquisa. Autor de *Psicanálise do cafuné e estudos de sociologia estética brasileira* (1941).

foi reproduzido há alguns meses pela *Veja*, em que se pergunta se o brasileiro é ou não é racista. E a conclusão a que se chega é que o brasileiro, quando se refere ao país mulato, gosta sempre mais de se referir ao índio do que ao africano.

FHC — É certo.

MS — O que significa que, em relação ao africano, há realmente ainda uma certa idéia pejorativa?

FHC — Eu acho que a pesquisa é exata e justamente, na Universidade de São Paulo, o Florestan Fernandes...

MS — Que foi seu mestre...

FHC — Foi meu mestre e que, juntamente comigo e com outros, tentou rever essa questão, mostrando que, embora houvesse toda essa ideologia do Brasil como um país que aceita as diferenças, que não tem preconceito, isso não é verdade. A minha tese de doutoramento é sobre o capitalismo e a escravidão no Brasil meridional e é para mostrar que havia uma exploração e que havia preconceito.

Florestan tem livros muito importantes sobre o negro em São Paulo. Nosso *maître à penser* era Roger Bastide[12], que escreveu *Brasil, terra de contrastes*, uma tentativa de entender o Brasil. Ele escreveu outros trabalhos sobre as religiões africanas que nos marcaram.

No nosso grupo de sociólogos de São Paulo, tentamos voltar à idéia de que havia preconceito, que era preciso combater o preconceito contra o negro e revitalizamos o marxismo na análise das relações raciais.

Acontece, entretanto, que o Brasil mudou muito, tornou-se uma sociedade muito mais complexa, com uma diversidade social muito grande, formou-se uma classe média, formou-se um operariado grande. Transformou-se no que os sociólogos chamam de sociedade de massas, ou seja, o modo de viver, de consumir, às vezes até mesmo de pensar, padronizou-se muito apesar das diferenças de posição relativa na estratificação social.

Apesar da estrutura de classes, há tendências uniformizadoras do comportamento, via mídia. O que eu estou dizendo é um pouco simplificado, mas a forma de integração da sociedade passa por valores simbólicos que têm a ver com a mídia em geral, com a televisão e com processos culturais que têm uma importância grande na definição de modelos. Tudo isso se sobrepôs à visão do Brasil de que nós estávamos falando até agora, à visão dos autores clássicos.

MS — Sim...

FHC — E houve também uma fragmentação da sociedade e da percepção da sociedade. Quando se lê as teses que se produziram no Brasil, e que são muitas, poucas pessoas têm a vocação ou a pretensão de pensar o conjunto. Ficou mais difícil pensar o conjunto.

MS — Não há nenhum autor contemporâneo que o faça?

FHC — Darcy.

MS — À exceção de Darcy.

FHC — Eu não conheço. Roberto da Matta[13] escreveu sobre carnaval. Mas ninguém se arriscou a escrever um livro sobre o Brasil de hoje, no seu conjunto, porque é muito difícil. E vai ser mais difícil ainda com a globalização. Por isso eu tenho falado até do Darcy e dessa gente toda — porque, no momento da globalização, importa recuperar a diferença.

MS — Exatamente.

FHC — Acho que ou se recupera a diferença — e aí esses fatores todos são interessantes como forma de integração nacional e social — ou então há riscos.

13. Roberto Augusto da Matta (1936), antropólogo. Autor de *Carnavais, malandros e heróis: para uma sociologia do dilema brasileiro* (1979) e de *A casa e a rua* (1985).

MS — Mas outra coisa muito interessante, que vi nesta entrevista a que me estou a referir, é que a idéia de que o brasileiro era o malandro — que era o homem cordial no sentido de que era um videirinho, capaz de dar o jeitinho brasileiro, e avançar, que o brasileiro era preguiçoso, não queria trabalhar, não prezava o trabalho e supervalorizava o golpe — está a ser substituída, nos últimos anos, pelo culto do trabalho. O brasileiro, hoje, quer cumprir...

FHC — A eficiência.

MS — A eficiência e outros fatores que são, digamos, culturais próprios da época da globalização....

FHC — Exatamente.

MS — E lançados por americanos — a tecnocracia, o economicismo etc. Mas essa mudança parece incontestável, está verificada mesmo em números. Não é verdade?

FHC — Eu acho que não há dúvida nenhuma de que houve essa mudança no sentido do que nós chamamos de sociedade mais urbana, mais industrializada, mais competitiva.

MS — Mas há um sociólogo que diz que isso está relacionado também com a perda de influência da Igreja Católica em relação às igrejas protestantes, que têm outra visão do mundo e do trabalho, como dever pessoal. A Igreja Católica, com a pobreza como grande paradigma, com o seu ideal franciscano da pobreza, e as igrejas protestantes valorizando, por seu lado, o trabalho, o esforço pessoal, a riqueza...

FHC — Isso é a tentativa de fazer renascer Max Weber no Brasil, a sua teoria clássica sobre a origem do capitalismo. Eu não creio que tenha havido isso, porque a presença protestante no Brasil, que é crescente — deve haver, no mínimo, 25 milhões de crentes de várias denominações protestantes —, não se tornou ainda suficientemente forte no sentido global, nacional, de forma a marcar um *ethos*. Ela pode marcar já um comportamento de certos setores da sociedade, é verdade. Ela é contra a bebida, recomenda a leitura da Bíblia, defende uma regra de conduta mais...

MS — ...espartana.

FHC — Espartana, antidionisíaca. A Igreja Católica e os cultos africanos não têm essa tendência antidionisíaca porque têm a expiação do pecado pela confissão.

MS — Exatamente.

FHC — Enquanto na relação direta com Deus, através da Bíblia, sem intermediários, é mais difícil.

XIV

PALCO BRASILEIRO

"Gil e Caetano são críticos mas guardam a capacidade de acreditar. O Chico Buarque é mais elite tradicional. Ele quer ser crítico, mas é mais convencional."

Fernando Henrique Cardoso

A pressão da cultura americana sobre as culturas mundiais hoje, incluindo as européias, é muito forte. Não tenhamos ilusões."

Mário Soares

MS — Podemos falar agora um pouco da elite intelectual brasileira. Penso que o Brasil é um país com elites intelectuais de uma grande importância. Tem excelentes escritores, sociólogos, filósofos, gente de cultura de todas as áreas, pintores, músicos, tem uma música excepcional e ainda uma elite científica. Gostaria que me falasse um pouco dessa elite e do que espera dela. Da forma como vai influenciar o novo Brasil que você está a tentar construir.

FHC — Faltou uma elite importante que é a elite de cinema...

MS — Ah! O cinema, sim!

FHC — O cinema está renascendo no Brasil, depois de um período de ostracismo.

MS — Renascendo graças a apoios estatais?

FHC — Tanto do Estado como da iniciativa privada. O Estado facilita com a renúncia fiscal e, então, as empresas privadas fornecem recursos e o sistema funciona como as empresas. Não é mais o velho modelo em que o Estado pagava.

MS — Sim. É o apelo ao mecenato.

FHC — O que aconteceu? Tínhamos uma elite tradicional — falamos de alguns expoentes do passado —, que era pequena mas muito ilustrada e que, na verdade, não se amparava no Estado. O Caio Prado não chegou nem a ser professor da universidade, era rico, não precisava do apoio do Estado. O Sérgio Buarque só passou a ser professor quando já era muito conhecido. O Antonio Candido sim, esse foi professor sempre. E, na medida em que se foi constituindo o Estado, nos anos 30, a elite foi-se encravando nas burocracias através de vários mecanismos. Pampulha, Brasília, tudo isso foi feito com o Estado atraindo a elite e criando uma burocracia ilustrada.

O grande edifício do Ministério da Educação, no Rio de Janeiro, com a contribuição do Le Corbusier[1] e do Niemeyer[2]... O Estado começou a atrair a elite intelectual e a dar meios de sobrevivência a essa elite. Já no tempo do Getúlio era assim, paradoxalmente. Mas isso foi-se rompendo com a primeira democratização, depois da queda do Getúlio. E aí houve dois grandes instrumentos de reorganização das elites. Um, as universidades, e o outro, os movimentos políticos.

Os partidos de esquerda tiveram grande papel de dinamização das elites do período pós-46. Houve um grande florescimento da cultura, as universidades continuaram crescendo, foi criado um instituto para o cinema.

Com as instituições do regime militar a intelectualidade fechou-se e ficou geralmente na oposição. As uni-

1. Le Corbusier (Charles Édouard Jeanneret, 1887-1965), arquiteto e *designer* suíço. Importante nome do modernismo, com grande influência sobre a arquitetura brasileira. *Pilotis*, jardins em lajes de cobertura, amplas vidraças são freqüentes nos seus desenhos.

2. Oscar Niemeyer (1907), arquiteto brasileiro. Mundialmente reconhecido como criador de um estilo arrojado e inconfundível. Além de desenhar a maior parte dos edifícios públicos de Brasília como o Palácio da Alvorada, o Palácio do Planalto, a Catedral etc., assinou projetos em vários países.

versidades foram afetadas, não grandemente, mas foram afetadas. Houve um deslocamento da elite cultural, que, no Brasil, sempre foi jurídica — os grandes intelectuais eram juristas —, para uma elite mais de orientação econômica e social.

Depois do regime militar, o que aconteceu? O Estado deixou de dar condições continuadas de apoio à vida intelectual, mas a vida intelectual não desapareceu. Por quê? Porque, nessa altura, já tínhamos outras instituições capazes de garantir a reprodução da vida intelectual. É preciso não esquecer que os jornais, a televisão deram muitos empregos, dão muitos empregos e suscitam muita atividade que é para-intelectual ou intelectual.

Na fase que nós estamos vivendo o Estado faz o elo com as empresas, como no caso do cinema, como no caso do teatro ou em muitas promoções de artes plásticas. E o que está acontecendo agora é uma espécie de americanização, embora eu não goste da expressão. Os intelectuais procuram o governo para obter *grants*, para obter bolsas ou para obter algum apoio, mas não se sentem mais ligados à estrutura burocrática, são independentes, o que é bom. Já não existe uma intelectualidade, digamos, funcional.

No Estado Novo havia intelectualidade funcional, incluindo os que depois ficaram na oposição, alguns foram muito ligados ao regime. Agora, a relação é uma relação de independência. As universidades continuam produzindo tanto elites científicas como elites culturais, em geral. A edição de livros cresceu enormemente, a última Feira do Livro do Rio de Janeiro atingiu um recorde absoluto, a indústria de livros está se fortalecendo, a quantidade de teses que se transformam em livros é cada vez maior. Não obstante, essa massificação não se dá do jeito que os catastrofistas imaginavam: não mata a criatividade, não é isso o que está acontecendo.

MS — Nem a qualidade?

FHC — Nem a qualidade. Eu acho que existe uma certa massificação, mas continua havendo qualidade mesmo na mídia...

MS — Mas há uma grande influência da cultura americana sobre a cultura brasileira?

FHC — Menor que em outros países do continente.

MS — Porque, durante muito tempo, os brasileiros tinham uma ligação muito grande com a Europa latina, com a França e um pouco com Portugal, também. Mas, agora, vejo que os cientistas e os universitários vão todos fazer estágios em universidades dos Estados Unidos...

FHC — Não, não. Eu vi recentemente um relatório sobre as bolsas e não é assim. Continuam indo muito para a Europa... Mais do que eu imaginava.

MS — Ah, isso é muito interessante.

FHC — Há uma diversificação grande. É claro que há o problema da língua, a língua inglesa tem um grande predomínio. E há um outro fenômeno mais recente que é a nossa "espanholização". Cada vez há mais contatos com o mundo hispânico, por causa da Argentina, do MERCOSUL...

MS — Da América Latina ou da Ibero-América.

FHC — Sim. Em Portugal, penso que há mais presença na vida cultural do que havia, mas não sei.

MS — Obviamente que sim. Há hoje maior presença de Portugal na Ibero-América. Há também muitos artistas e muitos intelectuais brasileiros que vivem ou passam por Portugal, que viveram ou vivem em Portugal. E também há grandes autores portugueses — escritores, universitários, cientistas, artistas plásticos, gente do cinema e da telenovela — que hoje são conhecidos e apreciados no Brasil . É um fenômeno novo...

FHC — Certamente.

MS — ...o fenômeno Fernando Pessoa[3], por exemplo...

FHC — O Fernando Pessoa, não tenha dúvida. No passado havia também o Antero de Quental[4].

MS — E sobretudo o Eça e o Camilo. Agora há o Saramago, o Vergílio Ferreira[5], a Sofia de Mello Breyner[6], o Torga[7], o Lobo Antunes[8], o Cardoso Pires[9], o Manuel Alegre[10]...

FHC — Mas hoje o Brasil é um país de tipo americano. O que quero dizer com isso? É um país diversificado como os Estados Unidos, onde não existe mais a possibilidade de se aceitar um grande maître à penser. Na França, na Europa as pessoas têm os seus *maîtres à penser*...

MS — Já não há. Houve, quando o meu amigo estava na Europa — o Sartre[11], a geração do Sartre, da Simone de Beauvoir[12], do Camus[13], do Merleau-Ponty[14], entre outros. Mas isso está acabado.

FHC — Aqui praticamente já acabou. Leiam-se, por exemplo, os suplementos culturais dos jornais brasileiros. É muito impressionante. Primeiro, porque é uma variabilidade de temas enorme. Segundo, porque a qualidade é geralmente boa, há gente de fora que escreve, gente daqui. Terceiro, porque os anúncios de teatro em São Paulo, de exposições de pintura, de música, são de um volume e qualidade impressionantes. Acho que São Paulo tem hoje uma produção e uma exibição artística comparável a qualquer grande cidade do mundo.

MS — O que significa que há um acesso também muito maior das grandes massas brasileiras à cultura.

3. Fernando Pessoa (1888-1935), poeta português. Autor de *Mensagem* (1934), deixou várias colaborações poéticas dispersas em revistas de vanguarda (*Orpheu*, *Exílio*, *Centauro*, *Portugal Futurista*, *Presença* etc). A sua obra, mais bem conhecida após a edição póstuma das suas *Obras completas* (iniciada em 1942), é hoje considerada, praticamente por toda a parte, como das mais importantes e originais da poesia européia deste século.

4. Antero Tarquínio de Quental (1842-1891), poeta português, um dos líderes da Geração de Coimbra, que combateu o romantismo. Autor de *Os sonetos completos* (1886) e *Odes modernas* (1865).

5. Vergílio Ferreira (1916-1996), romancista e contista português. Autor, entre outras obras, de *Manhã submersa* (1954) e *Para sempre* (1982).

6. Sofia de Mello Breyner (1919), poetisa e contista portuguesa. Fez parte da geração de poetas que consolidou a modernidade em

Portugal. A sua obra poética (de 1944-1989) encontra-se reunida em 3 volumes (Caminho, 1990-1991).

7. Miguel Torga (Adolfo Correia da Rocha, 1907-1995), poeta, romancista e dramaturgo português. Autor entre outros, de *Bichos* (1940), *Orfeu rebelde* (1958), *Diário* (11 volumes, 1941-1973).

8. Antonio Lobo Antunes (1942), médico psiquiatra e romancista português. Autor, entre outros, de *Memória de elefante* (1979), *Esplendor de Portugal* (1997), foi várias vezes indicado para Prêmio Nobel de Literatura.

9. José Cardoso Pires (1925), romancista português. Autor, entre outros, de *O render dos heróis* (1960, teatro), *Balada da praia dos cães,* (1982), *Lisboa — Livro de bordo* (1792).

FHC — Os teatros e os museus estão cheios. Mas o mais forte da produção brasileira continua a ser a música.

MS — Música popular?

FHC — Música popular. Tivemos grande música erudita também. Por isso, digo que a nossa vida cultural é um pouco americana. Temos uma influência negra muito forte, africana, temos esse *melting pot*, não é? Criamos uma cultura singular, específica, resultado de uma grande mistura. É uma espécie de antropofagia, que não é sequer discutida. As várias influências são absorvidas, são reelaboradas.

MS — Incluindo a influência americana?

FHC — Incluindo a influência americana. Mas acho que, por causa das particularidades da nossa formação cultural, da nossa diversidade, aqui dificilmente se pode dizer que a influência americana será decisiva. Não será, haverá sempre uma reelaboração, uma certa criatividade que absorve... Escrevi um artigo sobre o pensamento econômico da CEPAL e o título do artigo era exatamente "A originalidade da cópia". A inspiração era de outros, quase tudo tinha sido copiado por nossos economistas, mas era muito original. Aqui, tudo vira original. O exemplo mais conhecido é o barroco, o barroco mineiro mais especificamente. Os modelos são os do barroco europeu...

MS — Português.

FHC — Português, claro! Na Bahia é português...

MS — Sim, sim. E em Minas também.

FHC — Mas em Minas foi reelaborado. Copiou-se, mas reelaborou-se. Não é isso? É uma cópia, mas é original. Só há em Minas, não há em Portugal.

MS — Mas a raiz é, evidentemente, portuguesa. Sobretudo em Minas. Falta responder à questão do papel que cabe à intelectualidade no futuro que quer para o Brasil.

FHC — O que espero da intelectualidade? Acho que a intelectualidade, no mundo contemporâneo, só tem de ser uma coisa: independente e criativa. Não espero que a intelectualidade adira a um projeto nacional formulado por mim ou pelo governo ou por quem quer que seja. Não é essa a sua função, não vai nem deve acontecer isso. O que é fundamental, a meu ver, no intelectual é a inovação. A inovação não tem a ver com a razão analítica, tem a ver com a imaginação.

MS — Sim, mas para a afirmação do Brasil, como grande potência mundial do próximo século, é indispensável, parece-me, que a inteligência brasileira esteja consciente disso e, portanto, não tenha um vínculo de subordinação a outras culturas. Particularmente, à cultura americana.

FHC — Nem a visões do passado. Quer dizer, ela tem de ser inovadora e, para sê-lo, tem de ter imaginação.

MS — De acordo. Viva a imaginação e a criatividade. Nada de dirigismo. Excelente!

FHC — São dois os riscos: um é da cópia sem originalidade, ficar subordinado a uma cultura como a americana; o outro é o de copiar o passado, é não ver o novo...

MS — Porque — atenção — a pressão da cultura americana sobre as culturas mundiais hoje, incluindo as européias, é muito forte. Não tenhamos ilusões.

FHC — É muito forte. E aqui também será. Mas, de qualquer maneira, acho que é preciso guardar essa capacidade de reelaboração. E aqui há condições para essa reelaboração. No que diz respeito ao Brasil como um

10. Manuel Alegre (1936), poeta, escritor e político português, combateu o regime de Salazar. É atualmente Vice-presidente da Assembléia da República e autor de vasta obra poética. *Praça da canção* (1965), *Naus de verde pinho* (1996), entre outros, são alguns dos seus livros mais conhecidos, além de *O homem do país azul* (1989) e *Alma* (1995), no domínio da ficção.

11. Jean Paul Sartre (1905-1980), filósofo, teatrólogo, ensaísta e romancista francês, publicou *O ser e o nada* (1943) e *O existencialismo é um humanismo* (1946), obras fundamentais da filosofia existencialista. Fundador da revista *Les Temps Modernes* (1945), recusou o Prêmio Nobel de literatura em 1964. Visitou Cuba e o Brasil em 1961.

12. Simone de Beauvoir (1908-1986), ensaísta, teatróloga e romancista francesa, companheira de Sartre. Autora de ensaios clássicos como *O segundo sexo* (1949), *A velhice* (1970) e de uma autobiografia publicada entre 1958 e 1972.

país que se afirme, é preciso que a intelectualidade progressista seja progressista. Eu gosto muito e tenho citado sempre o livro do Albert Hirschman[15] sobre o pensamento conservador: "Os conservadores são por definição pessimistas"...

MS — E a esquerda é otimista. Acredita nas transformações para melhor e no futuro.

FHC — Otimista. Mas nós estamos em risco de ter uma esquerda pessimista, que só vê catástrofes, que pensa que tudo vai de mal a pior. Isso não é pensamento progressista, isso é conservador. A intelectualidade tem aí um papel: é o de ser crítica, mas confiante; crítica, mas otimista. Penso que, quando a intelectualidade entra no pessimismo, passa a ser conservadora também. Esse é o problema — é o desafio, não é o problema — que nós temos no Brasil. Como fazer para que a nossa intelectualidade, sem perder a qualidade crítica, seja otimista, veja o que pode surgir de novo. Essa equação não está resolvida do ponto de vista do conjunto do país como uma afirmação, digamos, de povo, nacional.

Eu cito sempre o Darcy Ribeiro, que, do ponto de vista objetivo, muitas vezes está muito equivocado. Os números do Darcy às vezes são imaginários, ele nunca foi rigoroso. Do ponto de vista político, era brizolista, mas tinha essa virtude, que eu acho que é essencial, de ser otimista, de fazer uma crítica confiante e de ver o que é especificamente nosso. Não no sentido bobo, de ficar elogiando à toa, mas no sentido de valorizar o que é bom. O Brasil precisa de gente assim. Ora, um intelectual muito sofisticado que quer ser muito europeu, muito americano, pode fazer mal ao país se for hipercrítico, vendo tudo com os olhos do exterior. Na música popular brasileira — volto a ela — o Caetano Veloso[16], o Gilberto Gil[17], o Chico Buarque, são extraordinários...

13. Albert Camus (1913-1960), jornalista, ensaísta, romancista e teatrólogo francês, natural da Argélia colonial. Prêmio Nobel de Literatura (1957). Editorialista de *Combat* e de *L'Express*. Autor de *O homem revoltado* (1951) e *O estrangeiro* (1942), entre outros.

14. Maurice Merleau-Ponty (1908-1961), filósofo francês. Inicialmente vinculado à fenomenologia de Husserl, evoluiu para uma crítica do papel constituinte da consciência. Fundador da revista *Les Temps Modernes*. Autor de *Sens et non-sens* (1948) e *Signes* (1960).

15. Albert Otto Hirschman (1915), economista e cientista social americano, natural de Berlim. Professor emérito do Instituto de Estudos Avançados da Universidade de Princeton. Estudioso do desenvolvimento latino-americano. Autor, entre outros, de *Saída, voz e lealdade* (1973) e *Auto-subversão* (1996).

16. Caetano Emanuel Viana Teles Veloso

MS — E a Bethânia[18].

FHC — A Bethânia é fantástica cantando. Mas o Gil e o Caetano produzem. Eles são gênios porque estão ligados com o universal, estão sintonizados, sabem o que está acontecendo no mundo, têm sensibilidade social, são críticos mas guardam essa capacidade de acreditar. Eu acho que o Chico Buarque já é mais elite tradicional, ele quer ser crítico mas é mais convencional...

MS — Ele está porventura um pouco subordinado ainda a um certo esquema ideológico do passado...

FHC — Mental...

MS — ...ou mental, da esquerda conservadora.

FHC — Não vou muito ao teatro mas vou algumas vezes, porque a Ruth gosta muito de teatro. Este também tem coisas muito interessantes. Os diretores que recriam peças estrangeiras fazem-no com uma liberdade espantosa. Há muita vitalidade cultural, não há dúvida.

Na parte científica, há mais problemas porque a ciência requer outros ingredientes, de formação mais complexa. Mesmo assim, tem-se conseguido manter alguns núcleos. Conto-lhe uma história engraçada. Eu sempre tive uma certa resistência à idéia do submarino nuclear porque foi uma coisa feita no regime militar, mas fui lá ver o que estavam fazendo. Criaram uma técnica nova para fazer a centrifugação do urânio porque o "clube" dos que têm bomba atômica não permitia a transferência de tecnologia. É uma coisa interessante. Não faremos bomba atômica nenhuma porque a Constituição não permite — e eu não permito — e o submarino vai levar muitos anos a ser feito porque é caro. Mas os nossos cientistas inventaram uma nova tecnologia para enriquecer o urânio e desenvolveram também, como já mencionei, tecnologia para lançamento de satélite, que

(1942), músico, compositor, poeta, cantor popular, escritor. Participante do movimento tropicalista no final dos anos 60. Irmão de Maria Bethânia.

17. Gilberto Passos Gil Moreira (1942), advogado, músico, compositor, poeta, cantor popular. Participante do movimento tropicalista junto com Caetano Veloso e outros. Vereador da cidade de Salvador em 1988, pelo PMDB.

18. Maria Bethânia Viana Teles Veloso (1946), cantora popular. Irmã de Caetano Veloso.

é a mesma para lançamento de míssil. E, noutro exemplo, esta região onde estamos, este cerrado de Brasília, esta savana, está produzindo grãos intensamente No passado, dizia-se que o solo era infértil, inútil. Graças à EMBRAPA[19] e a seus cientistas, que desenvolveram sementes e técnicas novas de plantio.

19. Empresa Brasileira de Pesquisa Agropecuária (EMBRAPA).

XV

AS ESCADARIAS DO BONFIM

"Sou cartesiano com uma pitada de candomblé."

Fernando Henrique Cardoso

"O presidente não consulta os astros?"

Mário Soares

MS — Mudemos de assunto. Dizem que o brasileiro é um ser especialmente religioso, e, realmente, existe uma infinidade de igrejas no Brasil. Algumas bem estranhas... Nós, portugueses, somos de alguma maneira um pouco vítimas disso, na medida em que a maior parte das seitas que hoje existem no Brasil...

FHC — Vão para lá...

MS — ... proliferam em Portugal. No Brasil é um problema preocupante. O Brasil é um país com uma tradição única que é o positivismo. Não há nenhum país que tenha tido uma tão grande influência do positivismo e de Comte[1] como o Brasil e, apesar disso, os apelos do irracional são permanentes. Para além das religiões africanas, a Igreja Católica brasileira é uma das maiores do mundo, com um número elevado de bispos. Por outro lado, há o recrudescimento dos credos protestantes,

1. Auguste Comte (1798-1857), matemático e filósofo francês, teórico do positivismo.

a par com muitas seitas como as Testemunhas de Jeová, a Igreja Maná.

São fenômenos muito curiosos, que impressionam muito os estrangeiros. Por exemplo, a forma como a fé católica é vivida aqui e se mistura com as práticas da superstição mais pura. Como é que esses fenômenos se articulam com a modernidade brasileira?

FHC — Perto daqui há uma cidade chamada Vale do Amanhecer, onde uma senhora, a Dona Neiva, criou uma religião. Hoje, a cidade vive práticas que me lembram a Índia.

Mas acho que você colocou uma questão central: como é que se explica um alto nível de racionalidade com um alto nível de misticismo?

MS — Desculpe, mas faria aqui um parênteses só para salientar que, do meu ponto de vista, o positivismo é uma filosofia muito pobre, da qual sou muito crítico. O positivismo descambou numa espécie de cientismo, numa quase religião, como sabe....

FHC — Numa religião, é verdade. O positivismo brasileiro expandiu-se por via militar, contra o Império. O Império era católico — apesar dos problemas que a Igreja teve com o Império — e muitos militares eram contra a Igreja, eram positivistas. E esse positivismo teve muita influência, desde o século passado, sobretudo no sul do Brasil. Acabou por virar religião, principalmente no Rio de Janeiro, onde, até hoje, há uma verdadeira Igreja Positivista do Brasil.

Essa dualidade entre a razão e o místico está em tudo. Gosto muito de um livro do Roger Bastide, que cito de vez em quando, sobre as religiões africanas, no qual ele explica que, na visão religiosa do candomblé, originária do norte da África, havia uma concepção mais ou menos avançada, que incluía uma cosmogonia e tudo o mais. Mas há também uma influência da China, uma concepção do bem e do mal, em que o bem e o mal são irreconciliáveis e eternos, o bem não ganha do mal nem o mal do bem, sendo preciso conviver com os dois. A concepção de que as coisas são boas e más ao mesmo tempo é o oposto de Descartes. Nessas concepções não temos o princípio da não-contradição.

Quando você vai a um culto de candomblé — estudei muito essa questão porque fui assistente do Roger Bastide — é preciso passar antes pela capela do Exu, que não pertence ao Olimpo... Mas ninguém pensa que se vai acabar com o Exu — então, o bem e o mal convivem não dialeticamente, ou seja, a contradição não leva a um movimento de superação. Esse achado do Bastide é interessante. Na verdade, ele reproduz a relação entre a razão e o misticismo. A mesma pessoa é capaz de fornecer uma explicação racional, mas também pode aceitar o misticismo e não vê contradição nisso. Pode ser chocante para quem não vive a cultura brasileira. Mas deixe-me dar um outro exemplo: muitos militares brasileiros são espíritas...

MS — O espiritismo está muito desenvolvido no Brasil.

FHC — Muito. São espíritas kardecistas, de Alan Kardec[2], que é uma crença européia que veio para o Brasil no século passado.

Muitos políticos brasileiros são umbandistas, uma mistura de espiritismo com a macumba, que é uma religião de Angola. A religião da umbanda foi criada recentemente, tem uns cinqüenta anos, e é uma religião que, sem o culto dos mortos, como em Angola, acredita nos espíritos. Alguns acreditam na reencarnação, outros não. O número de políticos importantes no Brasil que consulta os astros é enorme, é enorme.

MS — O presidente não consulta?

2. Alan Kardec (H. L. D. Rivail, 1804-1869), introdutor do movimento espírita na França, autor de *O livro dos espíritos* (1857).

3. D. Lucas Moreira Neves (1825), é prefeito da Congregação para os Bispos em Roma desde que deixou a presidência daCNBB (abril de1995 a junho de 1998) e prefeito da Pontifícia Comissão para a América Latina.

FHC — *(Risos)*. Não, eu não, é uma falha minha... Por outro lado, a religião católica é uma religião que tem, no Brasil, uma grande plasticidade.

MS — É a majoritária ainda no Brasil?

FHC — É majoritária. Habituou-se a conviver com tudo isso, aceitou tanto as tradições africanas, quanto as indígenas. Num dado momento tentou impor a conversão aos indígenas, mas com o tempo passou a conviver com as suas crenças. Existem hoje cultos católicos seguidos de cultos africanos. Por exemplo, na Igreja do Bonfim, na Bahia, as mães-de-santo, que são do candomblé, lavam e varrem a escadaria. E muito freqüentemente os políticos importantes pegam na vassoura, varrem a escadaria e, depois, vão à missa. Ou vice-versa. É claro que o cardeal primaz do Brasil, D. Lucas[3], não gosta, não aceita isso, mas as coisas são assim.

No fundo, a religião católica é uma religião bastante flexível, até nos temas mais delicados, como o planejamento familiar.

MS — Não é só no Brasil. A Igreja é plástica, adapta-se às circunstâncias e à modernidade. Com algum atraso. Em Portugal também é um pouco assim.

FHC — Bom, voltando à nossa questão da convivência entre algum princípio de racionalidade e o misticismo: mesmo as religiões que se querem mais racionais, como a católica, acabam por ter de conviver com outras que não têm o mesmo nível de racionalidade.

Mais recentemente, o protestantismo que entrou no Brasil através dessas várias seitas...

MS — Mas há seitas que não são protestantes.

FHC — Tem de todo tipo. Aqui, essas seitas estão todas confederadas, mesmo a Igreja Universal, a Igreja de Cristo, a Assembléia de Deus, a Igreja Batista, a Igreja Metodista, os protestantes todos. Mas essas igrejas protestantes têm uma diferença essencial em relação à Igreja Católica, em relação às igrejas de origem africana e, mesmo, ao espiritismo: elas têm o propósito de controlar o comportamento dos fiéis. A Igreja Católica — veja o exemplo do planejamento familiar — não pretende controlar o comportamento no dia-a-dia, quer apenas que se respeitem certas regras gerais. As igrejas de tipo protestante, mesmo as que são seitas ligadas, por exemplo, à televisão — e há muitas —, querem controlar o comportamento.

Na Igreja Católica, tem-se de se converter aos grandes princípios, aceitar um só Deus e amá-lo sobre todas as coisas. Mas a ação da Igreja Protestante vai mais no sentido da minúcia do comportamento e acaba por ter um efeito grande sobre o comportamento de muita gente. Com um efeito complicado, por exemplo, sobre o controle do voto, também. A Igreja Católica desestimula a eleição de padres, mas algumas seitas protestantes querem ter deputados e procuram ter uma influência política.

Isto é novo no Brasil porque a influência política da Igreja Católica era a influência no Estado. A Igreja Protestante e essas seitas querem tê-la no povo, na massa.

Em conclusão, o princípio da racionalidade, pela inexistência prática do princípio da não-contradição, se salva nas igrejas tradicionais. Nas igrejas novas, sobretudo as pentecostais, o místico predomina. Fazem uma releitura não luterana da Bíblia, tornando-a popular, e muito mística. A origem do protestantismo foi a anti-iconologia, foi o contrário, uma forma de espiritualidade abstrata.

MS — Claro.

FHC — Era contra o que havia de ostentatório na Igreja Católica e contra a relação com o poder, pela valorização da espiritualidade e de uma relação direta com Deus. Havia um princípio racional — mesmo que se possa discutir essa racionalidade — que explicava as coisas. Nas novas denominações, é a crença que motiva e explica: "Crê em Cristo que Cristo te salva, crê em Cristo e conseguirás mudar o teu comportamento". Crê por quê? Porque tens de crer. Não há necessidade de uma explicação. Isso está tornando o nosso mundo religioso mais rígido.

MS — E como convivem entre si as diferentes religiões?

FHC — No passado bem, mas, agora, essa presença das seitas populares desafia a Igreja Católica, que sempre foi a igreja majoritária e que cobrava pouco do comportamento dos fiéis e cobrava mais do Estado. A partir do momento em que há uma competição na base, começa a haver problemas de atrito mais sério entre algumas dessas religiões e a Igreja Católica. A Igreja Católica começa a considerar, não os protestantes clássicos, mas essas novas seitas como "perigosas". E dentro da própria Igreja Católica está surgindo um movimento que chamam de "carismático", assumindo formas de culto que são mais próximas dos cultos de tipo popular protestante e mais conservador também, porque um setor importante da Igreja brasileira adotou o progressismo da teologia da libertação. E aí passou a ter um papel político, sobretudo através do PT, no sentido de negação da ordem e do regresso a uma idéia de um certo socialismo de pobre, um socialismo de pequena propriedade...

MS — Cristão, socialismo cristão.

FHC — Socialismo cristão. Bem, os protestantes não são socialistas, eles são muito respeitadores da autoridade, rezam pela autoridade. E, agora, esses católicos carismáticos são mais conservadores...

MS — O Movimento dos Sem-Terra é, em grande parte, impulsionado pela Igreja Católica. Pela corrente da teologia da libertação.

FHC — Mas aí, digamos, é uma intervenção na vida social, nas mudanças sociais. Há uma simpatia inequívoca pelos partidos de esquerda.

MS — Mas também há um setor muito conservador da Igreja Católica.

FHC — Existe um setor bastante conservador. Agora existe esse setor da Igreja Carismática, que é conservador e que busca competir com as seitas no nível do ritual. Mas o que é preciso entender é que a mesma pessoa pode ir ao candomblé e à missa católica. Racionalmente é preciso entender que existe essa dualidade e que é muito mais ampla do que se pensa. Fiquei sempre impressionado com o número de pessoas de peso político que consultam forças sobrenaturais para tomar uma decisão e que, se alguém aparece vestido de marrom, consideram isso um sinal ruim, levando a que adiem a decisão...

MS — Sim. Pura superstição.

FHC — Organizam o seu comportamento em camadas. Eu vi uma vez o Lula dizendo...

MS — O Lula é católico?

FHC — É católico, e diz que é católico porque o político tem de acreditar na liberdade de imprensa, na liberdade de partidos e na liberdade de religiões. Ora, o que é que tem uma coisa com a outra? O político tem mesmo de acreditar nessas liberdades, mas pode ter qualquer crença, não só a católica.

MS — Sem dúvida.

FHC — Eu costumo dizer que sou cartesiano, mas tenho uma pitada de candomblé. Sem essa pitada de candomblé não se sobrevive aqui.

MS — Por outro lado, a teologia da libertação foi muito longe, e ainda tem força, não obstante o papa ter feito tudo quanto pôde contra ela. Lembro-me do tempo em que o cardeal Arns[4] era muito importante em São Paulo e tinha uma força política enorme. Foi ele quem inventou o Lula, praticamente, ou que lhe deu impulso.

FHC — Mas o cardeal Arns é uma pessoa que admiro, perfeitamente racional. E é um homem culto, tem uma tese sobre a origem da escrita, sabe grego, sabe latim. Sou muito amigo dele. Recentemente, mandou-me uma cartinha, escrita com a mão já meio trêmula. A preocupação dele é com o social e aí ele tem uma posição radicalmente favorável ao povo, ele é democrata. E não é irracional, nem é propriamente um defensor da teologia da libertação. Não busca uma explicação transcendental para o problema social, faz a análise do que é necessário para o povo e tem até uma atitude um pouco paternalista. E é um homem muito íntegro.

A teologia da libertação, aqui, foi muito longe. Aqui e em toda a América Latina. Li recentemente uma carta dos provinciais jesuítas sobre a questão da terra em que apelam à guerrilha e justificam a luta armada. Nos dias de hoje! A teologia da libertação vinculou-se ao marxismo vulgar e os dois se estragaram reciprocamente. Teve um papel muito importante no sentido libertador e motivador de transformações, mas agora passou a opinar sobre questões que não lhe são próprias.

Por exemplo, discuti com D. Luciano Mendes de Almeida[5] sobre a privatização da companhia Vale do Rio Doce. Ele era contra. Mas todos os argumentos me pareciam errados. Diziam que nós íamos fazer a entrega da companhia Vale do Rio Doce para a Anglo-América, que era um jogo de cartas marcadas, que o assunto não havia sido debatido, que o Congresso Nacional não tinha

4. D. Paulo Evaristo Arns (1921), cardeal-arcebispo de São Paulo (1970-1997). Em 1973, criou na Arquidiocese de São Paulo a Comissão de Justiça e Paz, que teve importante papel na proteção de vítimas da repressão do regime militar.

5. D. Luciano Mendes de Almeida (1930), ex-secretário-geral e presidente da Conferência Nacional dos Bispos Brasileiros (CNBB).

opinado, enfim, que estávamos vendendo a riqueza futura, que não sabíamos o que estava lá.

MS — A privatização já foi feita?

FHC — Foi feita. Mas o fato interessante é que as premissas críticas eram falsas. Quem comprou a Vale do Rio Doce foram os fundos de pensões, os empregados e mais um grupo nacional. A propriedade é dos fundos de pensões e, portanto, não houve nenhuma desnacionalização. O subsolo não foi vendido e tudo o que se descobrir daqui para a frente vai continuar como antes, pertencendo ao Estado.

Dei todos esses argumentos ao D. Luciano. O que aconteceu? Nada. Os bispos fizeram a sua declaração do mesmo jeito. Saíram do campo próprio da teologia da libertação — que era o campo da reivindicação social — e passaram a opinar sobre questões econômicas de que não entendem, a partir de uma visão nacionalista autárquica.

Recentemente o governador do Pará disse-me pelo telefone que a Igreja ia fazer uma reunião em Manaus para protestar contra a política de exploração mineral do Amazonas. Telefonei para o cardeal D. Lucas Moreira Neves, que é o presidente da CNBB, e disse-lhe que não era possível que a Igreja falasse sobre assuntos que não são da sua competência, que eu não falo sobre assuntos de dogma. Por isso digo que a teologia da libertação invadiu outros terrenos — profanos e técnicos — e começa a perder credibilidade.

XVI

ESTADO DE MAL-ESTAR

"Toda vez que vou mudar, gritam: 'Isso é neoliberalismo!'... Não é verdade. O que queremos é criar um bem-estar que não seja privilégio de poucos."

Fernando Henrique Cardoso

"Essa idéia de que no Brasil há uma certa rendição ao neoliberalismo está a passar junto do público, mesmo na Europa."

Mário Soares

MS — Essa introdução dos clássicos brasileiros que fizemos anteriromente leva a que eu lhe pergunte o seguinte: voltando ao Brasil atual, que é um país-continente, um país com grandes assimetrias, com desigualdades, com uma grande diversidade, que sonho é que tem para ele no próximo século?

FHC — O sonho está implícito na sua pergunta. O maior problema que nós temos hoje é a integração dos excluídos, conseguir uma vida mais decente para a maioria da população. O sonho do próximo século não precisa ser o do crescimento econômico. Esse virá. Todos os ingredientes estão colocados na sociedade brasileira — a eficiência, a competitividade, um pouco mais de racionalização do Estado...

MS — O Brasil hoje é a oitava potência do mundo.

FHC — O que não está claro é saber o que se fará do ponto de vista da integração social. Passamos de uma situação de ausência de consciência de cidadania para uma situação nova, de presença da consciência de cidadania. Não posso dizer que toda a população tenha a consciência dos seus interesses e dos seus direitos, mas já existem muitos grupos ativos nessa direção e, graças à mídia, o tema é discutido.

Nós, aqui, vivemos uma situação semelhante à situação da França na Revolução de 1789 *a la* interpretação de Tocqueville.[1] Qual era a tese de Tocqueville em *A queda do Antigo Regime*? Ele dizia que o regime caiu porque o governo sob Luís XVI começou a promover reformas que provocaram o crescimento da demanda social, mas as instituições não estavam preparadas para atender a essa demanda. Aqui, eu não digo que as instituições não estejam preparadas...

MS — É curioso o que realmente diz Tocqueville, que as reformas conduzem à revolução, enquanto a social-democracia...

FHC — Diz o contrário.

MS — ...diz que, se não houver reformas, há necessariamente a revolução. O que é verdade.

FHC — O que é verdade. De qualquer maneira, o que eu queria sublinhar com a citação de Tocqueville é o fato de que, quando começa a existir a consciência de que se pode mudar, a ausência de mudança torna-se escandalosa. No Brasil, a pobreza era sufocada, não aparecia, mas não deixava, por isso, de existir. Então, todo o

1. Alexis Charles Henri Clérel de Tocqueville (1805-1859), sociólogo e pensador político francês. Autor de *De la démocratie en Amérique* (1835-1840) e *L'Ancien Regime et la révolution* (1856), ainda hoje obras de referência da ciência política.

mundo diz: "A globalização, o neoliberalismo, estão trazendo a miséria". Não é verdade, a miséria já existia, ela é secular, só não era visível quando estava sobretudo no campo. O Brasil passou a ser um país urbano num período de trinta anos. Mudou totalmente e, quando mudou, trouxe os problemas do campo para a cidade. E, agora, a cidade está descobrindo de novo a pobreza no campo.

No passado a diferença era tão grande e os processos de submissão tão fortes, a política e as elites eram tão distantes do povo, que a pobreza não se tornava visível.

O mais patético foi a política no Império: havia dois partidos, o liberal e o conservador. Mas os grandes problemas sociais eram a escravatura e a miséria, o escravo e os homens brancos livres mas pobres. O debate, entretanto, dava-se como se estivéssemos na Inglaterra, entre correntes de opinião liberais e conservadoras que não captavam — ou só com o abolicionismo começaram a captar — a verdadeira questão social.

Também no período republicano, durante muitíssimo tempo, a situação social efetiva não surgiu com força no debate político.

Voltando à sua pergunta sobre o sonho para o século que vem, digo-lhe que, para termos uma visão otimista do próximo século, temos de ter um Estado reformado. Numa situação como a nossa, de pobreza no grau que nós a temos e que é herdada de séculos de opressão, as exigências são muitas e o Estado é impotente para atendê-las quando se generalizam. Esse é um problema sério, que nós podemos exemplificar com a questão da terra.

MS — Acha, portanto, que o fundamental é reconstruir o Estado. Mas eu pergunto: em que sentido e o que isso tem a ver também com o sistema de partidos, com o equilíbrio dos poderes e com a dinâmica entre Estado federal e estados federados? Depois, se quiser, falaria também do sistema judicial e dos grandes corpos do Estado, particularmente das Forças Armadas, da diplomacia, mas também a comunicação social, o funcionalismo.

FHC — Primeiro a questão da reconstrução do Estado e por que ela é importante. Comecemos pela tese mais geral. No mundo que está sendo criado, a ação pública não pode limitar-se ao Estado. Existem esferas públicas que não são estatais e têm influência crescente: o terceiro setor, as organizações não-governamentais, o debate que se organiza em função disso, a influência que os corpos organizados da sociedade, e mesmo os não organizados, têm sobre as decisões do governo. Há a imprensa, a mídia em geral, os seminários que se organizam, os corpos intermediários, não só sindicatos...

MS — Aquilo a que se chama hoje, em França, as "manifestações não identificadas". Por exemplo, uma manifestação como a que surgiu a propósito dos pedófilos na Bélgica, ou as manifestações espontâneas contra o terrorismo na Espanha, ou a manifestação dos britânicos a propósito de Diana Spencer, que escapam à imediata compreensão.

FHC — Escapam, mas são fundamentais para a mudança e para a ação do Estado. Eu acho que isso é característico da nossa sociedade, tem a ver com a sociedade de massas, com os meios de comunicação e com a formação da opinião pública — um assunto pouco estudado que parece resultar, digamos, de uma eletricidade no ar que, de repente, faz as coisas acontecerem. Não quero entrar em detalhes, mas eu vi isso muito bem na França, em 68, até escrevi um artigo para a revista da Associação Internacional de Sociologia, sobre uma nova "teoria da mudança", mostrando a mudança que se dá através dos curto-circuitos que ocorrem na sociedade por via dessas manifestações.

Então, quando eu digo reconstrução do Estado é também no sentido de preparar o Estado, o governo e as administrações para captarem tudo isso. É o oposto do Oliveira Viana, é o oposto da visão de um Estado que molda a sociedade, é um Estado que tem de ser sensível às vibrações da sociedade, e essa sensibilidade não pode basear-se apenas na vontade do presidente ou dos líderes políticos. Tem de haver canais que permitam uma interação entre o governo, o Estado, a administração e a sociedade. Vou dar um exemplo doméstico: a Comunidade Solidária, o nosso programa de ação social.

MS — O que é a Comunidade Solidária?

FHC — É um programa de governo que tem duas vertentes: uma pretende aumentar a eficiência dos programas sociais, no que diz respeito ao combate aos bolsões de atraso e pobreza. É todo um sistema — são mil e poucos municípios — em que há programas específicos de merenda escolar, de saúde etc. Mas tem outra vertente, que é o Conselho da Comunidade Solidária que a Ruth[2] preside, que não é estatal. Junta gente do governo com setores da sociedade civil para complementar ou para inovar as ações do governo. Por exemplo, há um programa chamado Universidade Solidária, que as empresas financiam e as Forças Armadas ajudam, levando estudantes universitários para as áreas mais pobres do Brasil. São treinados e atuam como agentes de mudança.

Mas há muitos exemplos dessa ligação mais direta entre o aparelho de Estado e a sociedade. Vou citar um outro: o Banco de Desenvolvimento do Nordeste, que foi sempre muito tradicional, que sempre financiou a elite latifundiária, oligárquica, nordestina. Nós mudamos a sua orientação. São dois ou três mil bilhões de reais por ano.

2. Ruth Corrêa Leite Cardoso (1930), antropóloga, professora, esposa de Fernando Henrique Cardoso. Presidente do Conselho da Comunidade Solidária desde 1995. Formado por ministros de Estado e representantes da sociedade civil, o Conselho é um instrumento de combate à pobreza, à desigualdade e à exclusão social no Brasil por meio da promoção de parcerias entre Estado e sociedade.

O banco criou o que se chama "agentes comunitários de desenvolvimento". Esses agentes são funcionários do banco que iam ser dispensados e que foram convidados a ocupar-se de comunidades ou de cidades do Nordeste. Cada cidade do Nordeste tem hoje um agente de desenvolvimento, que vê quem precisa de empréstimo, quem precisa aumentar a eficiência do seu pequeno negócio, quem pode fazer isto ou aquilo. E o Banco do Nordeste, que fazia vinte mil contratos por ano com os grandes empresários, está fazendo vinte mil por mês com os pequenos.

MS — O grande problema é se essas pessoas são sérias. Aí surge o problema da corrupção e isso é outra questão.

FHC — Podemos voltar a isso. Mas, como objetivo, é uma coisa correta. Ao falar de Estado reformado, estou pensando num Estado que se prepare para ser capaz de ter sintonia com os movimentos que ocorrem na sociedade e dar-lhes maior racionalidade, quer à ação que têm quer aos objetivos que se propõem.

Em termos formais, o que estamos propondo? Há três leis importantes: uma na área tributária, outra da reforma da previdência, e outra ainda que é da reforma da administração. Por que razão é preciso reformar a previdência, reformar a administração?

MS — Aqui nunca houve Estado-previdência, no sentido europeu.

FHC — Aqui eu digo "Estado de mal-estar". O sistema previdenciário brasileiro divide-se em duas partes: o setor privado e o setor público. Não se assenta na capitalização, é feito por repartição. Qual é a idéia? A idéia é que a geração atual ganha dinheiro e contribui para os que já não trabalham mais, ou seja, reparte. Na capitalização, cada um de nós, quando começa a trabalhar, antecipa o futuro e vai guardando para ter pensão posteriormente. Aqui não é assim. O nosso sistema é de repartição, que é um sistema difícil porque, na verdade, aumenta o número de dependentes por pessoa que trabalha.

MS — Aqui também está a aumentar a esperança de vida, o que significa que começa a haver muitos mais reformados.

FHC — Muito mais. Então, esse sistema não tem muito futuro. Como se financia alguém que trabalhou? Cada empregado cotiza-se e a empresa também. Mas, na medida em que existe um amplo setor chamado informal, de empregados que não estão registrados, eles não se cotizam. Mas, pela lei brasileira, todas as pessoas, quando chegam a uma certa idade, têm direito a aposentadoria, e vão recebê-la, quer tenham ou não se cotizado. Então, o número daqueles que se cotizam fica proporcionalmente cada vez menor em função do número dos que vão ser sustentados. Isso não resiste no tempo.

Mas isso acontece no setor privado. No setor público é muito pior, porque não se cotiza quase nada e a aposentadoria é integral. No setor privado, recebe-se uma parcela do que se ganhava antes; no público, o salário é integral. Até há bem pouco tempo, quando iam para casa, os aposentados recebiam um prêmio: vinte por cento de salário adicional. O momento da vida em que se mais gasta é quando os filhos estão na adolescência, na idade escolar. Ao aposentar-se, os filhos estão independentes.

MS — Isso era para forçar a aposentadoria mais cedo?

FHC — Não, era um privilégio. Mais ainda: não havia limite de idade para a aposentadoria. A média de aposentadoria dos professores universitários varia entre 48 e cinqüenta anos. Ora, com a expectativa de vida aumentando, quem se aposenta, digamos, aos cinqüenta anos, tem esperança de vida de 75. A esperança de vida, aqui, é de 66 anos ao nascer, mas os grupos que sobrevivem têm esperança de vida maior. Então, aposenta-se aos cinqüenta e tem-se de ser sustentado durante 25 anos com o salário integral. Resultado: quarenta por cento do orçamento do Ministério da Educação vai para a aposentadoria! E quem paga isso? É o Tesouro. E o que é o Tesouro? É o dinheiro arrecadado do conjunto da população, incluindo os pobres. O Tesouro gasta vinte bilhões de reais por ano para manter as aposentadorias e pensões dos funcionários públicos e estes cotizam-se com apenas três bilhões!

Então, estamos perante uma transferência de renda às avessas. Com os militares e com o funcionalismo público em geral é a mesma coisa. Este sistema é injusto e insustentável. Há déficits que são crescentes e essa questão tem de ser enfrentada se quisermos ter uma sociedade de bem-estar social no próximo século. Se ela não for enfrentada, vai-se criar uma sociedade de excluídos. Os que já estão dentro vão estar bem de vida mas menos gente entrará no sistema. Isso é um aspecto da reforma que está sendo discutido.

MS — Querem, em todo o caso, acabar com o chamado Estado social ou Estado-previdência. Hoje, por exemplo, esse é o grande debate da União Européia. Como os sistemas de previdência estão com grandes dificuldades para se poderem manter do ponto de vista financeiro, a idéia é cortar. A teoria do neoliberalismo, segundo a qual o Estado-previdência não pode subsistir, prevê que vá acabar no próximo século. Pelo contrário, a social-democracia insiste em manter o Estado social como um dos seus grandes contributos para o bem-estar das sociedades e para um equilíbrio dessas mesmas sociedades, ainda que com as necessárias reformas.

E esta questão liga-se com outra, que é a da competitividade. Os Estados de bem-estar têm altos padrões de proteção social que tornam os produtos fabricados nesses países caros e não competitivos com o exterior, o que cria enormes problemas que a Europa, por exemplo, está agora a sofrer.

FHC — Bem, veja qual é a diferença aqui. Primeiro é que na Europa houve realmente um Estado de bem-estar social. Aqui, não. Aqui, o que há é um Estado em que alguns grupos, como os funcionários, conseguiram imensas regalias. Mas da maneira que eu disse: alguém paga por eles. E não são os mais necessitados os que mais recebem. Embora, no Estado brasileiro, tenha sido possível ampliar um pouco a cobertura social...

MS — Em todo o caso, foi um grande amortecedor.

FHC — Ah, sim. No setor privado — e sem esses privilégios — cerca de dezessete milhões de pessoas recebem aposentadoria. Temos alguns programas que são de renda mínima para quem não tem condições de sobrevivência e é idoso ou tem algum problema de invalidez. São coisas importantes. Mas, na verdade, nunca generalizamos o Estado de bem-estar, que sempre foi para grupos limitados. E não se está propondo acabar com esse tipo de proteção, o que se está propondo é criar condições para que não seja um fator de aumento da desigualdade e para que possa perdurar no tempo.

Aqui, ninguém está propondo tirar direitos e não colocar nada no seu lugar. Está-se propondo analisar de que maneira se podem assegurar direitos que sejam universais, que sejam para a maioria. Para isso, o que se está propondo — faz parte da reforma atual da previdência no setor público — são duas coisas. No setor privado, faz-se a relação entre tempo mínimo de contribuição e o gozo do direito à aposentadoria. Antigamente, não havia essa relação. Agora, a partir dos sessenta anos, está-se aposentado, mas ninguém se pode aposentar aos cinqüenta anos se não tiver contribuído durante trinta anos. O que se está propondo aqui é uma racionalização do Estado de bem-estar. É, sobretudo, no setor público que se devem cortar privilégios. Que privilégios são esses? Por exemplo, grupos que se aposentam muito cedo. Vou dar um exemplo concreto: alguém que é nomeado, em final de carreira, ministro de um tribunal importante, trabalha cinco anos e já se aposenta com o alto salário que passou a ganhar no tribunal.

O que nós estamos propondo é uma correção das distorções do sistema de previdência, ninguém está propondo nem sequer o que foi feito no Chile, onde se mudou de um regime contributivo para um regime de capitalização. O que se está propondo é que, ao lado do regime de repartição, exista também, livremente, um regime de capitalização para complementar o que foi basicamente assegurado pelo regime normal de repartição.

São reformas dentro de uma visão que não é neoliberal, mas tem como objetivo conseguir que, num país com tanta pobreza, se possa criar algum bem-estar que não seja privilégio de poucos.

Na área da administração, as medidas são mais de racionalização do processo, coisas muito pontuais. No Brasil, com a Constituição de 1988, foi criado o que se chama regime jurídico único. Isso impede que haja maior flexibilidade nas relações de trabalho dentro do governo. Todos são funcionários públicos, todos têm as mesmas condições legais de trabalho. E, depois de entrar, já ninguém corre o risco de ter de sair do sistema público. Tem a sua estabilidade assegurada depois de dois anos de trabalho.

Isso faz com que as ineficiências sejam muito grandes e a capacidade que o governo tem de cobrar o rendimento do trabalho é muito pequena. Não tem como dispensar o funcionário, nem mesmo depois de ele passar por demonstrações evidentes de que não está apto para o desempenho da sua função. O que se está querendo é dar a possibilidade de se cobrar desempenho.

MS — Cobrar desempenho em que sentido?

FHC — Do funcionário. Se o funcionário não for capaz do exercício da função, ele pode ser demitido. Hoje, o funcionário tem um grau de autonomia frente à administração muito grande. Ele pode ser posto à margem mas não pode ser despedido.

MS — Em Portugal é a mesma coisa.

FHC — É. Nós somos portugueses nesse aspecto da nossa burocracia. Um outro problema é no nível dos estados. Vou dar exemplos concretos. O estado do Rio Grande do Sul é governado pelo Antônio Britto, que fez um esforço grande para melhorar a administração e, apesar disso, está numa situação fiscal difícil. Por quê? Oitenta e três por cento do que recolhe de imposto é para pagar pessoal. E mais, cerca de treze por cento são para o serviço da dívida. Sobram quatro por cento para o resto. É impossível. Noutro estado, Alagoas, só para o pessoal eram 110 por cento — todos os meses o governo se endivida. São situações que não podem perdurar. A reforma administrativa cria condições para os governos poderem, depois de um certo limite, dispensar pessoas. Porque, se não dispensarem, não têm como governar, a não ser fazendo dívidas. Essas reformas são elementares...

MS — Mas essas pessoas, como é que ficam depois?

FHC — A questão é como é que ficam mesmo que não sejam dispensadas. Não vão ter como receber dinheiro; o governo não tem como pagar. Na Argentina aconteceu isso: algumas províncias começaram a emitir moeda própria para pagar ao funcionalismo. Agora acabou, porque não havia condições para continuar. Em Alagoas, isso aconteceu e eu tive de fazer uma intervenção branca.

Este é o aspecto mais elementar da mudança do Estado. Mas não é o fundamental. O fundamental é uma reestruturação, que nós estamos fazendo também, e que tem dois eixos principais, um dos quais é a quebra do clientelismo. O Estado brasileiro estava ancorado num sistema de partidos que era fisiológico: os partidos indicavam o seu pessoal nas prefeituras, nos Estados e na União, indicavam os funcionários encarregados da educação, da saúde etc.

MS — Para fazer trabalho político.

FHC — E também para a pequena corrupção e, às vezes, até a grande. Na educação, por exemplo, quem nomeava a diretora da escola, o superintendente educacional da região, eram os políticos. Nós estamos mudando isso, estamos descentralizando. O governo federal opera menos, ele apenas transfere os recursos, define as políticas e exerce o controle. Com isso, a função de agenciamento dos deputados federais vai diminuindo, porque deixa de corresponder à função do governo fazer certos tipos de nomeações.

Bem, mas estamos fazendo mais do que isso, estamos dando dinheiro, por exemplo, diretamente às escolas, saltando por cima de todos, saltando o prefeito, o governador, a clientela toda. Dá-se à escola desde que a escola tenha uma associação de pais e mestres, de tal maneira que a própria sociedade controle o uso do dinheiro. E isso já está sendo feito com certa rotina.

Na saúde é a mesma questão — que vem de longe, que não foi iniciada por nós, mas que nós estamos acelerando. Isto está muito bem do ponto de vista da União, a União está democratizando-se e está fornecendo diretamente o atendimento à população. Mas as estruturas locais têm capacidade para isso? Não temos meios de controlar a corrupção local. O que requer uma sociedade mais ativa.

O meu sonho para o próximo século é estabelecer uma forma de capilaridade entre a sociedade e o Estado e não só a reforma da administração. É preciso que a sociedade esteja motivada, animada na sua própria base. A grande imprensa, que está voltada para Brasília, tem de se habituar a iluminar e dar importância aos municípios. Para ver o que está ocorrendo. Vai levar tempo, é um processo longo, mas estamos começando a mudar a área social.

A corrupção que se verificava, por exemplo, na compra da merenda escolar, na compra de equipamentos para os hospitais começa a ser controlada. Estamos quebrando os nexos perversos entre o sistema político e o sistema de decisão administrativa e ampliando a participação local.

Para isso o PT é ótimo, porque a administração local do PT é como a administração comunista na França ou na Itália — em geral, é honesta. Mesmo que tenha dificuldades com a minha base política de apoio quando mando dar dinheiro aos governos do PT. E não só do PT, do PSDB também, e dos bons administradores independentemente dos partidos a que pertençam. O nível geral da administração local no Brasil está melhorando. Isso é essencial.

MS — Qual a situação da burocracia brasileira?

FHC — O Brasil teve um Estado razoavelmente organizado. Na época de Getúlio Vargas houve um organização chamada DASP, Departamento de Administração do Serviço Público, que introduziu o concurso por mérito e coisas semelhantes. O que aconteceu foi que o regime militar ampliou a base tecnocrática da burocracia — por exemplo, na área de comunicações houve um avanço muito grande. Mas, pouco a pouco, e sobretudo com a democratização, veio a partidarização e a clientelização. As burocracias locais, municipais e estaduais cresceram muito, sobretudo as municipais. Cresceram despropositadamente por razões de clientelismo político e com prejuízo para a eficiência. No setor público federal ainda existem setores eficientes. Além das Forças Armadas, há outros setores eficientes: a carreira diplomática e o funcionalismo das finanças, por exemplo. Têm boa formação e treinamento. Têm o sentido da carreira, muitos são extremamente competentes, têm mecanismos justos de promoção. O Itamaraty dispõe de uma burocracia muito competente, formada no Instituto Rio Branco.

MS — A carreira diplomática brasileira tem mesmo um grande prestígio internacional. Dizem que é uma das melhores e mais bem pagas do mundo.

FHC — É, quando no exterior é bem paga. Nas carreiras técnicas também há muita gente competente: no orçamento, no Tesouro, no Banco Central. Existe uma escola de serviço público que voltamos a pôr em funcionamento, que forma gestores públicos e, assim, pode renovar os quadros. Além disso, o sistema de ingresso, hoje, é totalmente por concurso.

O Estado, digamos, está burocraticamente equipado. Mas, ao redor desse núcleo central, há muito funcionário que foi nomeado por clientelismo. E há também o fato de a Constituição ter dado estabilidade a esses funcionários. De um modo geral, a massa de funcionários é pouco treinada. O sistema aqui é muito peculiar. Além dos funcionários de carreira, existe o que se chama DAS, Direção e Assessoramento Superior; há dezoito mil funções desse tipo. São cargos em comissão, para os quais se pode nomear pessoas tanto de dentro como de fora do serviço, com alguma discricionaridade.

É fácil haver, por isso, clientelismo, visto que as nomeações podem ser feitas por razões políticas. Mas, por outro lado, essa prática permite uma injeção de sangue novo na burocracia. Como presidente da República, posso nomear um certo número de pessoas para serem meus assessores sem que necessariamente pertençam ao serviço público.

MS — Mas uma vez nomeados ficam a pertencer ou não?

FHC — Não. Em princípio, vão embora.

MS — Em Portugal há exatamente o mesmo sistema. Com a diferença de que geralmente ficam.

FHC — É uma maneira de renovar, trazer pessoas da sociedade civil para a burocracia. Acho que há muita injustiça em relação ao funcionalismo brasileiro: não é ruim como se apregoa. Tenho, quanto a isso, uma experiência positiva. Muitos funcionários são altamente dedicados. Haverá alguns que não trabalham ou que são incompetentes; outros terão entrado no serviço pela via política. Tudo isso é verdadeiro. Mas há núcleos bons.

MS — O setor privado paga muito melhor?

FHC — Paga muito melhor, não há comparação. Mais para os altos cargos, não tanto para a base. A massa do funcionalismo ganha melhor do que a massa dos trabalhadores. E, na visão paternalista brasileira, sempre que se vai fazer um aumento de salário, todos querem que aumente mais a base.

Está errado porque a distorção é na cúpula. Agora mesmo eu assinei uma medida provisória criando algumas carreiras que são essenciais ao Estado e dando aumentos. Houve muita crítica, como sempre. Mas não posso dar aumentos gerais porque não vão ter um efeito de melhoria na eficiência. É melhor fazer esses aumentos diferenciados — claro, dentro de limites — porque todos os estudos mostram que onde o problema é mais agudo é do meio para cima, porque é aí que o mercado de trabalho compete.

Um ministro aqui recebe oito mil reais e um jornalista de certa categoria recebe mais que isso. Bom, um diretor de uma grande instituição do Estado recebe cinco, ou cinco mil e quinhentos reais. É claro que, comparado com o salário mínimo... O limite de remuneração é o meu salário, que é de oito mil e quinhentos reais, e ninguém pode ganhar mais do que eu no funcionalismo federal. Muita gente ganha mais nos estados, nos municípios e mesmo no funcionalismo federal, quando tem o que se chama "vantagens pessoais".

MS — Há distorções brutais.

FHC — É com o que estamos querendo acabar, através da reforma constitucional. O que me irrita na esquerda tradicional é que ela acaba, na prática, por defender tais distorções, porque se opõe ferozmente à reforma, que passa pelo Congresso.

Voltando ao nosso tema, direi que não há país moderno sem Estado moderno. O Estado moderno precisa de uma burocracia eficaz. Temos uma base para o conseguir criando as condições para revalorizar o funcionário. Se assim acontecer as coisas podem andar bem.

MS — Já falamos um pouco das mordomias e da corrupção, acho que talvez não valha a pena...

FHC — Sobre essa corrupção, acho que devemos falar. O Estado brasileiro, no passado, não era um Estado corrupto. Não se pode dizer que as Forças Armadas tenham sido corruptas, porque não foram. Não se pode nem sequer dizer que o conjunto da classe política no passado tenha sido. É verdade que houve alguma corrupção, sobretudo quando o mercado era controlado burocraticamente. Aí, sim, houve um certo conluio entre setor privado e setor público, por exemplo, nas obras públicas e nos orçamentos. Chegou-se a uma situação de escândalo bem visível no tempo do presidente Collor. Na Comissão do Orçamento do Congresso havia uma ligação espúria das empreiteiras com as decisões orçamentárias.

Não posso afirmar que já não haja corrupção. Mas não há mais corrupção sistêmica. Acho isso muito importante. Se há hoje alguma maneira de desgastar ou liquidar um governo, é acusando-o de corrupção. O efeito é devastador. Penso que importa manter e estimular as virtudes republicanas nesta matéria.

MS — Exatamente, as virtudes republicanas.

FHC — Isso é fundamental. Não posso garantir que seja generalizada a todo o Brasil, mas existe uma atitude mais limpa nos vários níveis. E isso vai ser um valor crescente na sociedade brasileira.

MS — Mas não há uma grande dificuldade, com essa disparidade de salários entre o setor público e o setor privado, em favor do privado, que é a fuga dos melhores para o privado?

FHC — Há, há. Eu acho até espantoso que tenha sido possível ainda atrair bons cérebros para o Estado.

MS — Por exemplo, tem dificuldade no recrutamento de ministros?

FHC — É verdade que o nosso ministério é composto por pessoas da classe média. Portanto, ganhar seis mil reais não é coisa tão ruim. Em geral são professores, funcionários, e não têm uma perda grande. Mas os diretores de bancos do governo ou das empresas estatais, por exemplo, esses têm geralmente muito mais possibilidade no mercado.

Agora está havendo uma coisa nova no Brasil: pessoas que ficaram ricas e que querem dedicar-se ao serviço público. Nos Estados Unidos há isso. Não quero citar nomes mas existem casos de pessoas que encerram a carreira no setor privado, que já estão com a vida confortável e que se dispõem a trabalhar para o Estado.

Mas, certamente, a competição com o mercado vai ser cruel. Não temos condições de pagar. O mercado brasileiro paga muito aos executivos, mais do que a média internacional. É preciso valorizar o servidor público. Dar-lhe condições para poder ter uma vida decente.

MS — E a relação do governo com as grandes empresas?

FHC — Não temos uma visão neoliberal, não se trata de privatizar apenas. Estamos privatizando mas, ao mesmo tempo, estamos criando agências públicas de controle para não acontecer o que houve em outros países, em que se privatizou e, depois, deixou de haver qualquer controle. Acredita-se que o mercado sozinho resolve tudo através da competição, que as tarifas baixam e assim por diante.

E não é desse modo. Podem formar-se em oligopólios, pode acontecer uma porção de coisas, pode-se não atender as regiões mais atrasadas. Aqui, não. Junto com a privatização, estão sendo criadas a ANATEL — Agência Nacional de Telecomunicações, a ANEEL — Agência Nacional de Energia Elétrica, e a ANP — Agência Nacional do Petróleo. São constituídas por pessoas nomeadas por mim com mandato aprovado pelo Senado para ter o controle desses mecanismos. Esse procedimento sai da esfera burocrática. A burocracia estava um pouco condicionada pelos interesses privados, com corrupção ou não, mas algumas vezes com propósitos coincidentes. As decisões sobre custos da energia elétrica, por exemplo, eram tomadas por burocratas. Agora, essas decisões são tomadas publicamente pelas agências reguladoras.

MS — Mas, na medida em que tudo depende do Estado federal, está a fazer uma grande centralização?

FHC — Não. Antes, era a burocracia quem mandava; agora serão pessoas com mandatos aprovados pelo Senado.

MS — Mas essas agências dependem diretamente do governo central?

FHC — Não. Só nomeio, mas, depois, são autônomas nas suas decisões.

MS — E prestam contas a quem?

FHC — A um conselho em que há representantes do Congresso, da sociedade civil, do Executivo, enfim, um conjunto de pessoas responsáveis que não dependem da orientação política do presidente ou do governo. A idéia é criar uma função pública que se habitue a prestar contas e a cumprir as regras legais.

O problema era, justamente, o de não haver regras claras, não haver *accountability*, como dizem os americanos. Então, os investidores não vinham, ou só vinham os que já estavam ligados à máquina governamental e tinham o controle das tarifas.

Para se poder atrair capital é preciso ter regras claras, estáveis e públicas. O Estado burocrático controlador tinha sido penetrado pelos interesses privados, pela corrupção, pelas grandes empreiteiras etc. Nós estamos criando alguma coisa diferente disso, que passa pelo Congresso, que obedece a uma lei e que terá maior visibilidade. Isto não tem nada a ver com a visão de que o mercado vai resolver tudo. Quando se faz uma privatização é claro que, em relação ao mercado, as áreas ricas é que vão ser privilegiadas.

Aqui não. Na própria licitação, ficam sujeitos a tarifa mínima, tarifa máxima e são obrigados à expansão da rede nas áreas mais pobres do país. Essas agências vão controlar a execução disso. Não é nem o Estado burocrático privatizado nem é o mercado — estamos tentando criar um sistema misto novo, mais democrático.

No passado, os estados criaram bancos e esses bancos transformaram-se, na prática, em bancos emissores, o que foi um grande fator de inflação. O que estamos fazendo? Privatizando e fechando os bancos estaduais. Vou dar um exemplo de um só banco, que é o banco de São Paulo — o BANESPA — um bom banco, poderoso, de onde o Tesouro paulista tomou mais de vinte bilhões de empréstimos já realizados e não pagos.

MS — Portanto, privatiza — e depois?

FHC — Primeiro, os bancos estaduais são federalizados, passam para a União e, depois, privatizados. De tal maneira que no futuro os governadores não possam utilizar o banco para fazer empréstimos, que, na verdade, constituem títulos para o Banco Central pagar.

MS — E como os estados aceitaram que os bancos, que eram um instrumento fantástico nas mãos deles, passassem para o poder federal?

FHC — Desde que fui ministro da Fazenda comecei a apertar, emiti uma norma impedindo os bancos públicos de emprestar ao setor público. Depois, fomos apertando, apertando e fizemos a intervenção.

MS — Eles estavam falidos?

FHC — Tinham um patrimônio negativo. Mas você não pode quebrar um banco desse porte e, por isso, agora, vamos federalizá-los. Veja o poder que tinham os governadores, com conseqüências negativas sobre a política monetária e sobre a inflação. É evidente que a maioria dos governadores não era irresponsável.

Mesmo assim era necessária a ação de um governo federal forte e consciente para mudar essa situação por vezes caótica. Desde que fui ministro da Fazenda mudamos muita coisa. O Conselho Monetário, por exemplo, que era uma espécie de câmara corporativa com muitos interesses setoriais. Ora, o Conselho Monetário tem por objetivo defender a moeda e o interesse global e não interesses setoriais.

O sistema federativo brasileiro é extremamente difícil porque, ao mesmo tempo que o poder central é forte, é corroído pelos poderes locais, que são difíceis de coordenar.

MS — Mas os estados federais também têm os seus próprios impostos?

FHC — Têm um principal chamado Imposto de Circulação de Mercadorias — ICMS... É uma espécie de IVA europeu aplicado de outra maneira, cobrado na origem. Não é só com esse imposto que os estados vivem, há também uma porcentagem sobre os impostos federais, por meio de transferências da União.

Quando os estados ficam endividados com os bancos, nós negociamos com o estado respectivo e assumimos a dívida. A União tem como garantia o Fundo de Participação do Estado. Aprovamos leis que deram à União maior controle sobre esses fluxos. Contudo, o sistema tributário precisa ser modificado, sem dúvida nenhuma.

Sou favorável a que se atribuam impostos próprios aos estados e aos municípios. Os municípios mais pobres, sobretudo os do Norte e Nordeste, nem sempre têm condições de cobrar o imposto que lhes é próprio, o Imposto Territorial Urbano — IPTU, e o Imposto Sobre Serviços — ISS.

O que alguns prefeitos fazem? Não cobram esses impostos e pedem ao Fundo de Participação para transferir as respectivas receitas. Tentei várias vezes, quando era senador, estabelecer uma relação entre a participação que o município tem nesse fundo com o esforço que faz para aumentar a arrecadação dos impostos próprios. Mas, quando o prefeito não quer ser impopular, não cobra imposto. Vive das transferências da União. Estabelece-se, assim, uma dependência ruim. É o problema mais difícil que vamos ter de enfrentar. Como deve funcionar o sistema federativo no futuro? A questão está ligada a uma profunda reforma tributária.

MS — O federalismo brasileiro é bastante menos acentuado, menos federalista, digamos, do que o americano?

FHC — Muito menos.

MS — Muito menos, quer dizer, com muito maior centralização. Por isso, o presidente também tem muito mais poder.

FHC — Muito mais poder e, ao mesmo tempo, muito maior dificuldade de governar. Tem de atender a essa pressão imensa, multifacetada. E, também, por isso, os governadores são geralmente dependentes do poder central.

MS — Mas há grandes estados, que são ricos, como São Paulo, e que geram receitas fantásticas, e outros que são mais pobres. Como se faz a redistribuição? Por via do governo federal?

FHC — Por via do governo federal, que é, portanto, olhado com antipatia por São Paulo. Mas você vê que precisa haver, realmente, um mecanismo redistributivo — tirar de quem tem e dar a quem não tem. Na saúde, por exemplo, vai haver uma gritaria enorme porque mudamos o critério de distribuição para beneficiar os mais pobres, e isso ninguém aceita. Todo o mundo, em tese, é favorável, mas na hora de redistribuir, tirar de alguém para dar a alguém...

Nós vamos ter um descontentamento enorme com a saúde, porque o *per capita* das zonas ricas é muito maior do que o *per capita* das zonas pobres. E é o oposto que tem de ser — a ação maior tem de ser nas zonas pobres. Mas isso é dificílimo de fazer e a esquerda tradicional, diga-se, não apóia. E a esquerda está acomodada, totalmente acomodada ao sistema. Toda vez que eu vou mudar, gritam: "Isso é neoliberalismo, estão defendendo os banqueiros". Não é, estamos defendendo uma política mais igualitária, mas é difícil a população entender.

MS — Essa explicação é que, salvo o devido respeito, não tem sido suficientemente feita.

FHC — Não, não tem.

MS — Porque essa idéia de que no Brasil há uma certa rendição ao neoliberalismo está a passar junto do público — mesmo na Europa.

FHC — Pois é. E a verdade é que não há. É por isso que eu acho muito bom estarmos conversando, para tentar explicar esses assuntos complexos...

MÁRIO SOARES E FERNANDO HENRIQUE CARDOSO
À ENTRADA DO PALÁCIO DA ALVORADA
ABRIL DE 1998

XVII

NA SALA DE AULA

"Como se explica que o presidente, que foi e é professor universitário, não tenha em conta a situação das universidades?"

Mário Soares

"Estamos fazendo uma revolução no ensino primário e quem está pagando o preço é o setor universitário. Inverti a preferência."

Fernando Henrique Cardoso

MS — Vamos ter de nos deter um pouco mais, ao longo desta conversa, sobre as questões da globalização e da política econômica do governo, da política macroeconômica, em geral, e também da economia das pessoas, em concreto, e quanto às suas conseqüências sociais. Como o Brasil está-se adaptando a essa crise que o mundo atravessa, provocada, em parte, pela globalização?

Mas, neste momento, como questão prévia, quereria chamar a sua atenção para o que julgo ser um certo descontentamento sobretudo no setor universitário, inclusivamente entre os jovens. Esse descontentamento tem vindo a aumentar e não existia antes. Pelo contrário, existia esperança, uma grande esperança, no início do seu mandato. Dou-lhe um exemplo só, que em si mesmo não vale nada, mas é interessante, de um jovem brasileiro que estuda em Portugal — anda em arquitetura com a minha neta — e, sem saber que ela era minha neta, lhe respondeu quando ela lhe perguntou por que veio para Portugal: "Ah! porque aquilo está realmente muito mal no Brasil. O presidente Fernando Henrique Cardoso está a fazer uma política de aperto insuportável, uma política estilo FMI que dizem fez o Mário Soares quando estava no governo". Curioso, não é? Eu senti, falando com professores universitários brasileiros e com pessoas representativas de vários níveis da inteligência brasileira, ligadas ou não às universidades, que há realmente uma grande frustração nas expectativas que eles alimentaram. Por exemplo, uma professora brasileira da Universidade do Recife dizia-me há dois dias: como é possível que os professores universitários, no Brasil, ganhem tão mal? Como se explica que o presidente, que foi e é professor universitário, não tenha em conta a situação das universidades? Como responde a essa crítica tão repetida nas universidades do Brasil? A minha pergunta, fundamental, é esta: está a um ano do fim do seu primeiro mandato; será que é ainda possível infletir, neste ano, esta situação? Tem isso em vista?

FHC — Bem, eu disse que uma boa parte da questão da chamada classe média é a questão universitária. Por quê? O que acontece na política educacional e nas universidades em particular? Temos um sistema universitário federal e hoje temos também um sistema universitário privado, muito amplo. Foi o que mais cresceu. Temos ainda o setor universitário estadual, sobretudo em São Paulo.

MS — Todas são públicas?

FHC — São, as federais são todas públicas e as estaduais também, ou seja, são gratuitas.

MS — Totalmente gratuitas?

FHC — Totalmente. Qualquer tentativa de cobrar o que quer que seja é muito mal vista, é considerada reacionária.

MS — Exato. Em Portugal, não é muito diferente...

FHC — O gasto do governo federal, nos termos da Constituição, deveria ser maciçamente para o ensino primário. Há um compromisso constitucional de mobilizar e mobilizar recursos em favor da alfabetização. Mas, na prática, às universidades era atribuída a maior parte dos gastos do setor educacional...

MS — As universidades são autônomas em matéria de gestão financeira?

FHC — Autônoma, entre nós, quer dizer o seguinte: até há pouco faziam o que queriam com os recursos que lhes eram atribuídos. Passavam a conta dos gastos para o Tesouro. Durante o período da inflação, ninguém tinha noção de quanto custava nada. Nas universidades o quadro de professores, o número de cargos era fixo, mas não eram preenchidos. Então a universidade recebia o dinheiro correspondente ao número total de cargos e pagava, digamos, oitenta por cento do que recebia. Havia vinte por cento de cargos vagos e, assim, as administrações das universidades aplicavam o restante no sistema financeiro. Dessa forma, tinham recursos. Quando acabou a inflação, essa renda extra, naturalmente, diminuiu. A mesma coisa aconteceu com todos os *rentier* do Brasil e com o próprio governo. A inflação era um bom negócio para todos os que sabiam usar o dinheiro no que aqui se chama de ciranda financeira, no dia-a-dia. O Brasil era um grande cassino, e mesmo a administração pública não escapava ao cassino. Quer dizer, era assim que as universidades financiavam muitos dos seus gastos.

Com a estabilização, e com o fato de termos subordinado as universidades ao sistema público de controle, elas hoje foram obrigadas a colocar os seus gastos no que se chama SIAFI, que é um sistema de computação, em que são inseridos todos os gastos do setor público federal. Todos entram no sistema de computação, e todo o mundo sabe disso, qualquer deputado, qualquer senador utiliza o seu computador e sabe como foi gasto o dinheiro. O dinheiro público aqui é muito transparente nesse sentido. Tanto que há deputados que se dedicam a ver esses gastos todo o dia, para criticar o governo.

O dinheiro das universidades para pessoal manifestamente sobrava. O Ministério da Fazenda passou a controlar esse dinheiro. Então o orçamento das universidades ficou mais restrito, porque elas estavam utilizando dinheiro que sobrava das despesas de pessoal. Repare que não estou dizendo que houvesse qualquer desvio. O dinheiro era para pagamento de pessoal e não era utilizado assim. Era usado para gastos de custeio, de viagens, compra de livros, pesquisa, construção de prédios, fosse o que fosse. A esse dinheiro acrescia-se pelo que se ganhava no sistema financeiro, os juros. Isso desapareceu. E, por isso, as administrações universitárias ficaram sem muitos recursos.

Ponto dois, a autonomia da universidade — fui um dos autores da regra constitucional, inscrita no artigo 207 da Constituição — está consagrada. Mas passou a ser entendida de uma maneira um tanto distorcida: qualquer que seja o gasto da universidade, o Tesouro paga. Qual é a política do governo atual? Está no Congresso uma lei proposta por nós que dá efetiva autonomia à universidade. Estamos propondo que as universidades terão assegurado, por um período de dez anos, os recursos que elas têm atualmente e uma parte adicional será variável dependendo do desempenho, ou seja, do número de doutores que faz e uma série de outras exigências. Dentro desse montante, a universidade usa o dinheiro como quiser, tem liberdade absoluta. Ocorre que muitos querem ter autonomia ilimitada com o Tesouro pagando. O que não é possível...

MS — Esse problema existe também nos países europeus. E não é fácil de resolver. A verdade é que os valores atribuídos quase nunca chegam para as novas necessidades que o progresso cria...

FHC — Em toda a parte. Outro ponto: passamos a valorizar prioritariamente o ensino primário. Os gastos aumentaram para o ensino primário. Bloqueamos a expansão, em termos reais, dos gastos universitários e passamos a aumentar os gastos do ensino primário.

MS — Quer dizer que dá prioridade absoluta, neste momento, ao ensino primário?

FHC — Sim. À educação pública primária. Vou, daqui a alguns dias, lançar um programa para que no ano que vem não exista criança fora da escola. Estamos fazendo uma verdadeira revolução no ensino primário. Alguém está pagando o preço dessa revolução, que é essencialmente democrática. Quem está pagando? O setor universitário, que durante toda a vida se "beneficiou". Jamais ganhou bastante, é verdade. Mas, de qualquer maneira, em termos relativos, tinha manifesta preferência sobre o ensino primário. Agora, inverti a preferência. É claro que a universidade sofre com isso.

MS — A questão do ensino primário é, obviamente, muito importante e socialmente é muito justa. É incidir num dos aspectos mais...

FHC — Da pobreza, do emprego.

MS — Da pobreza, da possibilidade de modificar a pobreza, isso é indiscutível. Mas, por outro lado, a universidade é que desenvolve a inteligência do país. Tocar na universidade significa prejudicar a investigação científica. E, por aí, poderá perder-se a tão necessária modernização. Investigação científica, no Brasil, não está fundamentalmente ligada à universidade?

FHC — Está, mas tem um ministério à parte.

MS — Ah! Tem um ministério à parte, exclusivamente para se ocupar da ciência e da investigação?

FHC — Sim. Nas universidades federais houve também um caminho muito populista. Por exemplo: elegiam o reitor. Quem elegia? Alunos, funcionários e professores, sem que houvesse qualquer limitação. Nós mudamos isso. O reitor é eleito em lista tríplice pelos três corpos, mas o peso relativo é diferente e quem tem mais peso (setenta por cento) é o corpo dos professores. E o ministro da Educação nomeia qualquer dos indicados na lista tríplice. Estávamos indo para um caminho em que quem elegia os reitores eram os administradores da universidade, a burocracia da universidade.

Chegou-se a um ponto tal que a ascensão na carreira universitária era por tempo de serviço, não havia mais o regime de mérito. Mudamos isso, estamos mudando isso. Então, são políticas que não são populares na universidade, mas que são necessárias para que a universidade volte a ter o papel que lhe corresponde no sistema de ensino.

Contudo, com isso eu não estou negando que os salários sejam baixos. Ontem à noite o ministro da Educação ficou aqui, o Paulo Renato Souza. Por quê? Porque estou insistindo com a equipe econômica em que é preciso dar um aumento de salário para os quadros intermediários da universidade, ou seja, para os que têm doutorado e os que têm mestrado. Há condição de que dêem efetivamente aulas nos cursos básicos e não só na pós-graduação. Na universidade brasileira se criou também um sistema em que se dá pouca atenção à formação do aluno.

MS — Os professores podem ser, simultaneamente, do ensino público e de uma universidade privada?

FHC — Se não estiverem em tempo integral, podem.

MS — É um dos problemas que hoje existe em Portugal e que é grave.

FHC — Mas, muitas vezes, dão pouca aula — nem todos, não quero ser injusto. Nós queremos pagar melhor aqueles que dão aula para elevar o nível de ensino. Para quem faz pesquisa, o sistema é outro. Se é professor e faz pesquisa, terá bolsa. Bolsa de onde? Do Ministério de Ciência e Tecnologia e também por intermédio da Comissão de Aperfeiçoamento do Ensino Superior — CAPES, órgão do Ministério da Educação.

Há dois sistemas básicos de bolsa no Brasil. Um é a CAPES, para o aperfeiçoamento de formação de professores no Ministério da Educação, e o outro é o que se chama aqui CNPq — Conselho Nacional de Desenvolvimento Científico e Tecnológico. As bolsas são dadas através de comitês da própria comunidade acadêmica e o governo federal, entre esses dois sistemas, gasta quase um bilhão de reais por ano. São mais de oitenta mil bolsas. Um pesquisador médio leva de quatro a seis anos para fazer o doutoramento e as bolsas não diminuíram: aumentamos seu número doze por cento ao ano, de 90 a 96.

MS — Esse ministério de investigação científica é dirigido pelo Israel Vargas[1]?

FHC — Sim, o Vargas. As bolsas cresceram doze por cento ao ano e a oferta de profissionais não cresceu no

1. José Israel Vargas (1928), físico e químico, ministro da Ciência e Tecnologia desde o início do governo Fernando Henrique Cardoso, cargo que já ocupava desde o início do governo Itamar Franco (1992).

mesmo ritmo. As bolsas são um reforço à universidade porque professores e alunos ficam na universidade com bolsas. Bem, nada disso é perfeito, mas aqui no Brasil, como não se faz a comparação internacional, não se vê o esforço grande que é feito no sistema de formação de universitários. O salário continua baixo na universidade, sobretudo o dos professores com doutorado e mestrado, porque quando a pessoa é titular tem outros recursos, não é?

Mas respondendo à sua pergunta: eu estou insistindo em que a equipe econômica conceda um aumento para esses setores médios. Mas não posso fazer isso sem olhar o conjunto. Quanto custa, visto que tudo custa muito, e depois é muita gente, sempre. Por outro lado, também não posso fazer isso sem examinar a rentabilidade. Ora, me acusam de neoliberal quando a minha preocupação é a busca de eficiência.

MS — É...?

FHC — A busca de eficiência, eles confundem isso, que é um processo normal, como se fosse uma política feroz de mercado. Não é. É uma política de responsabilidade pública.

A proporção de alunos por professor nas universidades brasileiras é das menores do mundo. Tem muito pouco aluno por professor. A relação de funcionários por aluno é das maiores do mundo. Tem muito funcionário por aluno. Então o problema da universidade é complicado. Existe um problema objetivo: o salário médio é baixo. Existe uma acomodação a uma situação que estou rompendo, ou seja, os privilégios à universidade em detrimento do ensino básico. Existe também uma reação a qualquer critério de avaliação. Nós precisamos de critérios de avaliação nas universidades. É uma luta complicada que se confunde com a luta corporativa.

Quero acrescentar outra questão que é válida para algumas ciências: a produção científica no que se refere à informática é enorme no Brasil. É um dos países que mais rapidamente cresce em informática. Se formos ver a expansão da Internet no Brasil, é muito maior do que na Europa. Nas Américas, os Estados Unidos estão muito à frente, depois vem o Canadá e a seguir o Brasil.

MS — Ah, sim?

FHC — Sim, aqui há um avanço muito grande nessas áreas técnicas. A capacidade tecnológica brasileira tem crescido sistematicamente. Vamos lançar um foguete com um motor feito no Brasil e lançamento de foguete é como se fosse lançamento de míssil. Exige alta tecnologia e isso não se faz sem as universidades. Quer dizer, não quero fazer um julgamento precipitado das universidades. A universidade brasileira tem sabido responder à demanda da sociedade. Há muitos setores com bastante inovação e criatividade...

MS — Está intimamente ligada à parte científica?

FHC — À parte científica, sim. Mas o setor das ciências humanas também se está expandindo muito. Não estou julgando a universidade só pela sua capacidade de produção de inovação, mas também de formação geral. No mundo de hoje passar pela universidade vai ser essencial, mesmo que a pessoa não tenha um desempenho profissional, para abrir a cabeça, para abrir horizontes. E bem ou mal a universidade cumpre esse papel. Mas aí há um outro problema que é o das ciências humanas, que são as ciências que mais falam. É que há uma crise do sistema ideológico.

MS — Sim. Iremos lá a seguir.

FHC — E isso repercute sobre a universidade. Quer dizer, vários setores da universidade não têm sido capazes de pensar o problema global dela própria, universidade, diante da crise do sistema ideológico. E vêem tudo de uma maneira pessimista. Dizem que a situação do povo está piorando, o Brasil está se desnacionalizando. E nada disso é certo. Dizem que a renda está sendo concentrada. Também não é verdadeiro quanto aos efeitos do Plano Real sobre a renda. Mesmo que se mostrem as estatísticas, como não entram no espectro ideológico, não aceitam a informação, porque, por preconceito ideológico, precisam acreditar que vamos de mal a pior, que a globalização leva à exclusão. Ora, a globalização leva à exclusão, mas os seus efeitos negativos podem ser minorados pela nossa política social. Esse é o ponto.

XVIII

OS SEM-TERRA

"A sociedade só tomou conhecimento dos sem-terra graças a uma novela chamada O rei do gado *"*

Fernando Henrique Cardoso

"[A marcha dos sem-terra sobre Brasília] poderia ter-se transformado numa tragédia."

Mário Soares

MS — Vamos falar agora sobre o Movimento dos Sem-Terra. Como os partidos políticos se relacionam com o MST?

FHC — Aparentemente são todos a favor!

MS — Todos os partidos?

FHC — Aqui quase todo o mundo é a favor — o governo, os partidos. Mas a favor da reivindicação de terra, não do MST.

MS — Uma das coisas que me impressionou, quando o Movimento dos Sem-Terra marchou sobre Brasília, foi a atitude do governo e, em especial, a sua, como presidente. Não só não os antagonizou como os recebeu e dialogou com eles. Isso, realmente, desarmou todo o movimento e, se não fosse assim, poderia ter-se transformado numa tragédia. Qual é a solução para o Movimento dos Sem-Terra?

FHC — O Movimento dos Sem-Terra é um movimento antigo, que vem dos anos 80. A questão da reforma agrária é anterior a isso. O Brasil se caracterizou perversamente por uma imensa concentração de propriedades. Não houve, como nos Estados Unidos, uma Guerra de Secessão, e acho que essa é uma diferença fundamental entre o Brasil e os Estados Unidos. São dois países com bases escravocratas, só que lá houve a Guerra de Secessão, através da qual os que eram contra a escravatura venceram os escravocratas. Aqui não, aqui o movimento abolicionista foi um movimento que acabou vencendo por meio de uma grande conciliação. Nunca houve, digamos, a derrocada política dos proprietários de terras e de escravos. Nunca houve uma ruptura e, por isso, também não houve nunca uma política de dar acesso à terra.

No Brasil a questão da propriedade é muito discutível, porque os títulos de propriedade são precários, muitos dos que se pensam proprietários são também eles invasores — sobretudo nas fronteiras agrícolas — o que dá legitimidade às invasões dos sem-terra. É muito complicado.

O presidente Tancredo Neves criou o Ministério da Reforma Agrária e o presidente Sarney deu-lhe um certo impulso. Já antes disso o presidente Castelo Branco tinha criado o Estatuto da Terra, que era um instrumento de regularização fundiária e que favorecia a colonização e a reforma agrária. Quando houve a guerrilha do Araguaia, nos anos 70, o governo Médici e, depois, as próprias Forças Armadas perceberam o grave problema do latifúndio e da falta de acesso à terra, mas não conseguiram equacioná-lo.

Em 1995, quando ganhei, eu tinha um programa de dar acesso à terra, de assentar 280 mil famílias num período de quatro anos. Historicamente, no Brasil, o que se conseguia era assentar cerca doze mil pessoas por ano. Estou cumprindo a meta.

Mil novecentos e noventa e cinco foi um ano muito ruim para a agricultura porque, com a inflação e com o plano real, as dívidas ficaram muito pesadas para o setor agrícola e tiveram de ser renegociadas. Só agora, em 1997, é que tivemos um resultado bom na agricultura. Aumentou a produção, aumentou a renda agrícola e criamos um programa novo chamado PRONAF, por sugestão da CONTAG, e que consiste no financiamento ao pequeno agricultor familiar.

MS — Financiamento direto ao pequeno agricultor?

FHC — Sim, com taxas de juros praticamente nulas. Todo esse esquema levou tempo para ser montado e só começou a funcionar agora. Mas, quando não havia nada disso, o número de trabalhadores que perderam o emprego foi grande — e sem-terra é isso. Sem-terra é o pessoal do Sul que perdeu tudo por causa do minifúndio e da crise da economia agrária. É gente do Paraná, Rio Grande do Sul, que perdeu as condições de trabalho e que foi alimentando o exército de pessoas que não têm que fazer mas que tinham terra, que eram camponeses. Há uma base real para esse movimento, constituída por essa gente que tem condições para produzir.

No Norte é outra coisa. No Norte também há movimento mas já sem a tradição camponesa. São pessoas pobres, errantes, ex-funcionários, ex-empregados que querem um pedaço de terra para sobreviver. Tudo isso com um grau de violência e de desorganização maior — e violência principalmente dos proprietários.

A novidade é que, hoje, a sociedade tomou conhecimento dessa questão graças à Globo, graças a uma novela que ajudou muito os sem-terra, chamada *O rei do gado*. Veja como a televisão tem um papel importante aqui.

Em geral, o MST ocupa as terras dos absenteístas. Mas às vezes também ocupa terras de gente que está produzindo e aí é um problema. Além disso, já não sei se o Movimento dos Sem-Terra controla tudo dada a dimensão dos acampamentos. Pelas estatísticas que fizemos, deve haver umas quarenta mil famílias em acampamentos e isso não é nada do ponto de vista do Brasil. Então por que o problema não se resolve? Não se resolve porque eles ocupam terras variadas, e nós não temos estrutura administrativa para atender a cada família, que custa em média 25 mil reais ao governo — no primeiro ano, mas também no segundo ano porque ainda não estão produzindo, e no terceiro também. O que estamos fazendo é outra coisa: é dar terras a pessoas. Nos dois primeiros anos de governo já assentamos 101 mil famílias, o que quer dizer que só o meu governo já assentou mais do que em toda a história do Brasil. O que é paradoxal é que, quanto mais se faz, mais se grita. É Tocqueville outra vez. O governo está fazendo muito, mas é pouco diante do que se deseja. E é um caminho sem fim porque há muita gente pobre, há muita gente sem-terra.

MS — Quem paga é o Estado?

FHC — É o Estado. Com o real houve uma grande desvalorização da terra, que deixou de ser reserva de valor. Estamos aplicando um outro mecanismo, que consiste em comprar terra no mercado. Mas o Movimento dos Sem-Terra não gosta desse processo porque tem uma ideologia anticapitalista, e o que quer é que eu desaproprie.

Eu já assinei, só para dar um exemplo, a desapropriação de cinco milhões de hectares de terra. Sabe o que é isso? É muito mais do que a Bélgica. Mas, se for ouvir os sem-terra, o Lula vai dizer que o governo não faz nada. É uma luta política — no meio da questão social há uma luta política. Por mais que eu faça, vão sempre dizer que sou "neoliberal".

MS — E essa desapropriação é para depois dar terras a essas famílias?

FHC — Sim. Claro que essa desapropriação é paga com os títulos da dívida agrária, mas sai mais barato agora comprar do que desapropriar. Só que o Movimento dos Sem-Terra não quer que eu compre, quer que eu tire a terra de quem a tem porque é uma questão simbólica — contra o latifundiário, que nem sempre é latifundiário...

O Congresso já aprovou todas as leis que a oposição sempre disse que nunca seriam aprovadas. A lei do rito sumário para desapropriação e um Imposto Territorial Rural novo, que obriga o proprietário que tem terra e que não a cultiva a pagar vinte por cento do valor da terra por ano. Mas vão continuar dizendo que não se faz nada. A Igreja vai dizer que não se faz nada. E os meios de comunicação vão dizer que há muitos excluídos no Brasil.

MS — O que é verdade...

FHC — O que é verdade. Mas o que não é verdade é que o governo não esteja cuidando deles.

XIX

A SOCIEDADE SE ORGANIZA

"Quando digo que precisamos radicalizar a democracia estou pensando num Estado que seja capaz de chegar ao povão, e de um povão que tenha formas de manifestação que sejam perceptíveis pelo Estado."

Fernando Henrique Cardoso

"Na Europa, existe ... um certo descrédito do sindicalismo politizado e isso também desvaloriza a confiança que os trabalhadores têm no sindicato."

Mário Soares

MS — Tem se falado muito, ao longo desta conversa, da sociedade civil, e, para a nossa geração, o Estado era importante, tinha de ser um Estado democrático, mas queríamos que, através do Estado, fosse possível ajudar a transformação da sociedade. Eu pergunto: com que instrumentos pode o Estado fazer face à globalização, à crise que vivemos no final do século e do milênio? Com que instrumentos pode atuar essa sociedade civil? Quando se refere à sociedade civil está a pensar em quê? Nos grandes interesses econômicos, no que chamam aqui de "povão", nos meios esclarecidos do país, na juventude, no mundo do trabalho e dos sindicatos, no mundo rural?

FHC — Lembro-me dos escritos de Tocqueville sobre democracia na América e de outros, de Marx, quando foi correspondente de um jornal, sobre os Estados Unidos e a política americana, e do choque que a situação americana produzia nos pensadores europeus. Em Tocqueville e em Marx e em Weber também. Qual era esse choque? É que um e outro estavam acostumados a uma sociedade hierarquizada, de classes, com um Estado — sobretudo no caso francês — que era bastante abrangente e que controlava muito as decisões. Quando chegam à América descobrem uma sociedade baseada em pequenas comunas, baseada numa movimentação quase autônoma dos cidadãos, com um grau de hierarquização e de rigidez muito menor que na Europa e com aparelho estatal muito mais fraco, comparativamente ao que existia na Alemanha, na França ou em Portugal.

No Brasil, o Estado nasceu segundo o modelo europeu. Os sociólogos costumam falar das sociedades anglo-saxônicas como *stateless societies*, sociedades sem Estado, mas nós nascemos com o Estado imperial português. Como já comentamos, houve mesmo quem pensasse o Brasil apenas da perspectiva do Estado.

Com o avanço das forças econômicas, com a criação de atividades empresariais muito dinâmicas, com a industrialização, os serviços, pode ficar a impressão de que o conjunto da sociedade civil seria hoje mais dinâmica e vigorosa do que o Estado, como na América. Só que não é assim, dá a impressão de que seja, mas não é. Estamos entre a situação que Tocqueville ou Marx descreveram na América e uma situação européia.

O que para o Tocqueville agregava a comunidade e inspirava a cidadania nos Estados Unidos era o espírito religioso. Era esse espírito que permitia que houvesse uma organização fora do Estado integrada pela religião. Aqui, criamos a situação em que há — a sua expressão é boa — o povão, a imensa massa de povo que praticamente não está inserida em estruturas estáveis, e existem as estruturas organizadas. O Estado respondeu só às estruturas organizadas. Quando digo que precisamos radicalizar a democracia estou pensando também num Estado que seja capaz de chegar ao povão, e de um povão que tenha formas de manifestação que sejam perceptíveis pelo Estado...

MS — Que possam pressionar o Estado.

FHC — Que possam pressionar o Estado. Se as coisas são assim, quais seriam, então, os instrumentos do Estado para agir sobre a sociedade? Se nós estamos admitindo, como admito, que caminhamos para um padrão em que a sociedade vai ser mais dinâmica e mais autônoma diante do Estado, como se pode dar essa relação?

Do ponto de vista do Estado, há algumas funções que são essenciais. E não me refiro só à segurança, à educação, porque há outras, sobretudo numa sociedade como a nossa. Uma dessas funções é simbólica — ou o Estado é capaz de projetar um modelo de futuro para a sociedade, ou não consegue ter uma função integradora nacional. Penso que o Estado tem de voltar a ter essa capacidade de reafirmar valores positivos para o país. Se se apresentar como Estado de uma facção, de uma classe, não cumpre essa função, qualquer que seja essa classe. Creio que, nessa missão simbólica do Estado, cabe também o papel pessoal do presidente de projetar um modelo de sociedade do futuro...

MS — E essa missão está a ser realizada?

FHC — Estou tentando mostrar que este país tem rumo, estou tentando mostrar que este país tem capacidade de integrar a população, do povão ao empresário, que este país tem de prestar atenção à educação, à reforma agrária, para poder integrar toda a gente. É um processo em curso, ainda não consolidado.

Uma outra função é a de lidar com a globalização, de ter a capacidade de ver o que está acontecendo e de definir políticas reativas e até propositivas. Os liberais pensam que o Estado não deve ter funções produtivas próprias. Não é esse o meu ponto de vista. Deve cumprir funções econômicas, na medida em que o Estado recolhe informações de toda a sociedade, desempenha o papel de dinamizador de informações, de processador de informações, e tem mais condições de antever as dificuldades e, também, as oportunidades abertas por esse processo global.

MS — Tenho ainda duas outras questões que se relacionam com os pontos que temos estado a tratar. A questão dos sindicatos no Brasil, por exemplo...

FHC — Fala-se hoje no Brasil de um novo sindicalismo. O que aconteceu foi que, durante o regime militar, nos anos 70 e 80, houve uma grande transformação do setor produtivo brasileiro. A industrialização avançou bastante, o setor industrial cresceu e aí houve um fenômeno paradoxal: a ditadura esterilizou, ou melhor, deu clorofórmio aos sindicatos, aos partidos, aos movimentos populares para que ficassem como se estivessem mortos. Bastava-lhe o apoio das Forças Armadas, de alguns setores empresariais e da mídia, que eles controlavam.

Mas deixaram de prestar atenção à vida sindical, porque ela foi desconectada da vida política com a morte dos partidos. Com a industrialização, os sindicatos cresceram sob a forma do assistencialismo. O sindicato dava médico, dentista etc. Mais tarde, quando o regime autoritário foi-se afrouxando, os sindicatos passaram a atuar também junto dos Tribunais do Trabalho, para defender os interesses dos seus associados.

MS — Como em Portugal também.

FHC — Isso foi dando aos sindicatos um novo enraizamento, que não era político no sentido dos sindicatos do tempo do Getúlio, do Jango Goulart ou do PTB, do Partido Comunista de antes de 64. Eram sindicatos que pareciam desligados da política. Foi aí que nasceu o Lula, nesse sindicalismo. O papel dos advogados foi muito importante.

O Lula era o presidente do Sindicato dos Metalúrgicos de São Bernardo do Campo. Até 78, quando eu o conheci, ele tinha horror dos políticos, horror da política. Apoiou-me para ser senador porque eu não era político, era professor. Quando o Lula dirigiu os grandes movimentos grevistas de 1978, 79 e 80, ele tinha uma visão de um sindicalismo não-político.

MS — Exatamente. Foi um movimento com características semelhantes ao Solidariedade, na Polônia.

FHC — Só depois disso é que se deu a politização do movimento e se formou o Partido dos Trabalhadores. Eu discordei, na época, porque achava que ele nascia sob uma forma velha. Eu estava, então, no MDB.

Mas, ao mesmo tempo, continuou a haver um outro sindicalismo igual ao originário fazendo que coexistam, no Brasil, um sindicalismo que num dado momento se politizou muito e um outro a que chamam de sindicalismo de resultados. Este último manifesta-se, por exemplo, no Sindicato dos Metalúrgicos de São Paulo, que é o maior sindicato do Brasil. E que não está na CUT.

Então, você tem ao mesmo tempo um sindicalismo que se politizou e que resultou no PT e que é muito reivindicativo do poder, mas tem também um sindicalismo mais do tipo da *trade union* tradicional e que cresceu bastante. Mas, em conjunto, nem um nem outro cresceram tanto como cresceu a sociedade, porque houve uma grande expansão das classes médias, do setor informal não sindicalizado. Isso quer dizer que o peso político dos sindicatos pode ser grande — sobretudo em certas categorias como os metalúrgicos, petroleiros, bancários, e quando se trata de negociar salários — mas o peso eleitoral não é grande.

MS — Como sabe, na Europa existe uma grande crise do sindicalismo. Em primeiro lugar porque a maioria dos trabalhadores deixou de se filiar aos sindicatos. Depois, porque aparecem as chamadas comissões de trabalhadores *ad-hoc* para negociar com as entidades patronais e que, às vezes, conseguem mais do que os próprios sindicatos. Finalmente porque há um certo descrédito do sindicalismo politizado e isso também desvaloriza a confiança que os trabalhadores têm no sindicato. São estas as razões pelas quais os sindicatos hoje, em toda a União Européia, estão em grande crise. Parece-me que, aqui, ainda não é assim.

FHC — Ainda não é assim. Embora já haja elementos dessa crise. Mas o sindicato é ainda uma força integradora e positiva.

MS — E no entanto os sindicatos são fundamentais para assegurar uma vida econômica sem rupturas sociais e sem crises...

FHC — Claro! Eles têm uma função integradora positiva, mas aqui, como na Europa, o número de sindicalizados não cresce e há muitos sindicatos cuja base de sustentação são os aposentados. De qualquer maneira, existe uma divisão grande no movimento sindical.

MS — Na Europa e em Portugal, a maior força sindical é justamente a que está ligada ao setor público.

FHC — Aqui também. Mas onde existe uma vida sindical mais ativa e mais dinâmica, como reivindicação, é no campo, a CONTAG, Confederação dos Trabalhadores Agrícolas, cujo o presidente é do PSDB, mas cujo controle está na CUT.

MS — Nas zonas rurais?

FHC — Exatamente. Porque os problemas na área rural são mais agudos e não encontraram ainda formas de negociação aceitáveis para os trabalhadores, como aconteceu na cidade, onde as empresas aprenderam a negociar.

A CONTAG é, um pouco, a concorrente do MST porque agrupa mais os pequenos proprietários, os posseiros, os trabalhadores organizados.

MS — Mas o Movimento dos Sem-Terra parece ser um movimento mais espontâneo.

FHC — Hoje é organizado, mas ele organiza os espontâneos, digamos assim. Enquanto a CONTAG é uma confederação sindical.

MS — Mas voltemos à questão da sociedade civil.

FHC — O conceito é hoje muito confuso. Classicamente, a sociedade civil era definida como tudo o que não é Estado. Gramsci ampliou a noção de sociedade civil. No Brasil, ela foi usada de uma maneira quase caricatural, durante o regime autoritário — era tudo o que não fosse militar. A sociedade civil é uma expressão que contém alguma ambigüidade porque ela própria está organizada em classes.

MS — A estrutura de classes não desapareceu.

FHC — Não desapareceu. E não se pode tomar a sociedade civil como se fosse o substituto das classes ou como se tudo...

MS — E da luta das classes...

FHC — ...e da luta das classes, como se tudo o que é bom fosse sociedade civil, e tudo o que é mau fosse Estado. Houve no mundo contemporâneo uma operação ideológica muito complicada que foi justamente obscurecer o que é o Estado e o que são as classes. Se Marx renascesse, ficaria estupefato diante dos partidos que se chamam a si próprios marxistas ou esquerdistas, fazendo análises como se não houvesse classes.

MS — Ele próprio disse que não era marxista, justamente para evitar essa tendência de apropriação indevida do seu pensamento, transformando-o numa cartilha dogmática...

FHC — A verdade é que os discursos dos políticos de oposição não fazem qualquer referência ao empresariado, à burguesia. São apenas contra o governo.

MS — Tendem a pensar que o governo está ao serviço dessa burguesia ou desse empresariado...

FHC — Às vezes, mas nem sempre. Muitas vezes as oposições falam em nome do empresariado também. Não existe a perspectiva de perguntar se o que o governo está fazendo é bom para todos ou só para um setor. Aqui, substituiu-se a lógica do bom para todos pela lógica do que é bom para um setor, e isso transforma um setor específico no representante de todos. O que é uma camuflagem ideológica.

MS — Sem dúvida, mas isso acontece também em nível internacional. Quando nós éramos jovens brincava-se com aquela célebre expressão de Ford segundo a qual o que é bom para as empresas da General Motors é bom para a América. E hoje, quando se ouve certos políticos americanos, também se fica com a idéia de que o que querem dizer é que o que é bom para os interesses americanos...

FHC — É bom para o mundo...

MS — E realmente não é.

FHC — E não é. Aqui também existe essa lógica perversa. Acredito que, da perspectiva do que chamo de radicalização democrática, sempre temos de nos perguntar se as políticas públicas beneficiavam todos ou se elas reforçam a desigualdade. As nossas políticas públicas beneficiam mais os que menos precisam, e toda a luta do governo deve ser para responder às aspirações do conjunto, para beneficiar o maior número.

MS — E, em especial, os mais desfavorecidos...

FHC — Claro, porque são os que não têm acesso à maior parte dos bens. Penso que essa é a luta central e é a ela que eu chamo de radicalização democrática. Todos vão estar de acordo com essa formulação, mas quando se faz a reforma da previdência, por exemplo, ninguém pergunta a quem é preciso beneficiar primeiro.

MS — No concreto as coisas são sempre difíceis.

FHC — Mas é essa a perspectiva que deve ser a da plenitude democrática ou, dito de outro modo, da incorporação à cidadania. Como é que se dá voz a essa cidadania, ainda que fora do parlamento e dos partidos? Vou dar um exemplo concreto: como é que se toma uma decisão a respeito da habitação popular? O governo dispõe de muitos recursos para habitação popular. Esses recursos são dos trabalhadores, são fundos de garantia dos trabalhadores. Esses fundos são geridos por um comitê no qual estão representadas todas as centrais sindicais e o governo, e que tem poder para decidir onde é que se vai colocar esse dinheiro.

Recentemente estava vendo um vídeo sobre um programa que temos para tirar as crianças dos trabalhos penosos...

MS — Trabalho infantil...

FHC — Há muitas formas de trabalho infantil. Estamos tentando tirá-las das mais penosas, dos canaviais, do sisal, das carvoarias, que são trabalhos inaceitáveis para uma criança. Já incluímos no programa mais de trinta mil crianças, dando recursos às famílias que as mandam para a escola. Mas a decisão sobre quem tem direito a esse apoio não é nossa, é tomada pela própria sociedade, ou seja, pelo sindicato local, pela Igreja, se houver um movimento social ativo da Igreja, por um grupo organizado de mães etc. Fazemos a ligação entre o que existe de organizado na sociedade e o mecanismo de decisão que se está implantando. Esse modelo está em marcha em muitos setores do Brasil.

MS — A idéia é excelente. Resta saber, depois, como é que as coisas se passam na prática, porque aí há muitas distorções possíveis.

FHC — Sempre há, mas o esforço é esse. Também se está a fazer algo parecido para a saúde, no chamado SUS — o Serviço Único de Saúde, onde participam os conselhos locais. Nas escolas, a utilização do dinheiro depende da existência de uma associação de pais que, com os alunos e os professores, vai decidir se a escola deve ser pintada, se se deve comprar algum equipamento etc.

Em algumas cidades, sobretudo as governadas pelo PT, existe o que eles chamam de orçamento participativo — que é uma prática interessante. É fazer que a distribuição dos recursos orçamentais seja debatida pela população no nível dos bairros.

Enfim, acho que essas formas de animação da comunidade, de motivação dos grupos locais, são boas para estimular a que participem do processo... É algo que o Comunidade Solidária já faz em 25 por cento dos municípios brasileiros. Temos um outro programa, que se chama "agente comunitário de saúde", que mobiliza pessoas, que não são médicos nem funcionários públicos, mas sim contratadas pela prefeitura, com recursos federais para dar educação elementar, cuidados de saúde etc. Evita-se que as pessoas vão para os hospitais, pois podem ser cuidadas em casa. Eu mesmo fui ver o efeito desse programa numa cidade do interior do Ceará e em Alagoas. É muito grande! Com esses programas e a ajuda da Igreja já conseguimos baixar em cerca de quarenta por cento a taxa de mortalidade infantil nas regiões mais pobres.

Há também programas que fazem que as empresas participem, por exemplo, na alfabetização de operários.

XX

TRABALHO E PÃO

"Não haverá no Brasil um futuro de desemprego crescente como na Europa. Estamos numa curva demográfica favorável, com uma taxa de crescimento razoável e contínua. Há espaço para investimentos e existe ainda uma população agrícola muito grande."

Fernando Henrique Cardoso

"Não sabemos o que se vai passar dentro de alguns anos e como vai reagir a economia americana aos efeitos da globalização."

Mário Soares

MS — Se bem entendo o seu projeto para o Brasil, começou primeiro pela estabilidade financeira, passou depois pela reconstrução do Estado e a sua abertura à sociedade, através de grande radicalização da democracia, para empregar a sua expressão, e pela erradicação da pobreza...

FHC — Exatamente.

MS — A erradicação da pobreza é também a luta contra as desigualdades sociais.

FHC — Perfeitamente.

MS — E está convencido de que essa erradicação da pobreza poderá ter resultados apreciáveis em que prazo?

FHC — Não no curto prazo, porque a massa de pobres ainda é muito grande. Mas as estatísticas estão mostrando que, depois do Plano Real, nos anos 1995 e 96, ainda não incluindo 97, atravessaram a linha de pobreza mais de treze milhões de pessoas.

MS — Essas estatísticas são confiáveis?

FHC — São confiáveis, não tenha dúvida...

MS — Mesmos os inquéritos de opinião que se fazem?

FHC — Todos são confiáveis porque há muitas agências fazendo a mesma coisa, o que leva a que se controlem mutuamente.

Na questão da pobreza o importante é sair da linha da miséria. Eu creio que isso é fundamental. Não vai ser possível uma absorção da pobreza se não houver crescimento econômico. Não é possível apenas distribuir, é preciso criar mais riqueza. Aqui, entra uma questão que é internacional — a questão do emprego. Ninguém vai diminuir a pobreza só com a estabilização da moeda, nem só com as políticas assistenciais. É preciso haver uma política mais persistente de integração. O que é que está acontecendo hoje, no Brasil? A taxa de desemprego é estável há muito tempo, varia entre cinco e seis por cento da população economicamente ativa. Ultimamente cresceu para sete por cento.

MS — Mas, quando se fala de desemprego, fala-se só da população industrial ou também da rural?

FHC — De tudo, mas as taxas mais altas não são nas áreas rurais e sim nas urbanas. Onde é que o problema do desemprego afetou mais dramaticamente o Brasil? Tivemos uma dupla mudança do setor produtivo industrial, que foi, por um lado, um grande avanço tecnológico e, por outro, uma transferência de empresas das regiões anteriormente industrializadas para o Nordeste e para outras regiões.

MS — Há grandes migrações internas no Brasil?

FHC — Havia e agora há menos. Mas ainda há. As grandes cidades pararam de crescer: São Paulo e Rio não crescem há cinco anos. Crescem outras cidades e continua havendo migração do campo para a cidade. Ainda assim, a população do campo é muito elevada em termos comparativos — no mínimo vinte por cento para valores que, na Europa, devem ser de dois ou três por cento.

Mas, voltando à questão do emprego, não houve aumento generalizado do desemprego nem com o Plano Real, nem mesmo com as modificações estruturais. Houve, sim, situações locais e como conseqüência da crise asiática. O Nordeste está se industrializando e crescendo mais depressa que o Centro e o Sul. Então, estamos criando uma maior igualdade...

MS — Isso é bom porque as assimetrias vão sendo reduzidas.

FHC — No caso dos automóveis, por exemplo, que afetou diretamente o setor metalúrgico, o que é que aconteceu? Quando cheguei ao governo — e isto é interessante para ver a rapidez das transformações no Brasil — como ministro da Fazenda, o presidente Itamar começou a prestar atenção à questão dos automóveis. Nessa altura, não havia incorporação de tecnologias novas. Então, ele forçou a abertura do setor porque estávamos produzindo automóveis antiquados, como dissera o presidente Collor. Itamar também forçou a produção de automóveis populares. Tentou trazer de volta o velho

Volkswagen e, embora não tenha dado certo, chamou a atenção para a possibilidade da expansão do consumo popular de automóveis. Nessa altura, recebi muitos diretores de empresas de automóveis, todas estrangeiras, como a Volkswagen, a General Motors, a Ford, a Fiat, as principais.

Quando vim para a Presidência, fizemos o que seria considerado protecionismo. Diga-se de passagem que, apesar de a oposição me acusar de neoliberal, o que eu fiz foi fechar setores específicos da economia, porque era necessário. No caso dos automóveis, criamos um regime especial e aumentamos a tarifa de importação de automóveis, dando facilidades às empresas para produzirem aqui. Isso provocou uma gritaria no mundo todo — a Organização Mundial do Comércio e os japoneses brigaram conosco e os americanos continuam brigando.

Na verdade, houve um aumento de investimento enorme no Brasil no setor. Em 1993-1994, calculava-se que, na virada do século, iríamos produzir dois milhões de automóveis, o que parecia absurdo. Só em 1997 produzimos dois milhões e cem mil. No início de 90, produzíamos oitocentos mil carros. Quando cheguei à Presidência havia fábricas em São Paulo e em Minas. Hoje temos mais fábricas em São Paulo, mais fábricas em Minas, temos fábricas no Rio de Janeiro, estamos construindo fábricas no Rio Grande do Sul, no Paraná, na Bahia. Isso vai fazer que também haja um deslocamento da indústria de autopeças. E, com as mudanças do sistema produtivo, a Fiat, por exemplo, criou toda uma teia de fornecedores próprios em Minas Gerais que já não dependem dos de São Paulo. A Volkswagen está fazendo a mesma em coisa em Resende, atraindo os produtores de peças para perto da fábrica.

Claro que já se ouve uma gritaria enorme em São Paulo, que está havendo desindustrialização e desemprego. E está havendo, isto sim, uma mudança na industrialização e no emprego. Claro que também criamos um programa especial para que as indústrias de autopeças de São Paulo pudessem reorganizar-se. Mas isso afetou o emprego.

Em termos gerais, o nível do desemprego desde o Plano Real até hoje subiu para seis, sete por cento. E isso é preocupante. Por que não diminuiu o desemprego? Porque, neste momento, estamos no auge da oferta de mão-de-obra nova, por causa do ritmo de crescimento da população verificado há alguns anos atrás. Está entrando muita gente no mercado de trabalho. O número de mulheres que entrou no mercado de trabalho foi brutal. Hoje mais de quarenta por cento da população economicamente ativa é feminina. É um excelente sintoma.

MS — Não há desemprego jovem?

FHC — Há um pouco.

MS — Mas, por exemplo, os jovens licenciados têm emprego?

FHC — Nesse caso há um problema específico da classe média. É um problema sério.

Mas veja qual é o meu raciocínio. Como a taxa de crescimento demográfico baixou, a oferta futura de mão-de-obra vai diminuir. A partir do ano 2005, pelos cálculos dos demógrafos, vamos ter quinhentas mil pessoas a menos entrando no mercado de trabalho. Então, caso se mantenha o crescimento econômico no mesmo nível que está hoje — um crescimento real de 2,5 por cento a três por cento — vai haver absorção de mão-de-obra.

Não haverá no Brasil um futuro de desemprego crescente como na Europa. Estamos numa curva demográfica favorável, com uma taxa de crescimento razoável e contínua. Há espaço para investimentos e existe ainda uma população agrícola muito grande. É aí que a reforma agrária se torna importante, assim como o apoio ao pequeno agricultor. Mudamos o sistema tributário para permitir que a pequena empresa pague muito pouco imposto. As pessoas não se dão conta deste esforço que está a ser feito e insistem em que o desemprego é enorme. É verdade que existe esse problema das pessoas que saem da universidade e têm dificuldades de ocupação. Mas também é verdade que as pessoas lêem tudo, lêem o que está a acontecer na Europa e pensam que aqui vai acontecer o mesmo. Nos Estados Unidos não está havendo aumento de desemprego.

MS — A ver vamos... Ainda se está para saber. Até agora não tem havido um grande aumento de desemprego, pelo contrário. Mas os novos empregos são muitas vezes precários. E há uma grande mobilidade geográfica entre os trabalhadores à procura de emprego. Não sabemos o que se vai passar dentro de alguns anos e como vai reagir a economia americana aos efeitos da globalização.

FHC — Não quero negar a dureza da realidade. Está crescendo o emprego informal, que é precário. Mas o nível de rendimento de quem está no setor informal também está crescendo, até mais depressa do que no setor organizado. Boa parte do setor informal localiza-se nos serviços. O problema é que o setor informal não paga impostos e agrava a crise fiscal da previdência. Os trabalhadores desse setor têm direito à previdência e ao tratamento de saúde gratuito, contribuam ou não para a previdência.

Este é um aspecto que precisa ser tomado em consideração — no Brasil o atendimento da saúde é gratuito para qualquer doença, incluindo a AIDS. Além disso, todas as crianças que estão na escola pública, cerca de 34 milhões, recebem uma refeição diária. Nos municípios mais pobres, os escolares recebem duas refeições.

Se a pessoa for idosa e a família não tiver um certo nível de renda, recebe também uma ajuda.

MS — Independentemente de ter contribuído para a previdência social?

FHC — Sim. Então, quando se fala em crise fiscal do Estado, é por essas razões. Mas a verdade é que no Brasil o Estado não pode se furtar a esses programas sociais.

MS — Portanto, podemos dizer que o Brasil é um Estado social, independentemente de se saber se esses subsídios são suficientes?

FHC — É verdade, mas não se tem consciência disso. O homem comum limita-se a dizer que o governo não faz nada e que o atendimento à saúde é muito ruim.

Não tenho uma visão pessimista do próximo século. Não porque seja otimista, mas porque conheço os dados. Estamos numa fase de transição, difícil, mas pergunto: no passado era pior ou melhor? Era muito pior! E está melhorando.

MÁRIO SOARES E FERNANDO HENRIQUE CARDOSO
NA VARANDA DO PALÁCIO DA ALVORADA
ABRIL DE 1998

XXI

ÍNDIOS E FLORESTAS

"Isto me fascina no Brasil. Estamos discutindo o poder, a economia, a globalização e, de repente, tenho um problema com 220 índios do Pará, chamados Paracanãs ... Só há um brasileiro que sabe a língua deles, é o Carlos Fausto. Temos de chamá-lo."

Fernando Henrique Cardoso

"Um país como o Brasil precisaria de contrapartidas internacionais nessa matéria."

Mário Soares

MS — Há ainda uma questão que queria levantar: dos índios brasileiros.

FHC — É uma questão extremamente importante, a meu ver, e mal percebida, sobretudo aqui. Temos cerca de trezentos mil indígenas no Brasil para uma população de 160 milhões de brasileiros. Pela Constituição, esses trezentos mil indígenas detêm algo equivalente a onze por cento do território nacional. Em termos redondos, devem ocupar quase um milhão de quilômetros quadrados. O Brasil tem oito milhões e meio. Quantos milhões tem Portugal?

MS — Cerca de 98 mil quilômetros quadrados.

FHC — A área indígena no Brasil é dez vezes maior que Portugal.

MS — Mas é preciso levar em conta que essa área é toda à volta do Amazonas.

FHC — Não, está espalhada. No Rio Grande Sul, em São Paulo, na Bahia, em toda a parte.

MS — E são todos da mesma etnia?

FHC — Não. Basicamente são tupi-guaranis. Mas deve haver entre 160 e 170 tribos diferentes. Isto é uma riqueza extraordinária do ponto de vista da humanidade.

MS — Exato, é a diversidade.

FHC — É uma riqueza extraordinária. É preciso que o Brasil perceba essa riqueza extraordinária. Eu sou totalmente favorável à preservação das áreas indígenas, não só pela riqueza cultural e humana que representam, como também na medida em que preservam a floresta.

O Brasil é um país onde, até hoje, há grupos que pouco tiveram contato com não-indígenas. A região entre o Brasil, a Colômbia e a Venezuela é o único lugar no mundo onde ainda pode aparecer um grupo sem qualquer contato com não-indígenas.

Isto me fascina no Brasil. Estamos discutindo o poder, a economia, a globalização e, de repente, tenho um problema com 220 índios do Pará, chamados Paracanãs. São 220 indígenas e têm uma quantidade de território enorme, mas a parte sul da reserva deles foi invadida pelos sem-terra. Só há um brasileiro que sabe a língua deles, é o Carlos Fausto. Temos de chamá-lo. O primeiro contato desse grupo com não-indígenas deu-se na década de oitenta — foi ontem. Tentamos estabelecer uma negociação com eles. Mas é difícil porque a terra foi invadida por brasileiros pobres e os indígenas não estão usando a terra.

A preocupação com os indígenas é muito antiga, no Brasil. Mas a luta contra os indígenas é muito antiga, também. Fazendeiros que têm raiva do índio, briga entre as populações locais etc. As terras têm sido demarcadas. O problema é que alguns proprietários entraram com processos no Supremo Tribunal Federal para evitar que tivessem ganho de causa.

Tivemos de fazer um decreto para resolver a situação. Esse decreto foi lido no mundo inteiro, por causa da má informação de algumas ONGs e por causa de setores da Igreja, como se fosse um golpe do governo contra os índios. Fiz uma reunião com antropólogos (tenho alguma formação em antropologia e a Ruth foi professora de antropologia) para lhes dizer que vivemos num regime democrático e que, se a Suprema Corte decide, eu obedeço. Por isso fizemos o decreto referido, para evitar uma decisão negativa.

O assunto é delicado por causa de todos esses problemas. Não há dúvida que o Estado brasileiro vai preservar a vida desses grupos. Há poucos países no mundo com tantas reservas indígenas como nós. Só talvez o Canadá e a Austrália. No meu governo demarcamos trinta milhões de hectares distribuídos em 105 reservas.

Estou explicando tudo isto, mas não quero que tenha a impressão de que a situação é rósea. Não é. Em certas áreas matam o índio — não o governo, mas a população local, fazendeiros, garimpeiros, aventureiros...

MS — Derrubam florestas.

FHC — É muito difícil controlar a floresta, embora o façamos por satélite. Há a questão dos madeireiros que estão chegando aí. É uma luta contínua e difícil nesse território imenso. Por outro lado, a Funai, a fundação que cuida dos indígenas, é muito clientelista.

MS — Os americanos também têm uma certa responsabilidade, porque toda a campanha no sentido de preservar as florestas começou por eles. É uma zona muito importante para o mundo inteiro, só que eles esqueceram-se de que o mundo desenvolvido também desertificou as suas próprias florestas...

FHC — E continua desertificando. Nos Estados Unidos, exatamente, embora com mais cuidado.

MS — Um país como o Brasil precisaria de contrapartidas internacionais nessa matéria.

FHC — Os alemães deram um pouco, embora generosamente. Numa reunião, os do G-7 disseram que iam dar recursos para a proteção do meio ambiente, para a proteção dos indígenas, mas só os alemães cumpriram. Helmut Kohl[1] tem interesse direto nessa questão. É verdade que o problema da emissão de dióxido de carbono tornou mais urgente para os estrangeiros essa preocupação com a Amazônia como se fosse o pulmão do mundo.

O Mário conhece a Amazônia?

MS — Conheço. Tem de haver uma certa moderação, porque é uma situação que poderia levar a uma internacionalização da área.

FHC — O que não é aceitável.

MS — O que não é aceitável. E, por outro lado, é preciso de fato que haja recursos e apoios. Os americanos têm hoje um conhecimento rigoroso, através do satélite, do que se passa e conhecem, inclusivamente, a riqueza do subsolo.

FHC — Conhecem. Mas olhe que nós temos muitos parques naturais. E estamos dando grande atenção a es-

1. Helmut Kohl (1930), político alemão. Um dos defensores da União Européia. É chanceler da República Federal Alemã desde 1982.

sa questão. No futuro, com o turismo ecológico e com a possibilidade de o governo dispor de mais recursos para a valorização desses parques, tudo isso será uma riqueza.

Até há pouco tempo, não havia consciência ecológica neste país. Agora a atenção ao problema é muito maior. A selva era percebida como inimiga do homem. Se você for ver a casa do caboclo brasileiro, ao pé dela, não há uma árvore. A idéia da natureza como riqueza é uma idéia contemporânea.

MS — Eu visitei o Pantanal e é, de fato, fabuloso.

FHC — Fabuloso, é a palavra.

MS — Mas talvez a Amazônia seja ainda mais impressionante do que o Pantanal.

FHC — Mais impressionante. Sobretudo a Amazônia de que eu gosto, do Rio Negro para os lados de São Gabriel da Cachoeira. Aquilo é lindíssimo.

XXII

JUVENTUDE E VIOLÊNCIA URBANA

"Existem alguns movimentos políticos de juventude, mas não existe, na verdade, uma politização adequada nas escolas. Não vejo claro a relação juventude-política-governo e acho isso uma falha nossa."

Fernando Henrique Cardoso

"Quando as pessoas vivem sem horizontes, sem saídas ... vêem na televisão diariamente o espetáculo dos que vivem bem, isso torna-se insuportável. Daí os sentimentos de revolta, a fuga para a droga."

Mário Soares

MS — Há ainda a questão da juventude.

FHC — Há uma falha do governo, na sua capacidade de estabelecer uma ligação com a juventude. O Brasil é um país muito jovem, de um dinamismo muito grande. O jovem age a partir de muitos estímulos, mas sobretudo o que o congrega é a música. A juventude nas periferias das grandes cidades, por exemplo, vive a música intensamente. Existe não só uma cultura como uma economia do jovem ao redor da música. O carnaval sempre foi tradicional, mas não me refiro a isso, refiro-me à música urbana — sobretudo suburbana, da população de periferia. Digo que o governo não tem uma boa relação com esses movimentos e isso é ruim.

MS — Têm um Ministério da Juventude?

FHC — Não, temos apenas o dos Desportos, que não é a mesma coisa. Os partidos não têm juventudes ativas, a não ser, talvez, os partidos de esquerda. Existem alguns movimentos políticos de juventude, mas não existe, na verdade, uma politização adequada nas escolas. Não vejo claro a relação juventude-política-governo e acho isso uma falha nossa.

MS — Mas há, com certeza, juventude das igrejas?

FHC — Existe, mas não é um movimento muito forte. Não se nota a sua presença. A juventude universitária manifestou-se contra Collor através da União Nacional dos Estudantes (UNE). Mas possui pouca expressão de massa. É mais uma cúpula política, controlada pelo Partido Comunista do Brasil, que era o antigo PC pró-chinês.

MS — Mas um país jovem como é o Brasil, um país fulgurante de juventude, de dinamismo, deve ter uma juventude que reflita, que se interesse pelo futuro.

FHC — A juventude interessa-se mas de forma fragmentária, através de algumas organizações da sociedade civil.

MS — Mas como é que não é possível mobilizar essa gente? Ainda que haja, no mundo desenvolvido, uma certa desconfiança da juventude em relação à política, que se tornou inquietante e generalizada...

FHC — De qualquer maneira, talvez fosse útil pensar na criação de um Ministério da Juventude, embora eu tenha um pouco de medo disso. Existe na França e também em Portugal.

MS — Eu diria que, apesar de todo o esforço que está a fazer, o Brasil continua a ser um país eminentemente dualista, com grandes assimetrias sociais e de estado para estado. O Brasil de São Paulo e, talvez, do Rio, é um país do Primeiro Mundo, sem dúvida. Mas, em outras regiões, é realmente um país do Terceiro Mundo, com uma renda *per capita* muito inferior, e isso faz que haja um grande fosso entre ricos e pobres. Será que esse fosso está a aumentar?

Tem-me vindo a dizer que está a diminuir. Mas há também fenômenos de violência social bastante importantes, sobretudo em algumas cidades. Essa violência radica nessa desigualdade social, nessa circunstância de haver um grande fosso entre ricos e pobres. Vimos como, num país como o México, surgiu de repente uma revolta espontânea, em Chiapas, que depois se desenvolveu de múltiplas maneiras, numa guerrilha quase virtual, de tipo novo.

Quando as pessoas vivem sem horizontes, sem saídas, andam à procura de um emprego, andam à procura duma realização pessoal, e, por outro lado, vêem na televisão diariamente o espetáculo das pessoas que vivem bem, isso torna-se insuportável. Daí os sentimentos de revolta, a fuga para a droga, que é um fenômeno do mundo contemporâneo mas que, numa sociedade tão complexa como a brasileira, certamente se deve fazer sentir intensamente.

Pergunto: não haverá perigo de explosões de violência no Brasil, como houve e continua a haver no México e noutros sítios?

FHC — Essa é uma questão central. Vamos começar pelo México. Tenho acompanhado, naturalmente, a questão política do México, conheço Chiapas, conheço San Sebastian de las Casas, conheço aquela região.

MS — Conhece pessoalmente ou tem lido alguma coisa sobre o Comandante Marcos[1]?

FHC — Não o conheço, mas tenho lido. E conheço pessoalmente a região.

MS — A Danielle Mitterand[2]...

FHC — A Danielle Mitterand me deu o livro dela.

MS — Quando ela me falou do Comandante Marcos com muito entusiasmo, pensei que era apenas mais um entusiasmo e fiquei céptico, para dizer a verdade. Mas agora revi a minha posição visto que li um longo texto, no *Le Monde Diplomatique*, assinado pelo Comandante Marcos, que faz uma análise de uma lucidez absoluta em relação ao mundo moderno e aos perigos da globalização. A análise está perfeita, ainda que não apresente soluções. Pareceu-me um homem muito bem estruturado e muito inteligente...

FHC — Eu não conheço o Comandante Marcos. Imagino que possa ser tudo isso. Só agora é que o México começa a ter um sistema político verdadeiramente democrático.

MS — Embora os latino-americanos não o admitissem, porque, na política externa, eles eram progressistas.

FHC — Mas não internamente. A própria sociedade mexicana era muito menos ativa do que a sociedade brasileira, do ponto de vista da radicalização democrática. No México, as populações são culturalmente muito mais diferenciadas do que no Brasil. A população brasileira é mais homogênea, tem-se a sensação de participar dos mesmos valores culturais. É uma sociedade mais aberta para usar a expressão de Karl Popper. Os movimentos

1. O Comandante Marcos, revolucionário mexicano, lidera o Exército Zapatista de Libertação Nacional (EZLN), que promoveu a rebelião de Chiapas, contra a política econômica do governo mexicano.

2. Danielle Mitterand, esposa de François Mitterand (1916-1996), ex-presidente da República francesa (1981-1995), presidente da Fundação France-Liberté, promotora da defesa dos Direitos Humanos.

sociais brasileiros sempre foram integracionistas, na sua generalidade, não foram movimentos para quebrar o Estado ou propor uma nova ordem. Isso não quer dizer que não possam ocorrer conflitos. Mas a natureza do conflito é diferente da natureza do conflito no México. Quando o Comandante Marcos se sublevou, em Chiapas, havia ali um movimento contra o Estado. E o Estado resistiu-lhe.

MS — Mas se o Presidente não tivesse recebido, por exemplo, o Movimento dos Sem-Terra e não tivesse dialogado, como dialogou, com eles, não poderia ter havido uma explosão?

FHC — Teria agravado a situação. Mas aqui as pessoas são levadas a dialogar, não estão querendo propriamente romper a ordem política, querem sobretudo pressionar. Quem é que financia o Movimento dos Sem-Terra no Brasil? Tem uma idéia?

MS — Uma parte é a Igreja.

FHC — Uma pequena parte. É o governo! São convênios feitos com o INCRA — Instituto Nacional de Reforma Agrária, feitos com as secretarias estaduais de agricultura, feitos com o Banco do Brasil. Há certos setores da direita brasileira que defendem que se deve cortar totalmente o financiamento ao Movimento dos Sem-Terra. Mas em geral a sociedade prefere que o governo lhes ofereça meios (terra e dinheiro) para poderem trabalhar.

MS — É mais evoluída, porque o México parece estar a começar agora o que o Brasil iniciou há trinta anos no relacionamento do governo com os movimentos sociais.

FHC — Mas voltemos à questão da desigualdade no Brasil, que é grande. Uma coisa é a pobreza, outra coisa é a desigualdade. Um país pode ser pobre mas igualitário, rico mas desigual. Nós temos os dois problemas, o da pobreza e o da desigualdade, temos gente muito pobre e gente muito rica.

MS — E vivendo num estilo de vida que já ninguém vive, lá fora. Aqui, ostenta-se a riqueza.

FHC — É verdade. Nós temos o problema da pobreza, que é um problema central e que só se resolve com programas específicos para certas áreas e com o crescimento econômico para oferecer emprego. Mas temos, além disso, o problema dos muito ricos. A distribuição de renda no Brasil, quando se exclui os dez por cento mais ricos, apresenta índices semelhantes aos dos países desenvolvidos.

Segundo o coeficiente de Gini, que é uma medida universal de desigualdade, o Brasil está entre os países mais desiguais do mundo, mas quando se separa os referidos dez por cento, é mais ou menos igual aos outros países. Isso quer dizer que há uma concentração brutal de renda nesses dez por cento, que são dezesseis milhões de pessoas. É muito fácil mexer nos mil mais ricos mas, se mexer nos dezesseis milhões, mexe em muita gente. Por que razão a alta classe média protesta tanto? Porque não é uma classe média no sentido europeu, está ultra-acomodada. A alta classe média do Brasil é rica, por qualquer padrão. É impossível aumentar a porcentagem do imposto sobre o rendimento. Uns pagam quinze por cento e outros 25 por cento. Desde que fui eleito senador sempre votei a favor de uma porcentagem progressiva, mas não consegui. Há toda uma ideologia construída para fazer crer que o Estado cobra muito, que se pagam muitos impostos, que isso é uma injustiça. Quando fui ministro da Fazenda, tentei passar de 25 para 26,5 por cento para garantir o Plano Real...

MS — Não passou?

FHC — Passou mas foi depois anulado, porque há hoje toda uma ideologia segundo a qual não vale a pena aumentar os impostos para evitar a evasão fiscal. Houve um imposto sobre as grandes fortunas que tentei regulamentar quando fui senador. Agora toda a gente me pergunta por que não o ponho em prática uma vez que sou presidente. Porque muita gente se opõe acreditando que este imposto não adianta nada. Do ponto de vista da receita renderia pouco, pois a percentagem teria que ser muito baixa, dado que incide sobre o patrimônio. Na verdade, há resistências a mostrar, mesmo simbolicamente, que existem muito ricos no Brasil.

Não quero abrir essa guerra. É preciso mostrar ao país que há dois problemas diferentes: o da pobreza e o dos muito ricos. Não é que se pretenda acabar com os ricos; o que desejo é reduzir radicalmente a pobreza, dando aos jovens o máximo possível de igualdade e de oportunidades.

MS — Vou contar-lhe uma história muito curiosa da Revolução portuguesa. O Otelo Saraiva de Carvalho[3] foi um dia à Suécia, encontrou o Olof Palme[4] e disse-lhe que, em Portugal, a Revolução dos Cravos estava a acabar com os ricos. Olof Palme replicou-lhe: "É curioso, nós aqui há trinta anos que estamos a lutar para acabar com os pobres".

FHC — É isso, temos que reduzir muito a pobreza. Mas não haja ilusões: trata-se de um trabalho de gerações. Além disso há alguns sinais ostensivos de riqueza, que são preocupantes.

MS — Por exemplo, o fenômeno das telenovelas — tão interessante do ponto de vista sociológico e tão original — leva a que as pessoas vejam normalmente casas e estilos de vida que os pobres não têm, e isso alimenta sentimentos de revolta.

3. Otelo Saraiva de Carvalho (1937), militar português, dirigiu as operações do 25 de abril de 1974. Atualmente tenente-coronel na reserva.

4. Olof Palme (1927-1986), político sueco, líder do Partido Trabalhista Social-Democrático, primeiro-ministro em 1969-1976 e 1982-1986, ano em que foi assassinado.

FHC — A esperança de melhoria é fundamental, tem de haver um sinal de que as coisas podem e estão a melhorar.

A força do Plano Real e a popularidade do governo derivam do fato de a população mais pobre ter o sentimento de que a sua vida melhorou. O resto é conversa. Podem fazer discurso contra mim, chamar-me neoliberal, dizer que eu estou dando dinheiro para banqueiro, nem vale a pena mostrar que não é verdade porque o povo não está preocupado com isso.

Está preocupado em saber se está melhorando ou não. E está efetivamente melhorando, está comendo melhor. Quando falei das dentaduras, todo mundo riu, mas pôr os dentes é muito importante para o pobre, é simbólico. As pessoas estão começando a poder cuidar de si. Em todas as pesquisas, as pessoas acham que a vida está melhor e sessenta por cento ou setenta por cento acham que a vida do filho vai ser melhor ainda. Pesquisas semelhantes são feitas há dezenas de anos, mas só agora revelam tanto otimismo nas camadas populares. É isso que é importante manter. A classe média alta, alguns intelectuais podem ter a *malaise*, o *spleen* que quiserem...

Nas pesquisas a respeito do governo e a mim, é nas classes C, D e E que somos mais fortes. Perdi a eleição em Brasília para o Lula, mas hoje ganharia. E onde é que eu ganho? Na periferia de Brasília. Não faço demagogia, não é meu estilo, falo de uma maneira não-populista. Ganho porque o povão está vivendo melhor e está sentindo essa melhoria. E também porque há um sentimento generalizado de estabilidade e de que existe uma efetiva moralidade no governo.

MS — Vamos falar então da violência...

FHC — Há uma violência ligada à pobreza. Mas a violência não é só explicada por ela. No Brasil, há uma acumulação de problemas que levam à violência: uma violência *a la* americana e uma violência derivada da pobreza. Os jovens da classe média que queimaram um índio Pataxó, em Brasília, não têm nada a ver com a pobreza. Seqüestro de pessoas, feito por bandidos organizados, não tem nada a ver com a pobreza. Violência no trânsito, em que um puxa o revólver e mata o outro, porque terá dito qualquer desaforo, não tem nada a ver com a pobreza. Há, portanto, um fenômeno de violência que tem a ver com a crise existencial da civilização.

MS — Com a droga...

FHC — Com a droga, em larga medida. Nas comunidades realmente pobres do interior não há violência. A grande violência é urbana, das cidades ricas.

MS — Das chamadas periferias pobres das cidades ricas, como sucede na Europa e nos Estados Unidos.

FHC — Sim, mas não é só, porque há a violência das classes média e alta, que vem da droga, que vem desse tipo de comportamento imitativo da televisão e do cinema.

MS — Mas quando se fala, por exemplo, do Rio de Janeiro, a violência também desce das favelas.

FHC — Sim, mas isso tem uma ligação com a droga e com a polícia. Uma parte da violência é estimulada pela indisciplina policial, pela corrupção policial. É isso que dá insegurança, porque não se sabe se a violência vem do pobre que está revoltado, do pobre ou do rico que é drogado, ou do policial que é corrupto. E, na verdade, vem de tudo isso junto.

MS — O que é que explica essa corrupção e essa violência policial? A polícia ganha mal?

FHC — Eu não diria isso. Um policial de São Paulo ou de Brasília é razoavelmente pago. Vi na televisão policiais matando pelo prazer de matar. Pode dizer-se que a polícia do Pará é mal paga ou que a que matou em Eldorado de Carajás estava com medo, não tinha preparação. Mas a de São Paulo não, aí é crime. Existe uma violência que vem da polícia. Não é só o problema do salário porque em Brasília, por exemplo, o soldo até é razoável. A questão é mais complexa.

No Rio, a pobreza e a riqueza se misturam. Em São Paulo, se alguém é rico vive isolado da pobreza. No Rio não, a favela coexiste com a riqueza. Talvez, por isso, a violência assuste mais no Rio às classes abastadas. Provavelmente as estatísticas da violência são maiores em São Paulo, mas isso não se percebe porque é uma violência de pobre contra pobre.

MS — E qual é a solução ?

FHC — Não há outra a não ser Estado melhor organizado, polícia com sentido cívico e mais profissionalizada, maior proteção social, mais educação e mais emprego.

Há outro lado que é necessário ver. O Brasil mais rico e mais igualitário não está na cidade de São Paulo, mas sim no interior de São Paulo, no interior de Minas Gerais, no interior do Paraná etc. É aí que vive a população mais otimista, porque nestas regiões está havendo desenvolvimento econômico, os serviços sociais funcionam melhor, logo há menos violência, e mais sensação de progresso.

MS — O interior mudou mais do que as grandes cidades?

FHC — Muito mais, porque as populações pobres vieram para as grandes cidades, saíram do interior. De repente há um outro Brasil. É um pouco como os Estados Unidos. Sem se dar por isso está surgindo um outro Brasil. Chega-se a uma cidade do interior e há aviões privados, pessoas com casa própria na praia, universidades que funcionam, bons hospitais. Em suma, a qualidade de vida melhorou.

XXIII

GLOBALIZAÇÃO E A NOVA ORDEM MUNDIAL

"A crise de legitimidade da nova ordem mundial é visível ... A predominância americana, se entendida como domínio absoluto, é inaceitável. O caminho para evitar tal tendência é a formação de regiões integradas, como a União Européia e o MERCOSUL *... não podemos aceitar é que da bipolaridade da guerra fria se passe diretamente para uma hegemonia dos Estados Unidos."*

Fernando Henrique Cardoso

"O problema ... é que, hoje, com a integração econômica entre os países, os grupos econômicos têm o poder de se sobrepôr aos próprios Estados..., [o que] pode pôr em causa as políticas públicas necessárias à correção da desregulação econômica das próprias sociedades."

Mário Soares

MS — O Brasil, por maior que seja, não pode viver isolado do resto do mundo, como no passado. Tem de ter em conta o contexto internacional que o condiciona de uma maneira decisiva. Como vê o Presidente o final do século, deste século de extremos, que foi do povo e, ao mesmo tempo, de grandes atrocidades? Vamos caminhar para um mundo melhor? Ou, como pensa Samuel Huntington[1], para um

1. Samuel Huntington (1927), cientista político americano. Autor de *The Clash of Civilization and the Remaking of World Order* (1996).

inevitável choque de civilizações? Como pensa se podem solucionar problemas de que já falamos, como a violência, a droga, mas também a crise da sociedade de consumo, a crise de valores, a própria globalização?

Para citar um sociólogo americano, Noam Chomsky[2] escreveu um artigo que li muito recentemente, que este novo capitalismo financeiro e especulativo que se instalou no mundo vai suscitar grandes problemas sociais e políticos se não for controlado, e vai atingir o próprio centro do "império americano".

Estou-lhe a dar apenas algumas pistas para falar um pouco do mundo.

FHC — Não sei se você se recorda de uma conferência em Portugal, há muitos anos, em que levantei um problema semelhante ao que Huntington propõe hoje. Naquela altura, disse que, apesar da grande integração da Europa e, eventualmente, da América do Sul, íamos atravessar uma zona de turbulência que passaria pelas fronteiras das religiões, pelo fundamentalismo, tanto no Norte da África como no Oriente Médio.

Este será o grande desafio do nosso tempo e conviria voltar a ler os estudos de Max[3] e de Alfred Weber sobre as religiões. Parte da explicação dos conflitos dependerá mais das religiões do que da luta de classes, mesmo que continuem a existir conflitos de classe. Os conflitos de classe, porém, têm formas de se institucionalizar, criando mecanismos de negociação, enquanto os conflitos de diferentes visões do mundo, quando tomam o aspecto fundamentalista, tornam-se de muito mais difícil solução.

Concordo com a visão do Chomsky. Acho que o mundo globalizado — não por ser globalizado, mas por não ter criado as instituições capazes de controlar os grandes fatores de desorganização — vai conduzir o conflito mais para o centro do "império" do que para a periferia.

2. Noam Chomsky (1928), lingüista e ativista político norte-americano, professor do Massachusets Institute of Technology (MIT). Autor de *Os caminhos do poder* (1998).

3. Max Weber (1864-1920), sociólogo e economista político alemão, autor de *A ética protestante e o espírito do capitalismo* (1904-1905).

Nesse sentido, o Brasil está mais protegido desse tipo de conflitos do que os grandes pólos de expansão do mundo contemporâneo.

O conflito entre Israel e o mundo árabe — que se eterniza há décadas — representa um conflito de outro tipo, esse sim um choque de civilização. O esforço despendido pela diplomacia americana naquela região é incomparavelmente maior do que em qualquer outro lugar do mundo, talvez porque implique forças importantes no seio da própria sociedade americana.

MS — É indiscutível.

FHC — A mesma coisa acontece com a questão da Bósnia. Também aí há um confronto entre culturas diferentes.

MS — Duas culturas e duas religiões.

FHC — Foi mais fácil a reintegração do antigo mundo comunista na Europa do que a integração do mundo muçulmano. Hoje, a Polônia, a Hungria, a Checoslováquia são Europa, ninguém duvida. Até a própria Rússia, apesar da bomba atômica, tornou-se mais européia, uma vez que participa do Conselho da Europa[4], da OCSE[5] tem uma espécie de parceria com a OTAN[6] e deixou de ser considerada como uma ameaça.

MS — Não está preocupado com a circunstância de se poderem vender e propagar as bombas atômicas russas?

FHC — Tenho algumas preocupações. Sobretudo se as vender a países "não-confiáveis". Daí que um país como o Irã passe a ser visto como um mal absoluto.

MS — E o Iraque.

FHC — Hoje, o Iraque e o Irã "ameaçam" mais o mundo do que o conflito de classes nos Estados Unidos ou na Europa. Se é Alain Juppé[7] ou Lionel Jospin quem governa

4. O Conselho da Europa foi criado em 1949, em Londres, por um tratado assinado entre Bélgica, França, Luxemburgo, Holanda e Grã-Bretanha, a que se juntaram Irlanda, Itália, Dinamarca, Noruega e Suécia. Elaborou a Convenção Européia dos Direitos do Homem (1950) e é composto atualmente por quarenta Estados-membros.

5. A Organização para a Segurança e Cooperação na Europa (OCSE) é formada por 55 Estados-membros. Criada no início dos anos 70, sob a designação de Conferência sobre a Segurança e Cooperação na Europa (CSCE), como fórum multilateral de diálogo e negociação entre Leste e Oeste, desempenha papel de liderança no fomento da segurança através de cooperação na Europa.

6. A Organização do Tratado do Atlântico Norte (OTAN) é um pacto político e militar concluído em 1949 entre Bélgica, Canadá, Dinamarca, Estados Unidos, França, Grã-Bretanha, Holanda, Islândia, Itália,

Luxemburgo, Noruega e Portugal. Foi estendido à Grécia e à Turquia em 1952 e, em 1955, à Alemanha Ocidental.

7. Alain Marie Juppé (1948), político francês. Primeiro-ministro do governo Chirac (1996-1997).

8. Hélène Carrère-d'Encausse (1929), historiadora e socióloga francesa, é deputada européia desde 1994. Notabilizou-se pelos seus estudos sobre a questão nacional russa. Autora de *Victorieuse Russie* (1992), entre outros.

a França, isso não muda o mundo. Mas o Iraque, com a bomba atômica e com o fundamentalismo, pode ser uma ameaça real. Veja que a China apesar de ter igualmente a bomba atômica, não aparece a ninguém como uma ameaça, embora possa vir ainda a causar alguns problemas.

MS — Pessoalmente, estou mais pessimista em relação à China e ao futuro da China do que em relação ao futuro da Rússia. A Rússia fez a transformação por via política, bateu no fundo no plano econômico e agora já está numa certa recuperação. Uma grande especialista das questões russas, Hélène Carrère-d'Encausse[8], com quem falei recentemente, dizia-me que há um desenvolvimento econômico efetivo da Rússia e que começam a fazer coisas extraordinárias. Por exemplo, os aviões Mig que estão hoje a produzir e a vender parecem ser de grande qualidade... Eles têm tecnologia, têm educação e, por isso, podem recuperar-se rapidamente.

A China seguiu uma via diferente, que levou a um capitalismo selvagem, com regime de partido único — um regime em que um bilhão e duzentos milhões de pessoas são praticamente governados por quinze gerentes do Politburo — e isso é impossível de manter...

FHC — Do ponto de vista político, concordo com você, acho que haverá dificuldades na China. Do ponto de vista civilizacional, que era a nossa questão, há menos problemas, porque a China é culturalmente homogênea.

MS — É um fato. A China propriamente dita, a Formosa, passando mesmo pela diáspora tão importante nos chamados "tigres asiáticos"...

FHC — A China tem uma cultura mercantil antiga. De um certo ponto de vista, do ângulo da civilização capitalista contemporânea, a China é mais absorvível do que os países fundamentalistas, que têm uma visão diferente.

MS — Apesar do esforço de ecumenismo que existe hoje entre diferentes igrejas — não somente por parte da Igreja Católica, mas também o esforço dos protestantes e até do mundo muçulmano — há também quem pense que possam vir a surgir novos e grandes conflitos de tipo religioso.

FHC — Hoje em dia, essa talvez seja a questão mais importante para a paz: criar focos de ecumenismo e possibilitar que haja diálogo a partir de visões religiosas e civilizacionais diferentes. O mundo que se está globalizando precisa de mais diferenciação cultural. O que vai permitir a sobrevivência dos nossos países será a sua diversidade cultural e a capacidade para a preservar.

MS — O que não exclui a associação das nações.

FHC — Pelo contrário.

MS — Veja o caso da União Européia, por exemplo. Estamos a caminhar para uma integração européia cada vez maior e estamos a caminho da moeda única, o euro. As nossas leis e os nossos sistemas jurídicos são cada vez mais semelhantes, não há fronteiras, mas nem por isso desapareceu a identidade nacional de cada um. Bem pelo contrário.

FHC — Exato. Daí a importância da língua, outra vez.

MS — Sem qualquer dúvida.

FHC — Num mundo que se globaliza, é bom para as nações que sejam capazes de marcar as diferenças culturais, porque elas não prejudicam a integração. Quanto às religiões, urge criar espaços de diálogo, encontrar pontos de convergência.

MS — Voltemos à chamada crise do milênio, à crise de valores, a esta crise de confiança no futuro, à falta de instituições mundiais capazes de enquadrar as profundas transformações que estão em curso.

FHC — Esta é a questão central — a falta de instituições políticas capazes de dar legitimidade a uma nova ordem mundial. Com o fim da guerra fria, da confrontação Leste-Oeste, queiramos ou não, há uma verdadeira predominância norte-americana.

MS — Um hegemonismo.

FHC — Se essa predominância vier a se transformar em hegemonia, será muito negativo. Uma coisa é ser *primus inter pares* pela força cultural, tecnológica, econômica. Outra coisa é impor qualquer hegemonia.

MS — A sociedade americana é uma sociedade muito complexa e muito diversificada, é verdade. Mas, ultimamente, parece estar a impor-se uma certa tendência hegemônica mesmo com incontestável arrogância em alguns meios decisores americanos.

FHC — Há uma crença latente nestes meios na superioridade americana.

MS — A idéia de que eles são necessariamente os agentes do bem. Ora, a história demonstra nem sempre ter sido assim...

FHC — E então, se isso viesse a prevalecer, tornar-se-iam fundamentalistas.

MS — Mas, por outro lado, há também muita gente nos Estados Unidos, sobretudo nas universidades, que acredita na necessidade de criar contrapoderes em nível mundial. Os mais inteligentes percebem a importância que para eles pode ter a União Européia, embora a maioria deseje que as coisas corram mal e que não haja euro.

FHC — A crise de legitimidade da nova ordem mundial é visível. A incapacidade de reforma das Nações Unidas é a expressão disso mesmo. Vamos ter de partir para uma reforma que seja muito abrangente, um movimento que venha de fora para dentro. Também no plano mundial é preciso criar contrapesos, aprofundar a democracia em nível internacional.

Mas voltando ao que estava dizendo. A predominância americana, se entendida como domínio absoluto, é inaceitável. O caminho para evitar tal tendência é a formação de regiões integradas, como a União Européia e o MERCOSUL. Isso é importante. Penso, aliás, que a América do Sul se pode integrar mais amplamente. Na Ásia há outros problemas: um mundo à parte, que é a Índia; um mundo ativo, o Japão; e um universo tentacular, a China.

MS — Na realidade a diáspora chinesa a manejar tem uma decisiva influência em Cingapura, na Indonésia, na Tailândia, em toda essa zona.

FHC — Mas não vejo que a integração destes três países — Índia, China e Japão — possa avançar. O Brasil tem boas relações com o Japão...

MS — Há 150 mil brasileiros no Japão...

FHC — E mais de um milhão de japoneses e descendentes aqui. Mas acredito que os japoneses ainda estão muito condicionados pelos americanos. Nas conversas com eles noto uma certa timidez em assumir um papel de maior protagonismo.

Note que o Brasil tem também relações excelentes com a China, país que visitei recentemente e cujos principais dirigentes já estiveram no Brasil. Com a Índia estamos a abrir novos caminhos.

A África, infelizmente, é um continente que parece à deriva.

Com exceção da União Européia, não se vê que as outras regiões que citei estejam em condições de ser, a curto prazo, os contrapesos necessários a uma nova ordem mundial não hegemônica. A própria União Européia também não. Por enquanto é um gigante econômico e um anão político e militar.

A América do Sul e principalmente o MERCOSUL virão a integrar-se no plano econômico, mas ainda estão longe da integração política.

Penso que as realidades emergentes no mundo de hoje devem participar das instituições de decisão global para que a nova ordem mundial tenha legitimidade democrática. Os Estados Unidos aparecerem como a única superpotência em nível mundial torna-os o alvo fácil de todas as críticas. Acredito que os americanos melhor informados considerem que é útil para eles fortalecer a União Européia, bem como o MERCOSUL e os países emergentes asiáticos. Nada disso será feito em detrimento dos Estados Unidos...

MS — Pelo contrário, é para ajudar os Estados Unidos.

FHC — E para contribuir para a paz mundial.

MS — Exatamente.

FHC — O que não podemos aceitar é que da bipolaridade da guerra fria se passe diretamente para uma hegemonia dos Estados Unidos.

MS — Para o hegemonismo.

FHC — É preciso haver uma diversificação de centros de poder e de decisão. É claro que eu tenho imensa admiração pelos Estados Unidos como país, pela sua capacidade de produção de coisas novas. Também dentro dos Estados Unidos admito que se esteja a criar um certo contravapor à tendência hegemonista.

MS — É essa a importância e a vitalidade do pioneirismo e do idealismo americano. Mas podíamos entrar agora na relação do Brasil com o resto do mundo. Penso que considera que a globalização é um fato inelutável, que existe independentemente de sabermos se é boa ou má, e que temos de a ter em conta.

Entretanto, o sociólogo americano Noam Chomsky — que já há pouco citei — afirma que a globalização só serve objetivamente os interesses dos Estados Unidos e dos grandes grupos econômicos americanos. Eu não estou completamente de acordo com isto, porque acho que é uma visão um pouco unilateral, até porque os grandes grupos econômicos transnacionais não são só americanos. Mas Chomsky vai mais longe e diz que a globalização é a mesma coisa do que antigamente se chamava de "imperialismo americano".

FHC — Não concordo. Embora pense que haja aspectos negativos da globalização, que são óbvios. Como sociólogo, imagine o que se diria quando houve a expansão do capitalismo comercial no mundo, nos séculos XIV, XV, XVI. Era a mesma coisa ...

MS — Uma coisa de que, aliás, portugueses e espanhóis foram os primeiros agentes. Mas de uma dimensão incomparavelmente maior.

FHC — Claro. Chegaram aqui e destruíram o mundo indígena. Os indígenas não tinham condições de se opor. Nesse aspecto, aceito a análise marxista, acho que temos de ter uma análise objetiva dos processos de produção, dos processos econômicos...

MS — Um certo determinismo.

FHC — É, dentro de certas condições. Na verdade, de onde surgiu e por que a globalização? Da transformação do sistema produtivo provocada basicamente pela automação, pela revolução dos transportes, pela revolução das comunicações. Foi também resultado da imensa acumulação financeira.

Aí as previsões de Marx falharam porque houve um enorme avanço tecnológico e não houve crise de pauperização.

MS — Contudo, o capitalismo hoje está a avançar num sentido perverso, através da especulação financeira. Vivemos na época do capitalismo na sua fase especulativa.

FHC — Sim, sem dúvida. Mas a minha visão difere da de Chomsky na medida em que a sua análise parte de um pessimismo fundamental: é mau o que está acontecendo. Por mim, prefiro dizer que pode ser mau ou pode ser bom. Depende. É indispensável criar sempre uma expectativa de mudança para melhor. O meu ponto de vista é progressista e não pessimista. Como você disse, podem estar a gerar-se tais problemas, e se poderá evoluir até para um sistema diferente, não capitalista, no sentido que hoje se atribui à palavra.

MS — Justamente, quando hoje se discute o que é a esquerda e a direita, tenho defendido sempre que ser de esquerda é, antes de mais, ter uma visão otimista da vida, achar que o homem pode transformar o mundo para melhor.

FHC — Estou de acordo, não há determinismo nenhum. Aliás, não sou determinista. O que houve, sem dúvida, foi uma mudança no sistema produtivo — ninguém vai dispensar mais o computador, ninguém vai dispensar mais o *on-line*, o tempo real, para ter informação. Isso tudo vai permitir — como permite já — que a dominação se estenda tentacularmente.

Mas há nisso uma contradição, de que já falamos: esse sistema está gerando uma capacidade de acumulação financeira tão brutal, que pode pôr em causa, ameaçar o próprio sistema produtivo. Há tanto capital e tão pouca capacidade efetiva de investir para transformar o capital especulativo em capital produtivo que — para falar em termos marxistas — estamos diante de uma nova contradição. Portanto, não existe o fim da história; nada nos permite prever que o capitalismo seja eterno. E, portanto, não se deve pensar em uma só ideologia, um "pensamento único". É aí que entra a crise da civilização, a questão dos valores, que entendo ser fundamental.

MS — Os valores do humanismo universalista.

FHC — Esses valores continuam sendo fundamentais. Julgo que ser progressista hoje é reintroduzir a questão dos valores do humanismo nas condições da globalização. É discutir o sistema de controle das decisões mundiais. É questionar o hegemonismo. É afirmar a necessidade de haver diálogo ecumênico entre as religiões. É discutir os valores de integração na sociedade contemporânea, nas suas crises existenciais — da droga, da violência — onde existe uma tremenda carência de valores de afetividade. É a questão da música para os jovens, de que já falamos. Como é que as pessoas se congraçam? As religiões, no passado, foram um elemento fundamental para congregar. Hoje, talvez menos, não sei se não será preciso afirmar valores seculares, não só os religiosos, que incentivem a solidariedade. Para falar em termos sociológicos, nós estamos assistindo a um mundo em que está crescendo muito aquilo a que se chamava *Gesellschaft*, que em alemão quer dizer sociedade, ou o que podemos chamar de relações contratuais. Mas, no momento em que tudo vira contrato, o que mais se requer é o pólo oposto do contrato, o *Gemeinschaft*, que quer dizer comunidade, estar em conjunto. A ânsia por mais solidariedade é central para a crítica da globalização. E eu sou crítico da globalização, como o presidente Soares também é — mas não ao ponto de defender a autarquia.

MS — Sim, não podemos escapar-lhe...

FHC — Nem nos conformarmos passivamente com ela.

MS — Mas o problema, em relação ao seu discurso, é que, hoje, com a integração econômica entre os países, os grupos econômicos têm o poder de se sobrepor aos próprios Estados. Ora, essa nova realidade pode pôr em causa as políticas públicas necessárias à correção da desregulação econômica das próprias sociedades.

A "teologia do mercado" gera desigualdades e essas desigualdades só podem ser corrigidas por ação do Estado. Mas, se o Estado não está ao abrigo das pressões do próprio capitalismo, é evidente que os seus esforços para fomentar a igualdade e a solidariedade tornam-se muito precários.

FHC — Não é só a ação do Estado, é a ação pública. Por isso é que eu falo da radicalização da democracia, que é a maneira de evitar que o Estado seja dominado por uma força única.

MS — Também estava a refletir sobre a relação entre a capacidade das nações e a globalização, mesmo que as nações sejam tão grandes como o Brasil. Admitindo que países como o Brasil ou a Índia possam lidar melhor com a globalização, mesmo assim, parece-me que há que fortalecer os blocos regionais. Era aí que eu queria chegar.

FHC — Eu estou de acordo com isso. Não acho que qualquer país isolado, por maior que seja, tenha condições de tirar proveito da reorganização da ordem econômica mundial. Através dos blocos regionais tem-se maior capacidade de preservação dos interesses nacionais. Aquilo que dizia sobre a integração européia, que é boa para a Europa, mas também para Portugal, penso exatamente a mesma coisa em relação ao MERCOSUL e, amanhã talvez, até em relação à integração hemisférica com os Estados Unidos. Talvez, desde que nós tenhamos tempo para uma política mais realista, que assegure os nossos interesses.

MS — Relativamente à globalização, certas classes — por exemplo os grandes interesses econômicos — têm uma muito maior facilidade de integração nesse novo sistema, de compreendê-lo, do que os outros setores da sociedade. Por outro lado, ainda, o Estado pode não ter os instrumentos para resistir aos efeitos dessa globalização. Por isso, sou grande partidário da União Européia. Um país sozinho como Portugal, mas também como a França ou a Alemanha, não pode resistir aos efeitos negativos da globalização. Mas a União Européia poderá, em melhores condições.

FHC — *Mutatis mutantis* é o MERCOSUL.

MS — O MERCOSUL, sim. Mas há diferenças substanciais entre o MERCOSUL e a União Européia...

FHC — E só o Estado é capaz de ver o MERCOSUL como perspectiva. O MERCOSUL não foi construído pelos empresários, foi construído pelos Estados.

MS — É muito interessante assinalar isso.

FHC — Para isso, o Estado precisa dispor de certos instrumentos de financiamento para, de alguma maneira, incentivar, orientar etc.

MS — O problema é que nenhum Estado está ao abrigo, à exceção talvez dos Estados Unidos da América, da especulação financeira mundial. É o próprio Soros que o admite e ele sabe do que fala, porque pôs praticamente de joelhos o Banco de Inglaterra, o Banco da França e o da Espanha. Imagine ataques especulativos desse gênero sobre o Real, o efeito que poderiam ter sobre o Plano Real — que é a base essencial de toda a reforma que se está a fazer.

FHC — Sem dúvida, mas há aí dois aspectos. Primeiro, para controlar esse tipo de especulação, deveríamos ter um governo mundial. Então, aí está faltando "Estado", no sentido mais global, uma ordem legitimada.

MS — Está faltando uma nova ordem mundial política e econômico-financeira.

FHC — Uma nova ordem é o que se precisa, e não exatamente "Estado". Por outro lado, no plano interno, se o governo tiver, como tem aqui, capacidade efetiva de controlar a moeda e o câmbio, pode defender-se dos ataques especulativos. Com a crise asiática, publicaram-se artigos nos jornais especializados sobre a eventualidade de um ataque especulativo ao Brasil. Mas o Brasil não é Indonésia. O Estado brasileiro aprendeu com as crises anteriores. Nós dispomos hoje da capacidade de intervir através das políticas do Banco Central, aumentando radicalmente o compulsório dos bancos, aumentando a taxa de juros etc.

MS — Sim, mas nós sabemos como um país que, sob certos aspectos, é semelhante — que é o México — esteve sujeito a especulações brutais e esteve perto da ruína.

FHC — Sim, mas naquela altura não se imaginava esse tipo de efeito...

MS — Foi o primeiro.

FHC — E o que fez o México? Deixou que as suas contas mantivessem um déficit muito elevado durante anos a fio e, no final, financiava-se com o que chamam "Tesobônus", bônus do Tesouro, com moeda estrangeira. Nós não estamos fazendo isso, mantemos uma prudência muito grande no manejo do câmbio e da moeda. Isso tem um preço: a taxa de crescimento da economia não dispara por causa das taxas de juro elevadas. Mas estamos dando o exemplo.

MS — Mas tem consciência de que esse risco é muito grande para o Brasil?

FHC — Para o Brasil ou para qualquer país...

MS — Ou para qualquer país, claro. Mas, no caso do Brasil, em que tudo repousa sobre uma estabilidade monetária, com todas as reformas e a própria reconstrução do Estado, uma operação desse gênero pode ser muito complicada.

FHC — É, mas o que estou dizendo é que o Estado tem de estar atento a isso. Se quiser entrar nesses aspectos mais técnicos, houve na verdade uma sobrevalorização do Real no terceiro trimestre de 94, com o dólar passando a valer 85 centavos de real. E isso teve efeitos sobre as importações.

Quando eu fui eleito e nomeei Pérsio Arida presidente do Banco Central e José Serra ministro do Planejamento, tomamos a decisão de pedir ao presidente Itamar que, na última semana de dezembro, desvalorizasse o real. Acontece que no dia 20 de dezembro houve a crise do México e, se nós fôssemos desvalorizar o real, também teríamos crise aqui, imediatamente, pelo contágio. Foi por isso que não pudemos.

MS — Na Europa, temeu-se que o Brasil pudesse ser muito afetado com a crise do México.

FHC — Então o que é que fizemos? Levamos os meses de janeiro e fevereiro discutindo esse assunto. No fim de fevereiro, no carnaval, aqui nesta mesma sala, tomamos a decisão de mudar o procedimento do câmbio, para mostrar claramente que ele não é fixo. Criamos o que se chama banda de flutuação cambial, em que o câmbio flutua dentro de certos limites definidos pelo governo. Em março, começamos a operar assim, mas havia divisão na equipe econômica, porque alguns queriam simplesmente desvalorizar. O mercado percebeu e achou que nós não estávamos com força suficiente para controlar a situação. E em março, quando se começou a introduzir a banda cambial, houve uma onda de especulação com a qual perdemos dez bilhões de dólares, em quinze dias. Claro que a especulação sempre se dá com apoio interno, sempre tem gente daqui que grita.

Bom, mas nós tínhamos o recurso das reservas e subimos a taxa de juro para um valor altíssimo, em abril. Isso atrapalhou o Brasil enormemente, acelerou a crise bancária, que nós não sabíamos nessa altura que era tão grave, e que nos consumiu o ano de 1995. Alguns grandes bancos brasileiros estavam com patrimônio negativo e, como as taxas subiram muito para poder defender a moeda, isso agravou a sua situação.

Em novembro, o Banco Econômico estourou e, e em seguida, o Banco Nacional. Então, emprestamos do dinheiro de depósito compulsório do Banco Central, que pertence não ao Tesouro mas ao sistema financeiro, aos bancos em dificuldades, para os salvar. Não aos banqueiros que faliam, mas aos novos banqueiros. Fizemos uma coisa absolutamente transparente. Se tivéssemos deixado os bancos falirem em cadeia, uma porção de empresas iria falir junto com eles.

Hoje o sistema financeiro brasileiro está sólido. Os nossos bancos estão sólidos. Fizemos um trabalho tremendo de reconstrução do Banco Central e organizamos a relação do Banco Central com os bancos privados.

MS — Sim, mas esse é, talvez, um trabalho que pode recomeçar ou ter de recomeçar de um momento para o outro.

FHC — É do mundo contemporâneo. Mas voltando ao tema do Estado, acredito que este tem de modelar o futuro junto com a sociedade e, salvaguardando o interesse geral, criar condições para o país. Tem de ser fator de integração social, evitar que um setor — os empresários, por exemplo, ou banqueiros — leve a parte do leão e os outros, nada.

Há que ter instrumentos de captação das informações em nível internacional, há que articular forças internas para evitar dificuldades maiores, e há que ter estruturas próprias de acumulação de recursos e de controle de recursos, bancos de desenvolvimento e Banco Central competentes, para poder fazer face ao desafio da globalização.

XXIV

MERCOSUL E ALCA

"Dá a impressão, para um observador europeu, que esta proposta de Clinton ... de constituição da Área de Livre Comércio das Américas (ALCA), pode ter como motivação justamente anular ou prejudicar o que se está a fazer em termos de integração no MERCOSUL."

Mário Soares

"A integração hemisférica não poderá ser feita mantendo-se as desigualdades ... Do mesmo modo que a Europa está lutando para ter o euro, nós vamos lutar para ter mais igualdade."

Fernando Henrique Cardoso

MS — O MERCOSUL começou do mesmo modo que a Comunidade Européia, com um mercado comum, mas hoje a Comunidade Européia é muito mais que um mercado, é uma comunidade institucionalizada, que tem órgãos políticos, que tem uma convergência de políticas e de legislações, e que se prepara para chegar à moeda única. Eu tenho esperança de que a moeda única seja um motor muito poderoso para a integração política, para a integração social e para a coordenação das políticas externas e de defesa. Esse é o grande objetivo e o grande sonho de uma Europa unida. Para mim, apenas um grande mercado livre — a teoria dos ingleses, antes de Tony Blair — não faz muito sentido.

A Comunidade Européia tem várias décadas e o MERCOSUL menos de uma. A minha questão é esta: está nos vossos propósitos caminhar para uma integração que não seja só econômica ou comercial mas também seja a construção de um espaço de solidariedade política e social?

FHC — Sem dúvida. Na verdade, com o MERCOSUL temos já mais do que uma zona de livre comércio. Estamos concretizando uma união aduaneira, que é um passo mais avançado. O acordo do MERCOSUL com o Chile, com a Bolívia, e imagino que proximamente com a Venezuela, esse sim, será para uma zona de livre comércio entre o MERCOSUL e esses países. O MERCOSUL, a partir da união aduaneira, implicará progressivamente uma convergência das políticas econômicas.

O presidente Menem já mencionou uma moeda comum. É cedo, mas essa tendência existe. O MERCOSUL tem agora de enfrentar o problema da institucionalização. Até agora, as reuniões são entre presidentes e entre ministros, mas não existe ainda, como na Europa, uma burocracia específica que cuide das questões comuns, embora exista um mecanismo informal de resolução de controvérsias. Até agora, foi possível através desse mecanismo resolver alguns problemas.

Creio que estamos chegando ao limite do que é possível fazer antes de dar um passo maior no sentido da institucionalização. Já se compreendeu que, por exemplo, muitas questões que têm ocorrido entre o Brasil e a Argentina, o Uruguai e o Paraguai deveriam ser resolvidas em um outro nível. Era preciso ter uma comissão técnica com poderes. Sem ela, os presidentes se envolvem demasiado e as questões tornam-se políticas mesmo quando não são. É avançar como foi feito na Europa. O caminho é este. Creio que a definição de uma política de defesa comum está na pauta. Temos reuniões comuns e periódicas dos comandantes militares do Brasil e da Argentina, por exemplo.

Acredito que o caminho a ser trilhado é o caminho europeu. Naturalmente, teremos de evitar um excesso de burocratização que talvez haja na Europa. Teremos de avançar com calma também na institucionalização política. As próprias deficiências do sistema político brasileiro tornam difícil uma integração maior, sendo preciso que haja um avanço significativo na própria integração interna dos países.

Existe uma certa capacidade de ação comum. Por exemplo, o caso do Paraguai quando houve uma tentativa de golpe. O presidente do Paraguai me informou que iria demitir o ministro do Exército e que estava temeroso da reação. Disse-lhe que a posição do Brasil seria, certamente, pela democracia, e que faríamos o possível e o impossível para mantê-la. Esta conversa teve uma certa influência.

MS — Fez recuar o golpe.

FHC — Indiretamente, e sem me imiscuir nos problemas internos. Mas o fato de se saber, no Paraguai, que os países democráticos, parceiros no MERCOSUL, não concordavam com o golpe, acredito que tenha tido influência.

MS — Dá a impressão, para um observador europeu, que esta nova proposta de Clinton — mas que já é antiga porque vem, talvez, do tempo de Theodore Roosevelt[1] — de constituição da Área de Livre Comércio das Américas (ALCA) e que pretende uma integração hemisférica americana, do ponto vista estratégico, pode ter como motivação justamente anular ou prejudicar o que se está a fazer em termos de integração no MERCOSUL. E tentando jogar com um parceiro um pouco fugidio, um pouco escorregadio, que é a Argentina...

1. Theodore Roosevelt (1858-1919), 36º presidente dos Estados Unidos (1901-1909).

FHC — Essa é a situação com qual nos defrontamos hoje. Qual tem sido a política do governo brasileiro? Tem sido a de reiterar que, para nós, é vital o MERCOSUL; que a mudança que ocorreu na relação entre a Argentina e o Brasil foi histórica. Permitiu um crescimento econômico tanto do Brasil como da Argentina. É preciso ampliar a alguns outros países este processo, para além do Uruguai e do Paraguai.

MS — Refere-se ao Chile.

FHC — Ao Chile, obviamente, mas também à Bolívia e à Venezuela, pelo menos.

MS — Foi, talvez, essa modificação da posição do Chile, que inicialmente queria entrar na NAFTA, que levou os Estados Unidos a esta proposta das Américas?

FHC — Não sei se os Estados Unidos tinham realmente uma política nesse sentido ou se foi alguma coisa que foi acontecendo, quase natural. De tempos em tempos, eles lançam uma operação hemisférica mas há sempre uma oposição interna muito grande, nos próprios Estados Unidos. A NAFTA integra o México, o Canadá e os Estados Unidos.

MS — No México, parece que as coisas não correram bem, ao contrário do Canadá...

FHC — No México houve dificuldades mas os mexicanos hoje compreendem a importância da associação com os vizinhos do Norte. Têm uma fronteira de três mil quilômetros com os Estados Unidos, têm muita indústria americana de *maquilla* (montagem) por causa da mão-de-obra mais barata. Portanto a economia mexicana está cada vez mais ligada à americana. Não obstante desejarem sempre manter aberto esse diálogo latino-americano.

MS — Mas há qualquer coisa de muito interessante aí, que é a exportação de mão-de-obra mexicana, e não só, que entra clandestinamente no Texas, na Califórnia e na Flórida, que está a "hispanizar" os Estados Unidos...

FHC — Fortemente.

MS — Fortemente. É uma coisa extremamente importante que conta com o apoio da Igreja Católica americana, para contrabalançar a influência protestante.

FHC — Não é linear o que vai acontecer. Mas, de qualquer forma, acho que hoje, economicamente, o México está-se integrando crescentemente com os Estados Unidos. O México coincide com o Brasil num ponto fundamental: o Brasil e o México desejam que a ALCA se forme gradativamente. O México porque mantém uma relação privilegiada com os Estados Unidos; o Brasil porque, sendo um país industrializado, quer organizar a sua economia na América do Sul antes de avançar nas negociações com os Estados Unidos. O que é que estamos fazendo? Primeiro, fortalecemos bastante o MERCOSUL...

Deixe-me dar alguns dados sobre isto. Quando era ministro das Relações Exteriores, em 1992-93, não comprávamos petróleo da Argentina, comprávamos do Iraque, do Irã, da Arábia Saudita.

MS — A Argentina tem assim tanto petróleo?

FHC — Muito, e também gás. Nos anos 70, o regime militar brasileiro tinha uma estratégia de projeção de poder nacional que o levou a fazer uma aliança com países do Oriente Médio, sobretudo com o Iraque. Essa aliança implicava troca de informações, de tecnologia nuclear e tudo mais. Mesmo que não tenha sido uma aliança do Estado brasileiro, foi estabelecida entre setores militares e técnicos.

Toda a nossa estratégia, nessa altura, era voltar as costas à América do Sul, ter essa aliança estratégica com o Oriente Médio e alguma presença na África. Em Angola, por exemplo.

MS — Apesar de tudo, mantiveram sempre as aparências em relação à ditadura portuguesa.

FHC — De qualquer forma, o primeiro governo que reconheceu a independência de Angola foi o brasileiro. Mas o meu ponto é a desconfiança que havia em relação à Argentina.

Em 1993, quando era ministro das Relações Exteriores, chamei o presidente da PETROBRÁS e perguntei-lhe por que razão não comprávamos petróleo da Argentina. Começamos a comprar. Hoje, compramos um bilhão de dólares de petróleo à Argentina por ano. Isso foi a base inicial das relações de troca entre o Brasil e a Argentina e o comércio, que era favorável ao Brasil e desfavorável à Argentina, no passado, equilibrou e passou agora a ser favorável à Argentina.

Hoje, trinta por cento das exportações argentinas vêm para o Brasil. As exportações brasileiras vão para a Europa, em primeiro lugar, em segundo lugar, para os Estados Unidos.

Independentemente das variações da opinião deste ou daquele setor argentino ou brasileiro, o Brasil e a Argentina estão ligados por interesses muito sólidos e reciprocamente vantajosos.

MS — E que ultrapassam as conjunturas políticas...

FHC — Exatamente. Eu não sei qual é a estratégia do governo argentino em relação aos Estados Unidos. Mas existe uma relação muito forte com o Brasil. A mesma coisa não ocorre com o Chile. Embora o Brasil seja talvez o segundo parceiro comercial do Chile, as exportações chilenas são sobretudo com o Norte. O Chile exporta basicamente frutas, cobre, celulose, produtos sem grande valor agregado.

MS — E o Brasil exporta para o Chile o quê?

FHC — Manufatura. Se é verdade que o Brasil importa da Argentina trinta por cento do que a Argentina exporta, por outro lado o MERCOSUL é fundamental para o Brasil, pois as nossas exportações industriais se dirigem majoritariamente para o MERCOSUL. O primeiro lugar nas exportações do Brasil é detido pela Europa. Mas a Europa nos compra soja, café e outros produtos agrícolas, enquanto as máquinas brasileiras, quem as compra é o MERCOSUL, ou melhor, a América do Sul e os Estados.

Fizemos uma reunião em Belo Horizonte, preparativa da Cúpula de Santiago, para lançar a política da ALCA, e decidimos que a negociação será global e deverá ser consensual. Não queremos negociar como ocorreu durante a Rodada Uruguai, uma negociação caso a caso. Se for assim, não conseguiremos negociar o que nos interessa. Por isso, a negociação da ALCA é uma negociação para alguns anos, será dura e, por outro lado, estamos dispostos a desenvolvê-la com absoluta lealdade, mas também com a consciência do interesse nacional brasileiro.

Volto à minha tese sobre a globalização: não pode significar supressão do interesse nacional. Essa posição no Brasil é unânime: empresários, sindicatos, governo e oposição.

Se, no passado, o MERCOSUL era considerado — como diria Chomsky — uma expressão do imperialismo, hoje toda a gente sabe que não é assim. O MERCOSUL interessa vitalmente aos nossos países. Temos tido — nós, que somos o país economicamente mais forte do MERCOSUL e da América Latina — uma atitude de compreensão e de reciprocidade. Não estamos em nenhum caso tentando impor o interesse brasileiro aos nossos parceiros. Somos, aliás, criticados pela imprensa, que nos acusa de cedermos demasiado aos argentinos. São críticas sem visão estratégica. Argentina e Brasil são complementares e o nosso maior competidor são os Estados Unidos. Os americanos reconhecem que a posição do Brasil é essa. Claro que não temos condições de competir em tudo. Mas temos uma boa base econômica e de organização da sociedade que nos permitem maior competitividade e, portanto, a independência possível nos tempos de hoje.

Antes de receber Bill Clinton, em Brasília, enviei-lhe uma carta sugerindo-lhe que o Brasil e os Estados Unidos fizessem uma proposta conjunta, na Cúpula de Santiago, sobre educação, porque os povos se integram também com o coração. Os povos precisam de valores. Mas o valor fundamental é a igualdade e a educação, que é o instrumento dessa igualdade. Não nos interessa uma integração que leve à desintegração social e ao aumento da desigualdade.

Disse-lhe tudo isto e ele concordou. A integração hemisférica não poderá ser feita mantendo-se as desigualdades. Estou introduzindo um vetor político na discussão da globalização que é contraditório com o seu efeito mais negativo. Pode dar certo ou não, mas estamos propondo políticas positivas, sem aceitação acrítica da globalização. Queremos colocar condições. Do mesmo modo que a Europa está lutando para ter o euro, nós vamos lutar para ter mais igualdade. Será um processo político de longa duração.

MS — Mas não há uma rivalidade entre o Brasil e a Argentina para ver quem é mais importante aos olhos dos Estados Unidos?

FHC — Não, não há, pelo menos por parte do Brasil. Sinto, nas conversas com o presidente Carlos Menem e com o chanceler Di Tella, com os líderes argentinos em geral, que coincidem em que a relação entre o Brasil e a Argentina deve se solidificar. Há, por vezes, episódios como o da nossa candidatura ao Conselho de Segurança da ONU. Foi difícil ao presidente da Argentina dizer que apóia a nossa entrada como membro permanente. Compreendi a dificuldade dele, porque tinha a mesma aspiração.

MS — Portugal apóia a cem por cento, como sabe; faz parte da política portuguesa. Mas eu pergunto-me se, realmente, é uma reivindicação que tenha tanta importância para o Brasil como parece. Ser membro permanente do Conselho de Segurança vai dar muitos problemas ao Brasil e, talvez, um acréscimo de confronto com os Estados Unidos.

FHC — Quando presidente eleito, fiz uma declaração à imprensa dizendo o que o Mário está sugerindo: para o Brasil, fundamental é a relação com a Argentina e com o MERCOSUL, mais importante do que ser ou não membro permanente do Conselho de Segurança. Somos um país pacífico e temos a consciência do nosso peso internacional.

Essas declarações caíram mal no Brasil. Pensaram que estivesse mudando de orientação. Expliquei que não tinha mudado a linha da política exterior. Apenas não queria dar a impressão de que participar do Conselho era a questão prioritária.

MS — Mas pertencer ao Conselho de Segurança dá prestígio.

FHC — Dá. Entretanto, se houver reformas nas Nações Unidas, é muito provável que o Brasil vá para o Conselho de Segurança. O que é preciso mudar realmente são as Nações Unidas. Mais do que simplesmente colocar novos membros no Conselho de Segurança.

MS — Não participam na OCDE[2]?

FHC — Não. Talvez porque o Brasil nunca colocou essa questão. Somos um país continental, com a tendência de olhar para o umbigo, algumas vezes sem consciência da própria força. O Brasil é uma das dez mais importantes economias do mundo — o nosso PIB é maior que o da Rússia, maior de que o da China, já ultrapassou oitocentos bilhões de dólares. Na virada do século, vamos atingir um trilhão de dólares. Não precisamos forçar situações para que se reconheça o nosso prestígio internacional.

Voltando à questão da integração, não nos satisfaz tão-só uma zona de livre comércio das Américas. Precisamos manter relações comerciais intensas com a Europa, os Estados Unidos e a Ásia. Precisamos estabelecer um acordo amplo entre o MERCOSUL e a União Européia, o mais rapidamente possível. A Europa vai ter de entender que é preciso negociar também a liberalização da agricultura. A Europa é muito fechada na questão agrícola. Ora, essa é uma questão básica para nós.

MS — É que a agricultura francesa e a italiana, aliás, muito prósperas, são sensíveis à invasão de produtos agrícolas vindos do exterior e, portanto, brasileiros.

FHC — É isso. Sabe que a Alemanha tem investimentos muito fortes no Brasil? A grande São Paulo, sozinha, tem mais indústrias alemãs do que qualquer cidade alemã. O mercado de automóveis populares no Brasil é maior do que o da Alemanha. A fábrica da Fiat em Minas Gerais é maior do que a de Turim. São estas coisas que unem muito o Brasil à Europa.

Politicamente, é muito importante que isso ocorra, porque, quando fizermos o acordo da ALCA, já teremos acordos firmados com a União Européia. Não se trata, repito, de oposição aos Estados Unidos, porque o maior

2. A Organização de Cooperação e de Desenvolvimento Econômico (OCDE) é um grupo constituído em Paris, em 1961, por dezoito Estados europeus membros da Organização Européia de Cooperação Econômica (OECE), os Estados Unidos e o Canadá, para otimizar a expansão dos Estados-membros.

investidor no Brasil são os Estados Unidos — estão investindo mais e mais — e também porque o mercado americano é mais aberto do que o mercado europeu. Trata-se de desenvolver um modelo de integração que seja diversificado e, por isso, vantajoso para o interesse nacional brasileiro.

MÁRIO SOARES E FERNANDO HENRIQUE CARDOSO
NA VARANDA DO PALÁCIO DA ALVORADA
ABRIL DE 1998

XXV

BRASIL E UNIÃO EUROPÉIA

"Uma relação de parceria com a União Européia é importante ... Ambos queremos evitar o hegemonismo."

Fernando Henrique Cardoso

"Há uma grande sensibilidade na União Européia para desenvolver uma política de cooperação mais estreita com o Brasil e com todo o MERCOSUL."

Mário Soares

MS — Podemos agora, se me permite, passar para as relações entre o Brasil e a União Européia ou, se quiser, o MERCOSUL e a União Européia. Começaríamos por falar do Brasil e da União Européia. Já vimos que um quarto das exportações do Brasil e dos investimentos externos são para e da União Européia.

FHC — Um quarto das exportações vão para a União Européia, um quarto para os Estados Unidos e um quarto para a América Latina, sobretudo para o MERCOSUL. O outro quarto para a Ásia e Oriente Médio.

MS — O que espera o Brasil da União Européia? E qual é o interesse que tem o Brasil para a União Européia?

FHC — A questão que em primeiro lugar surge é do tipo político. Trata-se da redistribuição do poder mundial, que será básica no futuro. Nesse sentido, uma relação de parceria com a União Européia é importante. Porque aí os nossos interesses coincidem. O peso relativo da União Européia no sistema global será maior, mas a direção do interesse é a mesma. Ambos queremos evitar o hegemonismo.

Em segundo lugar, está a relação de tipo econômico, que envolve negociações sobre tarifas, sobre não discriminação de produtos etc. Em terceiro lugar, e também muito importante, é a relação cultural e tecnológica. Precisaremos crescentemente de investimento cultural e tecnológico.

Por exemplo, mesmo havendo uma relação difícil com a França quanto ao comércio agrícola, ela pode melhorar se os franceses investirem no processamento de bens alimentares, onde eles são muito bons, trazendo novas tecnologias para o Brasil e formando gente.

A função dos Estados, no futuro, será dar visibilidade ao que a sociedade já está produzindo em termos de ideal, de futuro. O diálogo entre europeus e brasileiros ou entre europeus e latino-americanos é nesse sentido muito importante também. É um diálogo que existe e sempre existiu. A influência é grande, pode ser maior e pode ser recíproca.

Por isso, quando me perguntou se a influência americana no Brasil é decisiva, eu respondi-lhe que não.

MS — Têm vindo a diversificar as nossas relações...

FHC — Queremos diversificar. Mais do que isso: temos feito um esforço nessa direção, e não só com a França.

MS — E também relativamente aos outros países da América Latina?

FHC — Menos. Nos países do Pacífico, muito menos. Acho que, nesse aspecto, o MERCOSUL, ou seja, a região do Sul do continente, tem mais interesses e possibilidades no relacionamento com a Europa. A União Européia é uma alternativa e também um modelo de organização, o que não quer dizer que deva repetir-se exatamente aqui. Quando me refiro, neste caso, ao MERCOSUL, incluo o Chile. E não devemos esquecer que o México também tem grande interesse em aproximar-se da União Européia.

MS — A Europa integrada oferece um modelo e representa também uma grande experiência acumulada...

FHC — Sim. Se quisermos simplificar, diria que a política externa do Brasil tem três vertentes: MERCOSUL, relações com a União Européia e com os Estados Unidos. E nós precisamos ter essas três vertentes para que as coisas funcionem bem.

A Ásia é distante. Tive um grande empenho na aproximação com a Ásia, fui à China, fui ao Japão duas vezes, fui à Malásia, fui à Índia. Estamos mandando gente de boa qualidade diplomática para esses países. Mas o Oriente possui outra problemática. A nossa ligação mais forte é com a União Européia, os Estados Unidos e o MERCOSUL. Esse é o triângulo de interesse direto do Brasil. Mesmo a Europa do Leste, para nós, tem um interesse remoto; inclusive a Rússia. Curiosamente, ainda não conseguimos encontrar os modos de assegurar uma relação mutuamente proveitosa com a Rússia, embora os dois lados o desejem.

MS — Mas com a China conseguiram?

FHC — Com a China temos acordos bons e estamos construindo satélites em parceria. Como já destaquei, estamos construindo no Brasil turbinas geradoras de energia para a barragem das Três Gargantas, na China. A China será um mercado importante para os nossos produtos agrícolas, no futuro.

MS — Também nós, na União Européia, estamos a atravessar uma certa crise, embora, muitas vezes, os grandes saltos da construção européia se tenham dado, justamente, quando há que ultrapassar grandes crises.

Quando estávamos num impasse, na seqüência da queda do Muro de Berlim, surgiu Maastricht[1], uma resposta em muitos aspectos infeliz, mas que fez avançar a integração para o domínio político e para uma certa solidariedade no que respeita às questões de política externa e de defesa.

Agora estamos a caminhar para a realização do euro e, em Portugal, estamos bastante satisfeitos. Cumprimos todos os critérios de convergência, estabelecidos em Maastricht, o que há apenas alguns anos ainda parecia impossível.

Curiosamente, os países que tiveram maiores dificuldades foram os mais ricos, como a França e a própria Alemanha. Embora, na Alemanha, as coisas sejam mais complicadas do que o cumprimento dos critérios. Se o chanceler Helmut Kohl, que é o grande obreiro da União Econômica e Monetária, vier a perder as eleições, em setembro de 1998, as coisas poderão vir a complicar-se. Os alemães pensam que o fator fundamental da sua identidade desde o pós-guerra é o marco e têm grande relutância em aceitar o euro.

De resto, os países do Sul vão entrar no euro e até mesmo a Itália, que é o país mais europeísta, fez um esforço extraordinário, com o primeiro-ministro Romano Prodi.

A Inglaterra, apesar do novo governo trabalhista de Tony Blair, deve manter-se de fora por mais algum tempo, embora isso seja um erro, na minha opinião. Se

1. O Tratado de Maastricht, assinado em 1991, é a primeira tentativa de institucionalizar um Estado transnacional. Os países da Comunidade Econômica Européia (CEE) que o assinaram concordam em que no espaço de dez anos sejam adotadas tanto uma moeda comum como modalidades de adoção e aplicação de políticas macroeconômicas.

tudo correr bem com o euro, como espero, o Reino Unido antes de dois anos estará a adotar a moeda única. Será a City a exigir...

FHC — Para a Inglaterra seria uma perda líquida. Mas Tony Blair parece desejar acelerar a integração com a Europa.

MS — É uma perda gravíssima, mas muitos ingleses ainda não compreendem isso. Aliás, a Inglaterra, com a larga autonomia que deu agora à Escócia, está numa situação realmente de grande dificuldade. Não tem condições, em termos de opinião pública interna, para entrar imediatamente na zona do euro. A Dinamarca seguirá a Inglaterra, e a Suécia, curiosamente, também não quer a moeda única. Ou melhor, a Suécia não quer e a situação da Suécia também é difícil, depois de dezenas de anos de estabilidade social-democrata e com um modelo de segurança social muito avançado. A posição de neutralismo, a que estava habituada, não lhe permite integrar-se suficientemente. Não é partidária de uma integração avançada. A Áustria, sim.

Mas eu estou convencido que a Europa vai avançar. Creio que o desenvolvimento econômico proporcionado pelo euro vai corresponder a uma maior união política. Não faz sentido que haja políticas comuns econômicas e orçamentais e que não haja um reforço também em matéria política.

A União Européia é um pólo de desenvolvimento econômico que se pode bater de igual para igual com os Estados Unidos, porque é tão poderoso no plano econômico como os Estados Unidos. Tem uma população global superior. Está numa fase de expansão, visto que vai integrar países como a Polônia, a República Checa e a Hungria numa primeira fase. Tem poder militar, desde que se caminhe no sentido de uma certa coordenação das forças armadas dos Quinze. Por isso, penso que o Brasil pode contar cada vez mais com a União Européia. Há uma grande sensibilidade na União Européia para desenvolver uma política de cooperação mais estreita com o Brasil e com todo o MERCOSUL.

FHC — Será melhor para a União Européia uma integração de tantos países, incluindo os nórdicos e incluindo os do Leste, ou seria melhor a consolidação do euro e uma ampliação mais lenta?

MS — Pela força das coisas, não vão estar na primeira linha do euro tantos países como se desejaria. Apesar de sermos quinze, só onze vão integrar o núcleo "duro" do euro. Se os outros ficarem muito para trás, será prejudicial para a dinâmica da construção européia. Por outro lado, temos de integrar alguns países do Leste e do Sul, mesmo que a prazo. É interessante verificar, contudo, que enquanto alguns países-membros da União Européia hesitam em avançar ou não no processo de integração — como é o caso da Inglaterra —, a Polônia, a Hungria e a República Checa, por exemplo, não têm qualquer dúvida em que devem entrar quanto antes. Como não têm a Bulgária, a Romênia, os países bálticos, e quase todos os outros que insistem em entrar a qualquer preço.

FHC — Mesmo a Romênia?

MS — A Romênia, a Bulgária, a Albânia, os países saídos da ex-Iugoslávia, todos nos batem insistentemente à porta. Mais do que isso, a Turquia... que constitui um problema complexo...

FHC — Aí, entra o mundo muçulmano na Europa!

MS — Mas o mundo muçulmano está na Europa!

FHC — Eu queria dizer na União Européia.

MS — No passado, a fronteira entre esses dois mundos — o cristão e o muçulmano — era o Mediterrâneo. Agora passou a ser mais a Norte, passa pela ex-Iugoslávia, atravessa a Bulgária em direção às antigas Repúblicas Soviéticas islâmicas...

FHC — Isso é verdade.

MS — E há outros países, como Marrocos, que também gostariam de entrar. Rabat pediu a abertura de negociações para entrar na União Européia. Não se pode dizer que seja um país europeu...

FHC — Não é, de fato.

MS — Invocou, no entanto, um argumento curioso. Como estiveram durante sete séculos ocupando a Península Ibérica, também têm raízes européias... Marrocos é um país muito interessante, numa posição geo-estratégica privilegiada. Portugal tem relações excelentes com Marrocos.

XXVI

DEMOCRACIA NA AMÉRICA LATINA

"A generalização da experiência de Cuba ... produziu um grande equívoco ... A visão guerrilheira baseada numa análise superficial da América Latina não só custou vidas, como paralisou a intelectualidade latino-americana por algum tempo."

Fernando Henrique Cardoso

"Na primeira vez que vim ao Brasil, em 1970, tive vários contatos com intelectuais brasileiros e, sempre que lhes falava em socialismo democrático, eles julgavam que eu era um agente do imperialismo e que a Internacional Socialista era uma sucursal dos Estados Unidos."

Mário Soares

MS — Há países da América Latina que são realmente países-problema. O Peru, no plano político. A Colômbia, com certeza, por causa do narcotráfico. A Venezuela, que tem tido uma política pouco feliz no plano social, embora esteja a melhorar economicamente. E, depois, há os países da América Central, que estão a aproximar-se muito dos Estados Unidos e do México. Não é assim?

FHC — É verdade. Creio que o Brasil pode ter um papel construtivo e estabilizador na América do Sul. Embora nossas relações comerciais com a Colômbia sejam pequenas, ela é uma preocupação permanente. Temos uma enorme fronteira comum e existem os problemas da guerrilha e do narcotráfico. Conversei mais de uma vez com os dirigentes americanos — inclusive, com o presidente Clinton — sobre a pressão que eles fazem sobre o presidente Samper, que me parece contraproducente.

Vejo no presidente Samper qualidades: tem-se esforçado o quanto pode. É preciso ter uma atitude mais compreensiva com a Colômbia. A prática norte-americana de passar certificado de bom comportamento, este é bom, aquele é mau, provoca sempre uma crise. Eu gostaria que o presidente Clinton conhecesse mais a América do Sul.

A Venezuela é um país rico que, pela primeira vez, tem uma relação econômica mais ampla com o Brasil.

MS — Com o atual presidente.

FHC — Começou com o presidente Itamar e eu dei continuidade. Hoje temos um acordo para utilizar o potencial hidrelétrico da Venezuela e fizemos uma estrada importante ligando Manaus a Caracas. O presidente Sarney — a quem eu quero fazer um elogio nesta matéria — percebeu a importância da América Latina. O regime militar, na abertura que teve para a política internacional, preocupou-se com África e Oriente Médio. A visão deles era ampliar os contatos com Angola, Moçambique, Irã e Iraque. Sarney foi o primeiro, com Alfonsin[1], a perceber a importância da América Latina — coisa que sempre foi o meu pensamento. Com Itamar, aprofundamos a questão do MERCOSUL, mas eu não imaginava que isso ia ser tão decisivo, mesmo sendo favorável ao MERCOSUL, até assumir a Presidência. Representa hoje uma opção estratégica de primeira importância para o Bra-

1. Raúl Ricardo Alfonsin (1927), político argentino. Primeiro presidente eleito democraticamente (1983-1989) após o regime militar.

sil. É justamente o que nos permite jogar na heterogeneidade do bloco de poder, evitando a concentração num só pólo. Estamos trabalhando nisso e também nas relações entre o MERCOSUL e a União Européia, que não devem ser entendidas em contraposição aos Estados Unidos. Será um tipo de acerto que nos dê mais espaço. Julgo que só vi claro isto depois de ser presidente. Também vi mais claro a necessidade de retomar, e retomei com força, a idéia (a expressão é antiga mas eu vou repetir) de um projeto nacional. Não podemos subestimar esse projeto nacional para evitar que o processo de integração do MERCOSUL e sobretudo a ALCA tenham conseqüências internas desintegradoras.

MS — Para além destes aspectos, que dizem respeito sobretudo ao MERCOSUL, há todo um processo, que foi semelhante em toda a América Latina, e que foi a transição para a democracia. Essa transição foi feita nuns sítios com mais felicidade, noutros com menos, mas por toda a parte. Julgo que Portugal e Espanha tiveram um papel nesse movimento, na medida em que foram um exemplo e na medida em que mostraram aos Estados Unidos, naqueles anos em que ainda se vivia em guerra fria, que era um erro continuarem a apoiar ditaduras com medo do comunismo. Era muito mais fácil vencer o comunismo em democracia do que em ditadura. Eles fizeram essa prova em Portugal e é por isso que Samuel Huntington diz que a "terceira vaga" da democracia começou em Portugal. Na Espanha não houve propriamente uma revolução, mas houve uma transição democrática efetiva que se tornou irreversível quando o rei Juan Carlos[2] teve um papel decisivo na contenção do golpe de 22 de fevereiro de 1982.

Em todo o caso, na América Latina, há um país que está fora deste processo: Cuba. Como o Brasil vê a situação de Cuba? No Brasil, tem havido periodicamente

2. Juan Carlos (1938), rei da Espanha desde 1975.

a manifestação de alguma simpatia em relação a Cuba, por um lado e, por outro também um grande afastamento em relação ao sistema cubano.

FHC — Em relação aos comentários que fez sobre Portugal e Espanha, na verdade, a matriz dessa forma de transição é européia e Portugal deu o primeiro passo. Eu nunca vou esquecer quando o presidente Soares veio ao Brasil para dizer que estávamos próximos de uma mudança política em Portugal...

MS — Exatamente.

FHC — Aqui ninguém acreditava. Poucos meses depois, era ministro dos Negócios Estrangeiros de Portugal e nós sempre seguimos com muita atenção a evolução portuguesa, bem como a espanhola. Eu mesmo escrevi o prefácio de um livro sobre a transição espanhola, publicado por Adolfo Suárez[3].

MS — É uma figura muito interessante. Depois de ter sido muito criticado em Espanha, agora é considerado um dos pais da pátria.

FHC — Juan Linz[4], um espanhol professor em Yale, escreveu um artigo muito interessante sobre o papel do rei na transição da Espanha. Nós discutimos tudo isso aqui, no Brasil, muito detalhada e apaixonadamente. E a Revolução dos Cravos teve influência na evolução da nossa luta democrática.

MS — Lembro-me que, na primeira vez que vim ao Brasil, em 1970, tive vários contatos com intelectuais brasileiros e, sempre que lhes falava em socialismo democrático, eles julgavam que eu era um agente do imperialismo e que a Internacional Socialista era uma sucursal dos Estados Unidos. Depois, houve uma mudança, a

3. Adolfo Suárez (1932) foi primeiro-ministro da Espanha entre 1976 e 1981. Fundou em 1982 o Centro Democrático y Social.

4. Juan José Linz (1926), sociólogo espanhol. Professor de ciências políticas e sociais na Universidade de Yale (Estados Unidos).

radicalização política foi desaparecendo e as soluções para a democracia foram sendo progressivamente adotadas.

FHC — É verdade. Creio que a sua influência pessoal foi muito grande nessa evolução. A figura de Mário Soares no Brasil ajudou os meios intelectuais a fazer uma revisão de toda essa percepção preconceituosa sobre a Internacional Socialista. Se me permite mais uma recordação, estive com você num jantar da Internacional Socialista, logo depois da sua eleição para presidente de Portugal. Você, ao ser eleito, tinha devolvido sua carteira do Partido Socialista e renunciado à vice-presidência da Internacional Socialista. Lembra-se?

MS — Sim. Foi no Palácio de Queluz.

FHC — Foi em Queluz. Naquela altura, já todos nós estávamos entusiasmados com a transição democrática portuguesa e com o papel desempenhado nessa transição pelo socialismo democrático. Tudo isso teve muita influência no Brasil.

A influência de Cuba foi anterior. Deu-se nos anos 60. Nos anos 70 ainda exercia alguma atração mas já começava a declinar, na esquerda brasileira. A posição do Brasil com respeito a Cuba sempre foi de uma certa simpatia e também alguma distância. No momento em que Jânio Quadros era presidente da República houve uma pirueta um tanto demagógica, com a visita que fez a Cuba e a condecoração que concedeu a Guevara[5]. Na verdade, o gesto tinha um sentido simbólico. Mostrar a independência da política brasileira e não propriamente uma adesão ao regime cubano. Mas isso permaneceu como uma marca.

Hoje, as relações são corretas, mantemos o intercâmbio comercial, há um fluxo crescente de pessoas que vão passar férias em Cuba e algum investimento, ainda que não muito. Já não existe há muitos anos ingerência

5. Ernesto (Che) Guevara (1928-1967), médico argentino, companheiro de Fidel Castro na Revolução Cubana (1959) e primeiro-ministro da Indústria do governo revolucionário. Veio ao Brasil, antes de seguir para a reunião de cúpula da Organização dos Estados Americanos (OEA) em Punta del Este (1961), denunciar a "Revolução das Latrinas" contra o reformismo da Aliança para o Progresso do governo Kennedy.

cubana na política brasileira, ou melhor, na esquerda brasileira. Mas existe uma espécie de convicção de que, com o tempo, Cuba se democratizará.

Creio que as pessoas não estão informadas sobre Cuba, de uma forma concreta. Por exemplo, recebi recentemente os representantes de uma ONG chamada American Watch, que cuida dos direitos humanos. Disseram-me que tinham estado em Cuba, que haviam conversado sete ou oito horas com Fidel Castro e que visitaram prisões de Cuba. Fidel queria mostrar que não havia maus-tratos. Contudo, disseram-me que, ainda hoje, em Cuba, as pessoas que fazem simples críticas vão para a cadeia. Não sei se é verdade.

Em Santiago do Chile, os presidentes na Cúpula Ibero-Americana divulgaram uma declaração sobre a liberdade, a democracia, as eleições, a rotatividade no poder. Fidel assinou essa declaração. Entretanto, em Cuba pessoas foram presas porque estavam distribuindo o texto que Fidel assinou. É uma coisa inconcebível numa sociedade democrática como a brasileira...

MS — Há uma duplicidade nesse comportamento.

FHC — O lado autoritário do regime cubano não é divulgado. Quem o divulga no Brasil, às vezes, é considerado pró-americano. Nunca entendi — e mesmo que pudesse entender não aceitaria — por que razão o governo cubano continua impermeável a certas reivindicações democratizadoras, para nós, corriqueiras.

MS — É porque, julgo, se ele começar a fazer concessões, não sabe onde vai parar. Essa é a grande dificuldade com que se confrontam os ditadores.

FHC — A relação do Brasil com Cuba é de aceitação simpática por duas razões: pelo desafio que no passado Cuba significou ao poderio americano; e, por outro lado, pelo fato de ter havido em Cuba um avanço social grande na educação e na saúde pública.

MS — Mesmo esses aspectos são discutíveis. Veja o que se passa nos hospitais cubanos, nem sequer têm antibióticos.

FHC — De qualquer maneira, houve um esforço nesse sentido. Tal fato obscurece o lado negativo do regime, ou seja, o partido único e a repressão. Cuba nunca foi percebida no Brasil como um grande problema político, embora devesse ter sido, principalmente porque pôs em causa o socialismo democrático. Num dado momento, os militares brasileiros tiveram alguma preocupação com a possibilidade de haver uma "cubanização" do Suriname.

MS — Tratava-se de uma espécie de contágio ou, mesmo, de movimentos de guerrilha financiados e treinados por Cuba?

FHC — Há uma documentação amplíssima sobre isso. Alguns dos líderes políticos brasileiros atuais viveram em Cuba muitos anos. Por exemplo, o presidente do PT, José Dirceu, passou muitos anos em Cuba... Mas hoje são democratas.

MS — Brizola também esteve lá...

FHC — Brizola passou por Cuba, mas não viveu lá.

MS — Voltando à atualidade, no Peru, por exemplo, havia um laço entre a guerrilha e Cuba, tanto que Fidel se ofereceu até para ser o intermediário, quando do seqüestro da residência do embaixador japonês.

FHC — De qualquer maneira, até a década de 70, com a guerra fria, Cuba era percebida como ameaça. Hoje, não...

MS — É uma situação anacrônica.

FHC — Alguma coisa que sobrou, como anacronismo histórico, digamos assim. Por isso é que me referia a Portugal e Espanha. O que aconteceu no Brasil é muito mais próximo do que se passou em Portugal e Espanha.

Pouco depois que escrevi com Enzo Falleto, em fins dos anos 60, o livro sobre a dependência e desenvolvimento da América Latina, saiu o livro do Régis Debray[6]. Pensei que nosso livro estava liquidado porque o guevarismo tinha uma força ideológica e mítica imensa e as teses eram opostas às minhas. Guevara propunha a "teoria do foco", que aplicou na Bolívia. Mas sua análise era equivocada, a um tal ponto que supunha que os países sem grandes possibilidades de gerar movimentos revolucionários eram o Uruguai, a Argentina e o Chile. Ora, o Uruguai teve os tupamaros, a Argentina teve movimentos guerrilheiros importantes, e o Chile teve o MIR.

6. Régis Debray (1940), intelectual francês. Teórico do "foco guerrilheiro". Acompanhou os guerrilheiros chefiados por Che Guevara na Bolívia, onde foi aprisionado.

Ele acreditava que a solução *à la* Cuba seria possível em países de outro tipo como a Bolívia e, talvez, o Brasil. Achava que as Forças Armadas eram o exército de ocupação, porque desconhecia a história dos nossos países. A generalização da experiência de Cuba, desse ponto de vista, produziu um grande equívoco sobre a América Latina e influenciou negativamente o pensamento da esquerda latino-americana, dificultando-lhe a compreensão dos processos reais que ocorriam no continente. Régis Debray foi o arauto da teoria guevarista. Essa visão guerrilheira baseada numa análise superficial da América Latina não só custou vidas, como paralisou a intelectualidade latino-americana por algum tempo.

Quando ocorreu a Revolução dos Cravos em Portugal e, depois, a transição pactuada na Espanha, quando os socialistas assumiram o governo, em Portugal e na Espanha, parte da esquerda latino-americana percebeu que havia outro caminho possível para assegurar as transformações necessárias. Creio que nunca se avaliou suficientemente o efeito das transformações democráticas ocorridas em Portugal e na Espanha sobre a política latino-americana.

MS — Tem havido vários colóquios sobre isso. Ainda agora, por exemplo, Felipe Gonzalez[7] e eu próprio estivemos num colóquio no Uruguai, onde justamente falamos das transições democráticas e demos o exemplo de Portugal e Espanha e da sua repercussão nos países latino-americanos. Contudo, tenho a sensação de que as democracias em muitos países da América Latina não estão ainda suficientemente consolidadas. No Peru há uma democracia que podemos chamar ultra-musculada. Na Colômbia é uma democracia muito fragilizada.

FHC — Sim.

MS — Fragilizada por causa do narcotráfico. Não vale a pena estar a fazer uma análise caso a caso, mas há alguns aspectos que mostram que a democracia não é um dado completamente adquirido na América Latina.

FHC — Eu não tenho dúvida. Mesmo num país como o Chile, que é democrático, ainda há resíduos autoritários.

MS — Sim, tem o problema de Pinochet[8].

FHC — E ainda há senadores nomeados pelo regime antigo. Onde a democracia avançou mais foi no Brasil, no Uruguai e na Argentina. A Venezuela tem um regime democrático há muitos anos. O Equador tem um regime com problemas, mas as regras têm sido mantidas e ele se fortalece.

MS — É um país que está entalado entre a Colômbia e o Peru, mas é mais equilibrado do ponto de vista democrático. E não sofre o problema do narcotráfico.

FHC — Esse problema atinge basicamente o Peru, Colômbia e Bolívia. Os outros, mesmo que sejam países de

7. Felipe Gonzalez (1942), político espanhol. Dirigente do Partido Socialista Operário Espanhol (PSOE). Primeiro-ministro entre 1982 e 1994.

8. Chefe do regime militar (1973-1990), comandante do Exército até 1998, o general Augusto Pinochet ocupa hoje uma cadeira no Senado do Chile.

9. Ernesto Zedillo Ponce de Leon (1951), político mexicano. Presidente da República desde 1994.

passagem, não são produtores. A América Central também passou por uma evolução democratizadora bastante significativa.

MS — Positiva. Fiz parte do júri do Prêmio Houphouët Boigny, que, no ano passado, concedeu o prêmio da paz *ex-aequo* ao presidente da República da Guatemala e ao chefe da guerrilha.

FHC — Fantástico!

MS — Justamente porque eles foram capazes de se sentar a uma mesa e de encontrar uma solução pacífica e democrática e negociada para acabar com a guerrilha.

FHC — Creio que o fenômeno recente mais importante de consolidação democrática é o México. Embora o México sempre tivesse tido um regime democrático formal, só agora, com o presidente Zedillo[9], está a caminho de o ser efetivamente. A questão das transições democráticas é um fenômeno ainda insuficientemente estudado.

MS — Na Europa, a questão tem sido muito estudada, sobretudo em relação aos países de Leste. E nós, portugueses, temos participado em muitos colóquios em universidades e outros centros de cultura justamente porque eles querem comparar a sua experiência com a nossa. Simplesmente, a transição, para eles, é muito mais difícil porque, apesar de tudo, nós tínhamos um regime que era autoritário, mas não totalitário.

FHC — Era o nosso caso, também.

MS — Enquanto os países do Leste da Europa tinham regimes totalitários, moldados sobre o sistema soviético, onde a transição é muito mais difícil porque não pode contar com a sociedade civil, nem sequer com uma economia privada...

FHC — É isso mesmo, nem mercado nem sociedade civil. Esse é outro ponto de diferença entre os países do Cone Sul da América e a Europa. Costumo usar a expressão "Extremo Ocidente" para designar esta região que dispõe de instituições ocidentais, com tradição jurídica ocidental, e mercado funcionando há séculos. No Sudoeste asiático houve crescimento econômico, mas a sociedade é de outro tipo e a cultura também.

MS — Com fragilidades que felizmente nós não temos.

FHC — Isso permite um diálogo mais fluido e mais rico entre a Europa e o MERCOSUL, a Europa e a América Latina ou os Estados Unidos e o MERCOSUL. Pertencemos ao mesmo universo de valores. É a questão, que já discutimos, sobre o mundo muçulmano e o mundo oriental, que são diferentes, nem melhores nem piores, mas outra realidade. Na América do Sul, somos herdeiros da cultura judaico-cristã.

MS — Como é que vê a Comunidade Ibero-Americana? Acha que tem consistência? Poderá vir a desenvolver-se no futuro, com igual utilidade para todos os participantes?

FHC — Confesso que, de início, a vi com certa surpresa porque engloba países muito diferentes. No Brasil, nunca estivemos propriamente integrados à América Latina. A idéia de América Latina foi uma construção político-intelectual da geração anterior à minha e da minha geração. O exílio nos fez latino-americanos. Nos anos 30, houve exílio de argentinos, uruguaios, bolivianos, peruanos, paraguaios etc. Nós, brasileiros, fomos exilados nos anos 60 e 70, e, graças a isso, descobrimos nossa condição de latino-americanos. Por falarmos português, sermos um país grande e estarmos olhando mais para a Europa, não tínhamos tanta consciência de pertencer à América Latina. Havia mesmo um preconceito anti-América hispânica e, provavelmente, a recíproca também era verdadeira, havia preconceito a respeito dos brasileiros.

Depois, com estes anos todos de exílio e com a influência enorme da CEPAL, onde estiveram Celso Furtado e muitos outros brasileiros e latino-americanos, acabamos por desenvolver relações de amizade pessoal, produziram-se livros em conjunto. Eu próprio escrevi em espanhol o livro *Dependência e desenvolvimento.*

Celso Furtado também escreveu em espanhol muita coisa, o Darcy Ribeiro trabalhou no Uruguai, Peru e Chile. Hélio Jaguaribe teve seus livros traduzidos para o castelhano. Enfim, nós nos latino-americanizamos... E muitas dessas pessoas, como eu, estão hoje no governo.

O ibero-americanismo traz uma dimensão nova. Confesso que tenho atração por ela, mas não creio que a população brasileira tenha noção do que seja o ibero-americanismo; tem mais noção de Portugal do que do mundo ibérico.

Foi, sobretudo, por causa das transições democráticas de Portugal e da Espanha que começou a haver, nas elites, um pouco mais dessa atmosfera comum, de comunidade de valores. É claro que isso varia de situação para situação. Hoje já é mais comum brasileiros estudarem na Espanha. Tenho uma filha, Beatriz, que estudou em Barcelona.

MS — Em Barcelona?

FHC — Em Barcelona, porque a orientadora de tese dela mora lá e é argentina, Ana Teberosky.

Está-se construindo, pouco a pouco, a Comunidade Ibero-Americana. Os brasileiros se sentem mais próximos do Cone Sul, ou seja, do Uruguai, Argentina, Paraguai e Bolívia. A Venezuela é recente como país interlocutor do Brasil e o próprio Chile também. O primeiro país sul-americano no qual um brasileiro do Sul, como é o meu caso, se sente estranho é o Chile. Os brasileiros entendem mais facilmente o castelhano falado no Uruguai e na Argentina do que o castelhano ouvido quando atravessam a cordilheira dos Andes e chegam ao Chile.

E olhe que a minha segunda pátria, como digo sempre, é o Chile. Morei alguns anos lá, gosto muito do Chile, mas, culturalmente, o Chile é diferente do Brasil. Por outro lado, é difícil que um brasileiro se sinta estranho em Portugal.

MS — Sim, isso parece-me óbvio. Mas estávamos ainda a falar da questão ibero-latino-americana, nesta Comunidade Ibero-Americana que foi uma idéia mexicana, como sabe, e que pareceu primeiro uma coisa fantasiosa, mas que acabou por reunir, com regularidade exemplar, chefes de Estado e do governo. Já se fizeram acordos de natureza econômica, no domínio da educação e em muitos outros setores, e isso, naturalmente, tem vindo a gerar uma certa solidariedade. Quando houve a crise política do Paraguai, essa comunidade exerceu uma pressão que deu efeito.

FHC — Deu efeito, sem dúvida.

MS — Há aqui já uma solidariedade nascente que tem efeito e que pode desenvolver-se, no próprio plano político...

FHC — Creio que sim.

MS — Além disso, através da Península Ibérica, de Portugal e Espanha, há uma ligação indiscutível com a União Européia. E há outros países que já querem ter na comunidade o estatuto de observadores como, por exemplo, a Itália.

FHC — No caso da Itália, a relação com o Brasil é muito forte por causa da imigração. Há partes do Brasil que são italianas. Devemos ter mais de vinte milhões de brasileiros de origem italiana. Também árabes. Só descendentes de libaneses são mais de cinco milhões.

MS — E há outras partes que são alemãs.

FHC — Sim, outras são alemãs, japonesas, ucranianas etc. Fui a Caxias, no Rio Grande do Sul. Estava lá o embaixador italiano assistindo a uma festa comemorativa da colonização italiana. Ficou entusiasmado: parecia estar na Itália.

MS — Foi o presidente Getúlio Vargas que, em determinada altura, disse que toda essa variedade era muito enriquecedora mas, na escola primária, o português é que se deveria aprender. Isso devemos ao Getúlio Vargas.

FHC — Foi durante a Segunda Guerra, mas até hoje, em Caxias, por exemplo, muita gente fala italiano, o tipo físico é italiano. Com a Itália há muita afinidade de sentimentos.

Com a França é diferente. Existe um sentimento de admiração por causa da cultura francesa, que foi muito influente. Mas não é como em relação a Portugal, Espanha ou Itália, casos em que existe uma proximidade afetiva advinda da imigração. Com a França é uma questão de educação. Eu tive formação francesa, falo francês desde menino. Para nós, é fácil conhecer e admirar a cultura francesa.

Michel Rocard foi o primeiro a me chamar a atenção que deveríamos insistir na importância da latinidade e não só na comunidade de língua portuguesa ou ibero-americana, como um fator de agregação. Eu não sei se isso funciona na União Européia.

MS — Funciona mal, só em termos teóricos. Mas os franceses não querem ficar fora da zona de influência da América Latina.

Aliás, não há nenhum espanhol que fale em América Latina, todos falam em Ibero-América. Já os portugueses, como estávamos completamente divorciados da Espanha durante a ditadura, falávamos em América Latina.

FHC — Esse antagonismo diminuiu?

MS — Desapareceu.

FHC — É como a Argentina e o Brasil.

MS — Penso que a relação entre Espanha e Portugal avançou mais do que a do Brasil com a Argentina. Não temos fronteiras, temos relações excelentes, no nível dos governos e das populações. Além disso, estamos associados na União Européia e na NATO e as nossas economias caminham para uma completa integração. Somos vizinhos na Península Ibérica, que partilhamos, parceiros na Comunidade Européia, aliados na NATO, e agora também irmãos na Comunidade Ibero-Americana.

FHC — É verdade.

MS — Penso que é importante para Portugal e Espanha enfatizarmos a relação especial que temos com a América Latina e que tem a ver com a nossa cultura. Evidentemente que a França teve influência, no Brasil. Mas a matriz da cultura brasileira foi a portuguesa. É indiscutível. E a matriz da cultura argentina ou chilena foi a espanhola.

XXVII

LUSOTROPICALISMO

"Durante o governo de Cavaco Silva ... privilegiou-se a África em relação ao Brasil. Eu sempre achei ... que devíamos reentrar em África ... de mãos dadas com o Brasil."

Mário Soares

"Quantas línguas haverá no mundo faladas por duzentos milhões de pessoas? São poucas."

Fernando Henrique Cardoso

MS — Voltando a Portugal, enquanto país-membro de pleno direito da União Européia. Para nós, a relação com o Brasil constitui uma das grandes prioridades de uma política externa. Durante o governo do professor Cavaco Silva talvez não tivesse havido a percepção exata da importância do Brasil para Portugal. Privilegiou-se, de alguma maneira, África em relação ao Brasil. Eu sempre achei no entanto que devíamos reentrar em África — onde temos hoje, de novo, todas as portas abertas — de mãos dadas com o Brasil. A teoria de Franco Nogueira[1], antigo ministro dos Negócios Estrangeiros de Salazar, de que o Brasil era nosso concorrente em África, sempre a considerei um perfeito disparate. Como a teoria, que também tinham, de que se perdêssemos as colônias cor-

1. Alberto Marciano Gorjão Franco Nogueira (1918-1923), político português. Ministro dos Negócios Estrangeiros no Estado-Novo (1961-1969).

ríamos o risco de nos tornarmos uma colônia de Espanha. Um absurdo, que os fatos desmentiram. A questão fundamental — uma vez membro da União Européia, e de sucesso — é a defesa da língua portuguesa e a afirmação da vocação atlântica e africana de Portugal. Ora, justamente, ninguém pode ser melhor aliado nesses domínios de Portugal do que o Brasil...

FHC — Basta ver o número.

MS — O número e a força criadora da língua portuguesa no Brasil. O Brasil sente que a sua unidade está dependente da língua. A língua foi — e é — um fator de unificação e integração do Brasil, e, por isso, deve defender patrioticamente a língua portuguesa, como um amplo entendimento com Portugal, em especial quanto à sua política européia, atlântica e africana. Para Portugal é vital que assim seja. O atual governo presidido por Antônio Guterres tem essa percepção clara. Fez uma inflexão muito significativa na política externa portuguesa quanto ao Brasil. No melhor sentido! Conseguiu que a sociedade civil correspondesse brilhantemente a essa inflexão. O investimento português no Brasil cresceu invulgarmente: hoje somos o quinto investidor estrangeiro no Brasil. Os principais grupos econômicos portugueses, tradicionalmente desinteressados no Brasil, passaram a preocupar-se, a investir e a ter uma presença, que já é significativa, na vida econômica brasileira.

FHC — Um bilhão de dólares só no ano passado (1996)!

MS — É muito significativo! Constitui uma viragem de grande transcendência nas nossas relações bilaterais. Hoje não há nenhum banco português que não tenha uma delegação ou qualquer forma de associação com o Brasil. Não há nenhum grande grupo econômico que não esteja também ligado ao Brasil, direta ou indiretamente. Trata-se de uma viragem histórica...

FHC — Na eletricidade, nos bancos, nas telecomunicações, na distribuição de energia...

MS — Por outro lado, há grupos brasileiros que estão instalados em Portugal. Sentem que, para entrarem na União Européia, é-lhes útil instalar-se em Portugal, mais fácil do que instalar-se em França, na Espanha ou num outro país da União. Por todas as razões afetivas e culturais e, também, pela língua.

Pela primeira vez, na nossa história multissecular, há emigração do Brasil para Portugal, o que também não deixa de ser muito expressivo.

Tudo isto nos leva a África e à Comunidade dos Países de Língua Portuguesa — CPLP. A CPLP significa que a nossa aposta na Comunidade passa por uma estreita cooperação com o Brasil e, de ambos, com a África que fala português.

O Presidente foi um signatário da CPLP. Gostaria que me falasse um pouco da esperança que tem na CPLP. Da importância que o Brasil atribui à CPLP. Qual é a percepção da opinião pública brasileira sobre Portugal e sobre a África de língua portuguesa?

FHC — Vamos começar pela percepção que o povo brasileiro tem de Portugal. Houve, recentemente, uma redescoberta de Portugal. A partir da Revolução dos Cravos, da transição democrática e, mais recentemente ainda, de dois outros fatos. Um deles pode parecer banal mas não é: o fato de Portugal ser Europa. No Brasil, as pessoas que pensam sobre as relações internacionais valorizam a opção européia de Portugal, até porque nos dá uma ponte mais imediata com a Europa, e isso é muito desejado.

O segundo fato vem realmente do governo de Antônio Guterres, por quem tenho grande admiração. O governo de Guterres mudou a orientação em relação ao Brasil. E isso o Brasil percebeu. Percebeu pela presença portuguesa e pelo investimento. Esses são fatores novos. Começa a haver também pela primeira vez uma pequena emigração brasileira em Portugal.

A nossa percepção da África é uma percepção quase imemorial dada a presença negra no Brasil. Não é exatamente a África política, é a religião, é a escravidão, é a cor da nossa pele. Apesar de existir preconceito no Brasil, há também a valorização do negro, fenômeno que é, em parte, português. No Brasil, nunca houve a repulsa à raça negra nem a segregação que houve nos Estados Unidos. Houve e há preconceito, houve exploração do negro, mas, ao mesmo tempo, uma reivindicação cultural crescente.

MS — Mas, em todo o caso, os negros não têm ainda um acesso às posições mais altas no Brasil.

FHC — Não. O único ministro negro foi mesmo o Pelé[2]. É ministro não por ser negro, mas porque é Pelé. De qualquer maneira, criei um Conselho Nacional de Negros, no Ministério da Justiça, para suscitar a questão dos negros e combater o preconceito.

O peso do indígena na cultura brasileira e na miscigenação é menor. E também numericamente. São pouco mais de trezentos mil indígenas numa população de 160 milhões de pessoas. Outra coisa é a África de hoje. As informações sobre a África são muito escassas no Brasil.

Faria apenas duas exceções: Angola, por causa de maiores interesses econômicos de brasileiros lá e pelo fato de o MPLA[3] ter sido apoiado pelo Brasil; e a África do Sul, que é o fato novo, que se deve também à presença extraordinária de Nelson Mandela[4]. O restante da África é muito pouco falado, há muito pouca informação.

2. Édson Arantes do Nascimento, Pelé (1940), o jogador de futebol mais famoso do mundo. Ministro extraordinário dos Esportes no governo Fernando Henrique Cardoso (1995-1998).

3. Movimento Popular pela Libertação de Angola (MPLA): organização política nacionalista fundada em 1956 por Mário Pinto de Andrade, Agostinho Neto e Viriato da Cruz. Iniciou a luta armada anticolonial em 1961.

4. Nelson Mandela (1908), líder político sul-africano. Preso político por 27 anos durante o regime de *apartheid* e primeiro presidente da República Sul-africana.

Do ponto de vista da relação Brasil-Portugal-África de língua portuguesa, acho que a CPLP é importante. Mas Portugal e Brasil têm sido tímidos na implementação da CPLP. As últimas reuniões foram mais produtivas. Começa a haver programas mais efetivos.

O Brasil tem presença em Angola. Mas fazemos ainda muito pouco na questão da língua. Deveríamos fazer um esforço mais consistente na defesa da língua na África. A África do Sul tem interesse em associar-se ao Brasil economicamente para entrar nos mercados de Moçambique e Angola, por causa da língua portuguesa e da identidade cultural, que tornam mais fáceis os contatos.

MS — Portugal entende que não se deve separar Moçambique da África do Sul. Deve haver uma estratégia que seja englobante relativamente a toda a África Austral. Com as independências e as democracias nascentes, ainda que muito fragilizadas, os dados geo-estratégicos mudaram radicalmente. O governo português veio ter uma percepção clara disso. A nova África do Sul — dadas as dificuldades e contradições com que se debate — facilita essa cooperação. Há seiscentos mil portugueses na África do Sul com posições econômicas e sociais dominantes em quase todos os setores da vida econômica sul-africana e nomeadamente no setor bancário.

FHC — Penso que faz todo o sentido uma relação estratégica Brasil-Portugal-África Austral nessas condições.

Para o Brasil o que mais interessa é o sul da África, de Angola para baixo. Portugal tem provavelmente ambições africanas maiores do que esta.

MS — Sim, Portugal tem um relacionamento histórico afetivo com África muito mais vasto, a começar por Cabo Verde. E em toda a costa ocidental de África — e não só — há uma memória de Portugal, que joga muito a nosso favor. Representa um grande capital. Temos hoje uma afetividade com Angola e com o povo angolano como se nunca tivéssemos estado em guerra, como se os treze anos de guerra tivessem sido um pesadelo para ambas as partes e um equívoco.

E foram, de certa maneira. Foram um equívoco da responsabilidade exclusiva de Salazar, que não conhecia África, nunca foi a África e ignorou deliberadamente a tradição portuguesa de reconhecer pacificamente a independência dos povos, como aconteceu com o Brasil em 1822. Quando estávamos na oposição e começaram as guerras coloniais, evocamos sempre o exemplo brasileiro. E o exemplo do presidente Antônio José de Almeida[5], da I República, quando, em 1922, no I Centenário da Independência do Brasil, veio ao Brasil, em nome de Portugal, cito, "agradecer aos brasileiros terem-se tornado independentes". Essa é a grande tradição democrática portuguesa.

Hoje tudo isso foi interiorizado e sublimado no inconsciente coletivo. Hoje é possível ouvir uma homilia de D. Lucas Moreira Neves, durante a reunião da CPLP, no Rio, referindo-se a Portugal, que diz "nossa Mãe-Pátria comum", sem que ninguém se afligisse ou escandalizasse... Os complexos foram superados, felizmente, de uma parte e de outra.

As antigas colônias portuguesas passaram por uma longa e dolorosa experiência depois das independências. Foram "colonizadas" — a palavra é um pouco dura mas verdadeira — por russos, búlgaros, alemães do Leste, cubanos e explorados por muitos outros. Fizeram a experiência de que os outros não eram, afinal, melhores do que os portugueses. Bem pelo contrário. Foi isso que os levou a voltarem-se outra vez para nós e a verem-nos com outros olhos, sem os preconceitos herdados das "guerras coloniais", deixando de nos diabolizar. Adquiriram de novo — e ainda bem — confiança em nós.

5. Antônio José de Almeida (1866-1929), político português da I República. Presidente da República entre 1919 e 1923.

A mentalidade do Portugal democrático e humanista de hoje é também muito diferente. O fato de sermos União Européia também conta muito. Quando se discutia, em Portugal, se queríamos ser África ou ser Europa, eu respondia sempre que, quanto mais Europa fôssemos, mais possibilidades teríamos em África, mais os africanos terão a percepção da nossa importância.

Importa hoje reconhecer que se verificou em pleno a oportunidade e a importância da nossa opção européia. O que realmente está a acontecer é que a percepção dos nossos parceiros da CPLP em relação a Portugal mudou radicalmente. Mesmo, como já me disse, no caso do Brasil.

Voltando à nossa relação bilateral, há quem diga que há no Brasil um certo desprezo por Portugal, apesar da matriz cultural comum. Desprezo que eu, pessoalmente, nunca senti.

FHC — Pode ter havido, por causa do preconceito contra o imigrante, tradicionalmente pobre e ignorante, no momento da grande imigração portuguesa. Hoje não creio que haja essa a visão depreciativa. Até porque, como lhe notei, Portugal é hoje membro de pleno direito da União Européia, o que altera em absoluto a percepção. Vejo mais o aspecto de ternura, que pode ser uma forma disfarçada de não levar a sério o interlocutor. Mas existe hoje a percepção de Portugal como um país que conseguiu refazer-se — e ganhar prestígio internacional — depois de se ter libertado de Salazar, de Caetano, apesar das dificuldades, pós-revolucionárias, de um país que adquiriu um grande desenvolvimento econômico, social e cultural, ao mesmo tempo que consolidou uma sólida democracia pluralista. Quando eu era menino talvez fosse diferente, sobretudo no Rio. Mas no Rio a influência portuguesa era tão grande que não sei se desprezo é a palavra que se aplique. Certamente não é...

O Brasil não tem consciência do seu tamanho, não é um país que tenha esse tipo de arrogância. Vê-se isso nitidamente em relação aos nossos vizinhos, como o Uruguai — que é um país com o qual temos uma relação muito boa — ou com o Paraguai, que são dois países pequenos. Mas isso não nos leva a uma relação de superioridade. Em geral, o problema maior na relação dos brasileiros com o mundo derivava do fechamento do país, muito voltado para si mesmo, ensimesmado. Isso mudou, graças ao fluxo de informações, às viagens — os brasileiros viajam muito, hoje — e sobretudo graças à abertura da economia.

MS — E vão sempre a Portugal.

FHC — Passam por Portugal, porque se sentem melhor, porque falam português. O brasileiro que não fala outra língua e que fica inseguro no estrangeiro, em Portugal sente-se bem.

Lembro-lhe também que a literatura portuguesa voltou a ter vigência no Brasil.

MS — Há também um muito maior contato entre universidades, nos domínios do direito, da história, da sociologia, e também das ciências, quero dizer, das ciências não-humanas...

FHC — Nas engenharias. E também muitos brasileiros ricos vão para Portugal, compram quintas em Portugal, passam férias em Portugal. O intercâmbio é muito maior, hoje. Com a África ainda não...

MS — Porque, em África, não há ainda paz. Verdadeira paz, a que se vão exprimir só pela ausência de guerra, mas também pelo desenvolvimento, pela estabilidade, pela confiança das pessoas em relação ao futuro...

FHC — Já existe um fluxo importante de brasileiros para a África do Sul. Há um outro setor de brasileiros que tem uma relação especial com o Oriente Médio, os judeus brasileiros com Israel, e também os árabes, pois no Brasil vivem muitos milhões de libaneses, muitos milhões de árabes. Em síntese, eu diria que a relação vital do Brasil é com Portugal e o Sul da África, incluindo a África do Sul. É a questão do Atlântico Sul, que, do ponto de vista da Marinha brasileira, tem muito significado. Não gostaríamos, realmente, que o Atlântico Sul se transformasse num simples lago americano ou de quem quer que seja.

MS — É óbvio. Permita-me, contudo, que lhe ponha outra pergunta, procurando aprofundar a temática das relações Portugal-Brasil. Será que Portugal continua a ser visto, como ensinava Sérgio Buarque de Holanda como a matriz da unidade brasileira? Em que medida a especificidade do Brasil assenta-se na língua portuguesa e na integração racial? Também gostaria de o ouvir sobre as teses de Gilberto Freyre acerca do lusotropicalismo e até do que ele chamava a importância do "mundo português". Seriam pontos interessantes para desenvolvermos um pouco mais o recíproco conhecimento e a relação Portugal-Brasil.

FHC — Não tenho dúvida quanto ao fato de que a matriz cultural, bem como a própria estrutura básica da organização da sociedade e do Estado brasileiros, são portugueses. Quando se examina mais a fundo qualquer questão, encontra-se Portugal. Por exemplo, o sistema judiciário. Recentemente, o nosso comum amigo Boaventura Sousa Santos[6] esteve no Brasil, veio almoçar comigo e conversamos sobre o sistema judiciário brasileiro. De repente disse-me: "Bem, mas isto é Portugal". Realmente, todas as estruturas fundamentais das instituições brasileiras são portuguesas.

Na especificidade cultural brasileira, há uma parte que é também portuguesa: a plasticidade, a capacidade

6. Boaventura de Sousa Santos, sociólogo português. Autor de *Pela mão de Alice — O social e o político na pós-modernidade* (1995).

de absorção de fatores culturais exógenos. Por que digo isso? Por causa do livro de Gilberto Freyre, *O mundo que o português criou*, que talvez, como já dissemos, tenha sido mal percebido na época por causa da proximidade de Freyre com o regime salazarista. Mas, a despeito disso tudo, mostra que o português criou um mundo diferente. Claro que há um pouco de ideologia conservadora, sabemos que há. Mas há na cultura lusa uma percepção do "outro" e a capacidade de aceitar o "outro".

MS — E uma grande curiosidade pelo outro.

FHC — Há uma curiosidade pelo outro que é portuguesa e nós a herdamos, faz parte do *ethos* luso-brasileiro. Nesse sentido, Gilberto Freyre tinha razão ao buscar identidades que não eram aceitas naquele momento, principalmente por razões políticas, e talvez também porque nessa altura ainda existia um preconceito antiportuguês. Talvez não fosse agradável às elites brasileiras perceberem, naquele momento, que eram fruto do mundo português. Hoje não, hoje aceitamos essa influência com muito prazer. Se é assim, e eu acho que é, por que razão não vamos trabalhar juntos na África?

MS — É exatamente isso.

FHC — Tudo leva a crer que o trabalho político e cultural na África será mais proveitoso se for luso-brasileiro. Não tenho dúvida. Fiquei muito impressionado também com Macau, quando fui visitar o novo aeroporto...

MS — Sugeri-lhe que passasse em Macau antes de seguir para a China.

FHC — A sugestão foi sua. É um feito extraordinário na história da humanidade a presença portuguesa no mundo todo. Eu acho que nós, brasileiros, devemo-nos sentir parte disso, sentir orgulho em ser parte desse mundo lusitano. Não conheço Goa, não sei qual terá sido a força da presença portuguesa em Goa.

MS — Persiste, trinta anos depois da invasão de Nehru[7], que, aliás, se compreende muito bem à luz da situação da época. Foi triste e muito lamentável que Salazar não tivesse aceito a sugestão dos patriotas goeses — como Tristão Bragança da Cunha[8], Froilano de Melo[9], Kakodkar[10] e outros — que queriam apenas negociar um estatuto de autonomia que lhes permitisse, simultaneamente, manter uma ligação forte com Portugal e com a Índia. Salazar, com a sua cega intransigência, forçou, de alguma maneira, Nehru a invadir Goa, dando ordem ao exército indiano para avançar. Uma tragédia, donde Portugal saiu muito mal. Tive a honra, como ministro dos Negócios Estrangeiros, logo em 1974, de restabelecer as relações diplomáticas entre Portugal e a Índia. E fui a Nova Deli falar com a senhora Gandhi[11], e a Goa.

Houve, naturalmente, um afastamento entre os indianos de fala portuguesa que ficaram no chamado "Estado Português da Índia" e Portugal. Era inevitável. Mas o extraordinário é que, quando fui a Goa vinte anos depois, verifiquei que muita gente continuava a falar português — que o afeto por Portugal se mantinha intacto — e que as raízes culturais portuguesas se mantinham bem implantadas.

FHC — A mesma coisa acontece no Vietnã, o único país daquela região que tem o alfabeto latino. Por quê? Porque o vietnamita foi codificado por um padre português. Eu ganhei um dicionário de vietnamita para o português. E, se se vai ao Japão, acontece a mesma coisa: os traços deixados pelos portugueses permanecem.

MS — Os japoneses de todas as classes aprendem na instrução primária que os portugueses, quando chegaram, introduziram a arma de fogo, e que isso levou a

7. Jawaharlal Nehru (1889-1964), político indiano. Primeiro dirigente da Índia descolonizada (1947-1964).

8. Tristão Bragança da Cunha, político de Goa. Combatente pela independência da Índia. Foi prisioneiro político em Lisboa no tempo de Salazar.

9. Froilano de Melo, médico goês simpatizante da libertação de Goa. Deputado por Goa na Assembléia Nacional, na época de Salazar.

10. Avdhut Kakodkar, político de Goa. Autonomista, propunha inicialmente uma solução negociada para o chamado "Estado Português da Índia". Participou do movimento Satyagrahi.

11. Indira Gandhi (1917-1984), política indiana. Filha de Nehru. Primeira-ministra (1966-1977 e 1979-1984). Foi assassinada. Seu filho Rajiv Gandhi foi também primeiro-ministro (1984-1989).

12. Yasuhiro Nakasone (1918), político japonês. Ex-primeiro-ministro do Japão entre 1982 e 1987.

uma transformação radical da vida política e social japonesa. Foi por isso que o primeiro-ministro Nakasone[12] — que me recebeu quando eu era também primeiro-ministro — me saudou dizendo *ipsis verbis* esta frase espantosa: que cumprimentava o representante de um país, Portugal, que ensinou a tecnologia moderna ao Japão. Fiquei tão confundido com uma tal frase que até olhei para trás para me certificar que não estava a falar com outra pessoa... *(risos)*.

FHC — Que coisa fantástica!

MS — Realmente era comigo, vinha a propósito da introdução da espingarda no Japão e referia-se a Portugal. Estava a falar muito seriamente.

FHC — A diáspora portuguesa foi uma coisa extraordinária.

MS — E ainda é. Há muitos portugueses espalhados pelo mundo, como há muitos brasileiros. Há, por exemplo, oitenta mil brasileiros em Nova Iorque, segundo dizem.

FHC — Nos Estados Unidos há mais de quinhentos mil, no Japão mais de duzentos mil.

É esse espírito da aventura do português que nós herdamos parcialmente, essa plasticidade, a língua comum, que devemos valorizar. Não no sentido tradicional, que se resumia tão-só aos acordos ortográficos e quando muito à comunidade da cultura e pouco mais. Hoje temos de dar importância ao investimento econômico e a uma relação de efetiva solidariedade política.

MS — Podemos afirmar, julgo, que tudo isso está já a ser construído...

FHC — Ah, está! E veja: quantas línguas haverá no mundo faladas por duzentos milhões de pessoas? São poucas.

MS — Muito poucas.

FHC — O português é uma língua universal, falada na Europa, no Brasil, na África, em outras partes do mundo, por pouco que seja. A língua é um elo muito profundo entre o Brasil, Portugal e várias populações pelo mundo a fora.

MS — Se o Presidente reconhece isso, explicitamente — o que aliás é uma evidência —, então eu pergunto: por que não se aposta mais na CPLP e, sobretudo, por que razão não se lhe dão meios materiais substantivos e sérios para que se desenvolva?

FHC — Agora estamos dando mais meios. A Expo 98 vai ser importante. O Brasil terá um pavilhão e pode haver um esforço maior na difusão da língua. Se quisermos ter uma influência estável, permanente, na África, temos o dever de expandir mais as emissões de televisão, por exemplo...

MS — Portugal está já a fazer um grande esforço com a Rádio Televisão Portuguesa Internacional e com as emissões "Portugal África"...

FHC — Uma coisa que me deixa perplexo: ligo a televisão e vejo a CNN em espanhol. A difusão do mundo hispânico é muito maior que a difusão do mundo português.

MS — Não esqueça que quase metade da população dos Estados Unidos fala espanhol.

FHC — Em certas regiões dos Estados Unidos dispensa-se o inglês para viver. E aí há um problema que é um pouco negativo para nós, os de língua portuguesa: entendemos o espanhol e a recíproca não é verdadeira. Temos mais fonemas em português. O português é como se fosse o russo, cheio de fonemas. E, para escrever, o espanhol também é uma língua mais fácil. Mas o fato importante é que seria um erro estratégico não fazermos juntos — Brasil e Portugal — uma política africana. Não no sentido antigo de influência dominadora, não é isso...

MS — Não, isso corresponde a uma mentalidade ultrapassada, do tempo das ditaduras. Do que se trata é de cooperação a sério, de verdadeira solidariedade luso-afro-brasileira, como dizia o nosso comum amigo Barradas de Carvalho[13].

13. Joaquim Barradas de Carvalho, historiador português. Combatente antifascista, esteve exilado no Brasil e na França, onde foi professor nas Universidades de São Paulo e Paris.

FHC — Solidariedade. Isso é o lado importante. Na questão de Angola, temos tido uma atitude responsável. Se fomos capazes de gastar dezenas de milhões de dólares para manter militares em Angola, por que não gastamos dezenas de milhões de dólares para termos um programa cultural em Angola?

MS — Exatamente. E não só...

FHC — Em Angola e na África.

MS — No final do governo Sarney houve uma reunião em São Luís do Maranhão — em que participei com vários outros dirigentes dos países africanos lusófonos — em que foi instituído formalmente o Instituto da Língua Portuguesa. Depois, deixou-se de lado. Era, talvez, a altura de podermos animar de novo esta idéia.

FHC — Com a vinda do presidente Jorge Sampaio coloquei essa questão ao Itamaraty. Aparentemente, a criação do Instituto Camões levou a um menor interesse do governo português pelo Instituto de Língua Portuguesa.

MS — Suponho que não. Sempre interpretei a iniciativa da criação do Instituto Camões como uma coisa diferente, instituição semelhante à dos espanhóis, quando criaram o Instituto Cervantes. Do meu ponto de vista o Instituto Camões e o Instituto Internacional da Língua Portuguesa podem e devem ser complementares.

FHC — O Instituto Camões tem ganhado prestígio por causa dos prêmios. O último foi ganho por Pepetela[14], que é um escritor angolano.

MS — Muito bem. Pepetela é um grande escritor. Também ganhou o Craveirinha[15], que é moçambicano. Relativamente às literaturas africanas lusófonas, trata-se de uma promoção importante. E três brasileiros: João Cabral de Melo Neto[16], Rachel Queiroz[17] e Jorge Amado[18]. Para além dos portugueses: Miguel Torga, Virgílio Ferreira, José Saramago e Eduardo Lourenço[19]. O júri, como sabe, é constituído por brasileiros e por portugueses.

FHC — Outro aspecto importante é o reconhecimento recíproco dos créditos curriculares nas universidades.

MS — Já há uma grande cooperação no nível das universidades, mas concordo consigo que seria importante dar esse passo mais.

FHC — Não custava nada alguém cursar dois anos no Brasil, um em Portugal e voltar para concluir o curso no Brasil, e vice-versa.

MS — Tal como hoje acontece com os estudantes universitários europeus, que podem facilmente mudar de universidade, de país para país...

FHC — Isso é importante. Talvez haja certa resistência a essas práticas pelo desconhecimento recíproco das instituições universitárias.

MS — Sim, mas o governo português tem uma idéia muito clara de que deve avançar por esse caminho. Penso que, da parte portuguesa, as portas estão perfeitamente abertas para desenvolvermos um programa seme-

14. Ricardo Pepetela, romancista angolano.

15. José João Craveirinha (1922), romancista moçambicano.

16. João Cabral de Melo Neto (1920), diplomata e poeta. Autor de *Cão sem plumas* (1950), *Morte e vida severina* (1950), *Sevilha andando* (1989).

17. Rachel de Queiroz (1910), cronista, romancista e dramaturga brasileira, primeira mulher a ser eleita membro da Academia Brasileira de Letras. Autora, entre outros, de *O quinze* (1930), *As três Marias* (1939).

18. Jorge Amado (1912), romancista brasileiro conhecido internacionalmente. Autor, entre outros, de *Capitães de areia* (1937), *Gabriela, cravo e canela* (1958).

19. Eduardo Lourenço (1923), escritor e ensaísta português.

lhante ao que sugere. O fato de haver uma reunião intergovernamental, anualmente, entre os dois países pode ser útil para acordar sobre assuntos desse tipo.

FHC — Muito importante. Esse nível de relações, só temos com Portugal e com o MERCOSUL, o que mostra realmente a importância das relações entre os dois países. Não há dúvida quanto à necessidade dessa aproximação. Contudo, julgo que o campo de aproximação prática é a África!

MS — Temos agora um momento emblemático para relançar as nossas relações, em todos os níveis, com as comemorações dos quinhentos anos da chegada dos portugueses ao Brasil. Podemos fazer uma comemoração interessante, não apenas orientada para o plano da história — naturalmente, também haverá história —, mas, sobretudo, para o futuro.

Por outro lado, não devemos esquecer que os heróis da independência do Brasil foram portugueses. O Tiradentes[20], o valoroso alferes Joaquim José da Silva Xavier, era um oficial português, e d. Pedro I[21], IV para nós, também era português. É uma circunstância extraordinária e mostra que a independência se fez com naturalidade, em boa parte pela mão de portugueses.

FHC — Como já comentamos: a presença no Brasil de d. João VI e Dona Carlota Joaquina[22] foi marcante. Essa foi a grande diferença entre o Brasil e os outros países da América Latina. Nós tivemos uma estrutura de Estado, o Estado imperial português, do qual o Rio foi sede, foi a metrópole...

MS — Quando d. João VI veio para o Brasil constituise uma espécie de União Pessoal, dos dois Estados, feita através de d. João VI.

20. Tiradentes (Joaquim José da Silva Xavier, 1746-1792), dentista, comerciante, militar. Revolucionário, conspirou em prol da independência do Brasil. Preso, foi sentenciado à forca.

21. D. Pedro I (1798-1834), primogênito de d. João VI e dona Carlota Joaquina. Veio ao Brasil com 9 anos. Casado com a arquiduquesa Carolina Josefa Leopoldina (1817) e, depois da viuvez, com Amélia de Leuchtenberg (1828). Proclamou a independência do Brasil em 1822. Abdicando da Coroa em favor do seu filho Pedro (1831), retorna a Portugal, disputa o trono para sua filha dona Maria da Glória e torna-se regente com o nome de d. Pedro IV de Portugal, Duque de Bragança.

22. Dona Carlota Joaquina (1775-1830), filha de Carlos IV, rei da Espanha, deposto por Napoleão em 1808. Casou com d. João VI em 1785.

Quando ele regressou ao Reino Português e o filho ficou, houve a percepção de que era preciso manter esse laço e não criar uma ruptura entre os dois Estados.

FHC — Consta que ele terá dito ao filho: "É melhor que você ponha a coroa em sua cabeça antes que algum aventureiro lance mão dela".

MS — Palavras de grande sabedoria.

FHC — Nunca entendi bem por que d. Pedro II[23] foi menos ligado a Portugal do que a outros países da Europa...

MS — Não, não creio que fosse menos ligado a Portugal. D. Pedro II teve também relações e apreço por Portugal. Viveu em França, em Paris, porque no tempo era a cidade-luz e ele tinha um grande fascínio como intelectual pela cultura francesa. Daí ter ficado no exílio em França...

FHC — ... e morreu na França.

MS — Foi uma questão de gosto pessoal, de uma certa qualidade cultural, segundo a moda da época.

FHC — É possível — pode ser que me equivoque —, mas parece-me que o relacionamento de d. Pedro II com as dinastias européias era muito grande. Ele era Habsburgo, primo do arquiduque da Áustria, cunhado do rei de Nápoles e das Duas Sicílias. Tinha uma filha que morava na Inglaterra e era casada com um membro da família real. E a atual condessa de Paris, que teoricamente é a herdeira presuntiva do trono francês, é neta da nossa princesa Isabel.

MS — É Orleães e Bragança.

FHC — Talvez seja desconhecimento meu, mas eu li muitas referências a respeito de d. Pedro II, da ligação

23. D. Pedro II (Pedro de Alcântara, 1825-1891). Aclamado imperador aos 5 anos com a renúncia de d. Pedro I. Casado com dona Teresa Cristina, princesa das Duas Sicílias (1843). Seu reinado terminou com a proclamação da República (15 de novembro de 1889), um ano depois de assinada por sua filha, princesa Isabel, a Lei de Abolição da Escravatura (13 de maio de 1888).

24. Edição brasileira: *D. Pedro II, o defensor perpétuo do Brasil — Memórias imaginárias do último do último imperador*, São Paulo, Paz e Terra, 1996.

dele com a França. Era um homem muito curioso, chegou a ir ao Líbano em viagem científica.

MS — Sim, era um homem muito simpático, tenho uma grande simpatia por ele. E agora saiu um livro francês...

FHC — Eu li. É do Jean Soublin, um livro fantástico[24].

MS — Uma autobiografia imaginária de d. Pedro II, escrita por um francês que viveu no Brasil...

FHC — Tudo quanto está lá é certo.

MS — E o livro começa muito bem, com o protagonista no Jardim das Tulherias, sentado num banco em meditação, quando surge uma menina que, justamente, lhe pergunta: "Quem é o senhor? Com essas barbas brancas?" E ele muito simpática e tranqüilamente responde: "Sou o imperador do Brasil".

FHC — Guardou o título de imperador que os reis de Portugal não usavam!

MS — Voltando ao nosso assunto, nestas comemorações dos quinhentos anos da descoberta do Brasil podemos dar um novo impulso para criar algo de consistente no conhecimento e para o relacionamento futuro dos nossos dois povos. É essa a sua idéia?

FHC — É a nossa idéia. Temos vários objetivos. Um é aproveitar os quinhentos anos para, um pouco no estilo de *O mundo que o português criou*, mostrar o que aconteceu aqui. Nós vamos criar o Museu do Descobrimento. Toda aquela região, que é muito curiosa, onde aportou Cabral, pode ser reconstruída tal como era na época e há partes bastante bem conservadas. Hoje, é uma região que tem bastante turismo.

MS — Refere-se a Porto Seguro?

FHC — A Porto Seguro.

MS — Estive lá com o governador Antônio Carlos Magalhães, no sítio onde vai ser construído o Museu.

FHC — Mas a idéia é fazer-se uma espécie de reconstrução da civilização brasileira partindo das origens portuguesas e mostrar o que aconteceu com o índio, com o negro. Também pensamos fazer uma grande missa campal cantada em tupi. Eu assisti, na Catedral de São Paulo, a uma missa cantada que foi muito interessante, porque eles usaram uma variante universal do tupi, que foi codificada pelos jesuítas portugueses. Era uma missa de comemoração do Anchieta[25].

Não queremos uma celebração passadista, mas partir da nossa especificidade cultural como base para a integração no mundo globalizado dos nossos dias. Para mostrar que isso não é uma questão limitada às fronteiras nacionais, é preciso essa ponte com Portugal.

Estou realmente muito entusiasmado com os quinhentos anos. Servirão para mostrar a sociedade que criamos, nosso desenvolvimento econômico, científico e tecnológico. Bem como os problemas que nos desafiam, especialmente no campo social...

MS — É preciso que sejam também momentos com algum poder mediático, porque das comemorações deverá resultar algo de visível, não só para Portugal e para o Brasil, mas também para o mundo.

Queria dizer-lhe uma coisa, à laia de conclusão. No tempo de Franco Nogueira, a política externa portuguesa partia sempre da idéia de que o Brasil só podia ser um rival de Portugal e, portanto, não podíamos fazer nada em cooperação e, nomeadamente, nada que ajudasse à penetração do Brasil em África.

Esta situação modificou-se totalmente a partir do 25 de abril, porque nós percebemos imediatamente que

25. José de Anchieta (1534-1597), jesuíta português. Veio ao Brasil com d. Duarte da Costa (1553), fundou o Colégio de São Paulo, dedicou-se à catequese dos indígenas.

era exatamente o contrário, que, para perpetuar o português nessas terras, o Brasil é o nosso aliado natural e único.

Ora, a verdade é que também existe, porventura ainda hoje, um preconceito antiportuguês no Itamaraty, que vem do passado.

FHC — Talvez haja algum, não sei... O Itamaraty está mudando muito. O Itamaraty tinha idéias nacionalistas muito enraizadas. O Brasil preocupa-se muito com sua soberania. Por exemplo, na questão da floresta amazônica, ou até mesmo na questão do selo verde. É sempre a idéia de que não se deve aceitar propostas que surjam como imposição externa. Mesmo na questão dos direitos humanos, ainda não aceitamos as decisões da Corte Inter-americana de Direitos Humanos por causa do princípio da soberania. Creio que esta atitude deve ter influenciado bastante a questão da África, no sentido de que a política brasileira tem de ser brasileira, não pode ser portuguesa.

XXVIII

NOVOS CAMINHOS

"Tem de haver transnacionais do bem-estar social, transnacionais da ecologia e transnacionais dos direitos humanos criando até novas formas de legitimidade e de direito."

Fernando Henrique Cardoso

"A situação é perturbadora na medida em que ... antes, [os ataques especulativos] eram feitos por razões de estratégia política, eram ataques entre Estados. Agora, não há qualquer estratégia política; o que há é o interesse do lucro, do lucro pelo lucro, das grandes companhias trans e multinacionais."

Mário Soares

MS — Já dissemos que a globalização apela à necessidade de uma nova ordem mundial. Falamos da ONU e da reforma da ONU, mas temos de reconhecer que há um total impasse nessa matéria, nem se vê que haja possibilidade de, a curto prazo, haver modificações. A circunstância de Boutros Ghali não ter sido reconduzido no lugar de secretário-geral, por oposição quase exclusivamente americana, é um mau sintoma. Não acha que este capitalismo, que está a fugir ao controle dos próprios Estados, implica uma nova análise da situação e a busca de novos caminhos, para países como Portugal e o Brasil?

FHC — Não tenho dúvidas. Queria precisar seu comentário sobre Noam Chomsky, que disse ser a globalização o novo apelido, o novo nome do imperialismo. Não concordo, pois, com a globalização, acontece o oposto do que ocorreu na fase imperialista do capitalismo. Na fase imperialista o poder político e militar controlava os países da periferia do sistema capitalista, os países dependentes, explorando recursos naturais e mão-de-obra. Hoje, a globalização levou a que o próprio sistema produtivo se generalize no mundo.

MS — Mas sempre à procura de mão-de-obra mais barata...

FHC — O custo da mão-de-obra não é hoje, porventura, o essencial. O custo de mão-de-obra, na área industrial, não é necessariamente mais barato no Brasil que o custo da mão-de-obra na Itália. As empresas buscam outra coisa, buscam o mercado. Se o Brasil não fosse um grande mercado, elas não teriam vindo, mesmo que a mão-de-obra fosse barata. A mão-de-obra mais barata do mundo é na África e para lá não vão porque não existe mercado suficiente...

MS — E também não têm uma mão-de-obra qualificada.

FHC — É verdade, mas as coisas vão juntas. Quando se tem uma mão-de-obra qualificada tem-se mercado, porque tem-se enriquecimento.

Houve uma mudança depois da Segunda Guerra Mundial, que é nítida hoje. Antes, não havia investimento tecnológico nos países dependentes, o que havia era exploração de *commodities* e de plantações. Hoje há esse investimento. De alguma maneira — Marx previu isso — houve a generalização do sistema produtivo, com a globalização. Considerar a globalização semelhante ao imperialismo obscurece as diferenças entre o passado e o presente e, portanto, as possibilidades de crítica conseqüente à ordem emergente.

Quando países como o Brasil, o México, a Indonésia ou a China passam a ser produtores, têm melhores condições para reagir ao capitalismo externo especulativo e impositivo do que tinham no passado. Mais ainda, essa onda especulativa afeta ou pode afetar qualquer país e não só os subdesenvolvidos. Afetou a Inglaterra e o Canadá. O efeito perverso da fase imperialista do capitalismo era sentido mais diretamente nos países da periferia. Hoje, há processos que abalam todo o sistema. A crítica aos efeitos desarticuladores e imprevisíveis desse capitalismo especulativo é generalizada mas não é anti-imperialista, é antiespeculação, anticapitalismo financeiro desligado da produção, onde quer que esteja ocorrendo o fenômeno.

MS — Mas também há grandes setores da Ásia, da África e até da Europa excluídos dessa globalização.

FHC — Em qualquer parte do mundo. Além disso, mesmo os setores integrados, que estão no coração do sistema produtivo capitalista, podem sofrer efeitos negativos.

MS — A situação é perturbadora na medida em que, por exemplo, há um ataque à libra esterlina, mas esse ataque é feito com um único critério, que é o critério do lucro. Antes, esse tipo de ataques eram feitos por razões de estratégia política, eram ataques entre Estados. Agora, não há qualquer estratégica política, o que há é o interesse do lucro, do lucro pelo lucro, das grandes companhias trans e multinacionais. Os países — e os próprios Estados — ficam um pouco à mercê deste sistema.

FHC — Mas esta é a diferença relativamente à época do imperialismo. O imperialismo era uma fase de expansão política do Estado.

MS — Chomsky, quando fala de uma nova visão e de uma nova forma de imperialismo, o que quer dizer é que a globalização, até agora, deu sobretudo vantagens aos Estados Unidos.

1. Veja p. 272.

FHC — Isso é inegável, nesse sentido sim. Mas, sociologicamente, são fenômenos diferentes porque a forma anterior de expansão capitalista precisava do Estado, enquanto a forma moderna precisa menos — a especulação financeira não deseja a intervenção do Estado e de certo modo ultrapassa os Estados nacionais.

MS — Mas nós continuamos a pensar que o Estado é fundamental...

FHC — E, por isso, somos contra este predomínio do mercado na forma mais abstrata, de mercado financeiro puro, de mercado de derivativos, de aposta no custo futuro do dinheiro.

MS — O problema que se põe é como organizar as defesas dos Estados contra esta irracionalidade do sistema.

FHC — Ninguém ofereceu ainda uma saída. Não vejo solução senão no fortalecimento da nova ordem mundial em bases mais abertas, de participação de todos.

MS — E da democracia.

FHC — Da democracia, da radicalização da democracia. O que eu disse a respeito da visita de Clinton e da ALCA significa que é preciso insistir na idéia da democracia e da igualdade, outra vez.[1] O que é a esquerda hoje? A primeira idéia é a de liberdade, que continua no centro do debate. A segunda idéia é a democracia, que não é a mesma coisa que liberdade.

MS — Às vezes até pode ser o contrário. De certo modo...

FHC — A terceira idéia é a participação. Finalmente, é preciso alguma forma de cimentar tudo isso, alguma forma de solidariedade, de justiça social.

Aí, reaparece a questão das religiões. Nas sociedades tradicionais, o grande cimento social era religioso, de ajuda a uma realização transcendental. Com a secularização da cultura, com a laicização, a partir do século XIX, a ideologia tornou-se o cimento que substituiu a religião. Hoje, as religiões estão revivendo em grande parte em função da perda da capacidade mobilizadora da solidariedade de classe, embora esta seja insuficiente para vislumbrar as formas de sociabilidade futuras.

Falta uma concepção mais generosa e prática de solidariedade.

MS — Quer dizer que pode reaparecer, de alguma maneira, o comunismo, embora sob formas e metodologias de ação completamente diferentes?

FHC — Não sei...

MS — O comunismo era, na sua origem, um ideal generoso, que foi mal aplicado e deu origem a realizações monstruosas. Mas a idéia fundamental, o ponto de partida, a idéia-força que animava os comunistas era uma idéia generosa, era a idéia de igualdade. Eu pergunto se não estamos a viver uma altura propícia ao surgimento de novas ideologias, mais ou menos messiânicas, neste final de milênio?

FHC — Comunismo é uma expressão que está desgastada.

MS — Talvez seja melhor dizer comunitarismo.

FHC — Comunitarismo é uma expressão melhor — uma forma de comunitarismo.

MS — Eu sempre pensei que o afundamento do comunismo vinha dar razão àqueles que, sendo socialistas e querendo a igualdade ou o máximo de igualdade possível, nunca desistiram da liberdade. Foi esse o fator que levou à minha ruptura com o Partido Comunista, a seguir à Segunda Guerra Mundial.

Com o fracasso do comunismo, com a demonstração da ineficácia do sistema e da sua inviabilidade total, a social-democracia devia afirmar-se em toda a sua pujança. Esta foi, pelo menos, a minha reação. Ora, o que sucedeu foi exatamente o contrário. A social-democracia perdeu força e assiste-se a uma tentativa de adaptação da social-democracia ao mercado mundializado, às vezes, de uma maneira chocante e excessiva.

FHC — Haverá muitas razões pelas quais a idéia social-democrata perdeu força. A principal, provavelmente, foi uma certa esclerose do Estado, das estruturas estatais, foi a crise fiscal. Esse processo esteve na origem do "tatcherismo" e do regresso a idéias puramente liberais, ou melhor, neoliberais.

É preciso reformar o Estado, renovar os espaços públicos e, dessa maneira, voltaremos a uma forma de social-democracia. As crises na Europa social-democrata são crises do Estado, não implicam a rejeição do bem-estar do povo como objetivo nem da ação pública a bem da coletividade. A crise resulta dos custos de manutenção das burocracias e da necessidade de maior dinamismo nos investimentos.

MS — Não só das burocracias, mas dos sistemas de previdência social.

FHC — Já estou incluindo tudo isso na expressão utilizada. Penso que a retomada de uma idéia generosa de solidariedade social, que não se reduza pura e simplesmente ao mercado, como senhor de tudo e como regulador de tudo, será voltar a essa crítica. Deveríamos reler os fundadores da social-democracia, os críticos do socialismo científico, como Bernstein[2].

MS — Ou, para falar de alguém mais atual, de Norberto Bobbio[3]...

2. Eduard Bernstein (1850-1932), político alemão. Teórico do socialismo, crítico de Marx, fazia parte do grupo dos revisionistas sociais-democratas juntamente com Karl Kautsky e Rosa Luxemburgo. Autor de *Socialismo evolucionário*, publicado originalmente em 1899.

3. Norberto Bobbio, cientista político italiano.

FHC — Bobbio vai nessa direção. Porque a idéia comunista ficou, de fato, muito desgastada. Convém lê-lo, assim como Anthony Giddens[4] e Habermas[5].

MS — Começa a surgir também uma idéia nova segundo a qual, sendo embora indispensável, o Estado nacional é demasiado pequeno para poder resistir ao embate da globalização — das economias, dos conhecimentos, da informação, de tudo.

Apesar de muita gente dizer que a União Européia é, no fundo, a Europa dos grandes grupos econômicos e do capital, eu prefiro dizer que ser de esquerda passa hoje por ser a favor da União Européia. Porque só através da União Européia cada país europeu tem a possibilidade de fazer valer os seus direitos e só nesse quadro é possível defender as idéias generosas de transformação da sociedade. No nível de um só Estado, essa transformação não é possível. Até porque as grandes preocupações da esquerda, e não só dela, como os problemas ecológicos, como a luta contra o narcotráfico, não respeitam as fronteiras dos Estados. E como é possível desenvolver o diálogo Norte-Sul, que Willy Brandt[6] considerava, há vinte anos, como um imperativo de sobrevivência, mesmo para os países ricos como é possível voltar ao diálogo Sul-Sul, como queria Nyerere[7]? Só através de grandes organizações regionais como a União Européia ou o Mercosul. Mas tendo essa componente de preocupação social e essa idéia otimista de transformação da sociedade e do Estado...

FHC — Concordo plenamente. Acho que é este o caminho para imaginar o que serão as ideologias do próximo século. As relações entre as sociedades, as empresas, a comunicação, não passam apenas pelas relações entre os Estados. Na própria diplomacia, que era a linguagem do Estado, a representação do Estado, os diplo-

4. Anthony Giddens (1938), sociólogo britânico. Professor na Universidade de Cambridge e na London School of Economics. Autor de *The Nation-state and violence* (1985) e de *As conseqüências da modernidade* (1991).

5. Jürgen Habermas, filósofo e cientista social alemão, herdeiro teórico da Escola de Frankfurt, crítico da modernidade. Professor na Universidade de Frankfurt. Autor de *Teoria da ação comunicativa* (1981) e de *Mudança estrutural da esfera pública* (1984).

6. Willy Brandt (1914-1992), político alemão. Prefeito de Berlim (1957-1966). Chanceler da Alemanha Ocidental de 1969 a 1974. Prêmio Nobel da Paz pela promoção da reunificação da Alemanha.

7. Julius Nyerere (1922), político africano. Primeiro-presidente da República da Tanzânia (1964-1985).

matas terão de lidar com problemas que transcendem a questão nacional — a questão ecológica, por exemplo.

Há agentes novos e autônomos no relacionamento entre os países, que, embora necessitem de alguma instrumentação dos Estados, não se resumem a eles. Os turistas são um exemplo de contato não-estatal entre povos, que terá uma importância crescente. As organizações de tipo humanitário, de fiscalização dos direitos humanos, que tanta reação causaram no Brasil durante o regime militar, são outro exemplo. A idéia de soberania no regime militar não aceitava o olhar do outro, era soberba.

MS — Por exemplo, no caso do chamado direito à ingerência...

FHC — Exatamente. Outra idéia de que entre nós pouco se fala é a de soberania limitada. Evidentemente, quando se aceita uma moeda única, abre-se mão da política cambial e de muitas outras políticas, limita-se o poder do Estado nacional.

MS — É preciso olhar para a idéia de soberania limitada com alguma inteligência. A idéia de que o Estado deixa de cunhar moeda, perdendo um dos atributos principais da soberania, é difícil de aceitar. Mas se entendermos que a soberania é a maneira de projetar o próprio país no exterior e de melhor desenvolver o seu país, então a questão pode aparecer a uma luz muito diversa.

FHC — É um novo conceito de soberania...

MS — É um novo conceito de soberania. A soberania partilhada para se ir mais longe na afirmação dos Estados...

FHC — Trata-se de criar novos conceitos de soberania, não podemos ficar amarrados aos antigos, nem descrer dos novos.

Não houve só a crise do comunismo, houve também a crise da social-democracia. Tudo isso é certo, mas devemos resgatar certas idéias do passado e que podem ser vigentes, se forem renovadas. O ideal de ação política, de ação social, tem de ser mantido, mas não só na mão do Estado, também na mão da sociedade, criando-se novos espaços para a ação pública.

O Estado não pode imaginar que a burocracia seja o único agente de bem-estar social, de transformação. Existem outras organizações na sociedade que são atuantes. Isto vale em nível mundial, também. Não podemos pensar que o Estado nacional ficará imune à presença e à ação dinamizadora de agentes que são transnacionais. Não são só as empresas econômicas transnacionais que defendem interesses próprios. Tem de haver transnacionais do bem-estar social, transnacionais da ecologia, transnacionais dos direitos humanos — o que, de alguma maneira, começa a existir dispersamente — e criando até novas formas de legitimidade e de direito.

MS — Exatamente. Por exemplo, durante o período da guerra fria os países comunistas evocavam sempre o respeito pela não-intervenção nos negócios internos dos outros povos. Esse respeito pela não-intervenção era uma forma de assegurar a sua soberania mas também de se defenderem de qualquer intervenção, ou mesmo da curiosidade excessiva em relação ao que se passava no interior de cada Estado. Hoje, contrapõe-se a esse princípio o direito de ingerência, na medida em que há certos direitos, que são universais, imprescindíveis, que se devem sobrepor aos próprios direitos dos Estados, porque são direitos da pessoa humana, naturais à pessoa humana.

FHC — Essa discussão, aqui no Brasil, ainda é limitada. Algumas pessoas aceitam essa perspectiva, outras não. Na opinião pública e no Estado, o nacionalismo é tão forte que uma formulação como a sua é olhada com certa desconfiança. Porque, no passado, havia o imperialismo, as dominações explícitas. Há o temor de que essa discussão traga, de maneira disfarçada, o regresso de uma influência externa indevida. Claro que o seu propósito não é este. Não é disso que se trata. Esse debate faz parte da agenda renovadora para o próximo século. Sem falarmos da Internet, que é um instrumento de mudança total.

MS — Exatamente. Mas quando nós falamos, por exemplo, das questões ecológicas, percebemos que o mundo pode ser posto em causa, e isso leva muitas pessoas à angústia — uma das angústias do final do milênio. Sabemos que o buraco do ozônio é uma realidade e que já está a provocar variações climáticas.

FHC — A poluição dos mares.

MS — Ou a desertificação de grandes extensões de alguns continentes. Ou a explosão demográfica com tudo aquilo que implica — o fato de podermos chegar ao final do século com oito mil milhões de seres humanos no planeta! Ou a exaustão dos recursos naturais. Tudo isso são problemas de uma tal dimensão que só podem ser resolvidos em nível mundial.

FHC — Essa foi a grande virtude de Gorbatchev[8] quando, no seu livro sobre a perestroika, afirmou que o terror atômico não podia ser resolvido no interior das fronteiras de um só país e por uma só classe. Recolocou a humanidade como sujeito das nossas principais preocupações e isso foi decisivo, muito importante.

MS — Seguramente. É uma das razões por que considero Gorbatchev como uma das grandes personalidades do nosso tempo, apesar do mau ambiente de que hoje goza — *et pour cause* — no seu país...

8. Mikhail Gorbatchev (1931), político russo. Secretário-geral do Partido Comunista a partir de 1985, foi o arquiteto da *perestroika* e da *glasnost*, a nova era e a política de abertura que levaram ao fim do sistema comunista de economia e governo.

FHC — Estamos vivendo um novo momento da humanidade como sujeito concreto da história e isso será ainda mais visível no próximo século. A humanidade era uma idéia abstrata. Agora, com a situação quase agônica que se vive no mundo, está deixando de ser.

No passado, dávamos como assente que a reprodução da natureza garantiria a vida *per omnia*. Hoje não é mais assim. Ou se aumenta o grau de racionalidade no uso da natureza, e, portanto se forja um controle que seja compartilhado e discutido, ou a humanidade corre riscos. Voltamos, de alguma maneira, à velha tradição otimista e racionalista do pensamento progressista. O pensamento progressista não pode ser um pensamento apenas sustentado na generosidade. Tem de ter uma base racional, caso contrário não controlaremos os fatores que põem em risco a sobrevivência das gerações futuras.

MS — Há também um sentimento de que a ciência e a técnica evoluem de uma maneira extraordinária e que os recursos gerados podem ser melhor aproveitados e melhor encaminhados. Há condições para que toda a humanidade pudesse ser alimentada, mas vemos que dois terços da humanidade não come o suficiente, vive abaixo do limiar mínimo necessário a uma vida com um mínimo de dignidade. E, ao mesmo tempo que isso sucede, há a opulência, as fortunas ostensivas. É qualquer coisa de intolerável, de revoltante...

FHC — É imoral! Há trinta ou quarenta anos, havia muita pobreza no Brasil. Mas, há quarenta ou cinqüenta anos, o país não tinha como resolver a questão da pobreza. Hoje começa a poder resolvê-la. Por isso, hoje, a pobreza é imoral. Tornou-se um problema ético. Na escala do mundo é exatamente a mesma coisa. O mundo tem como resolver os problemas da pobreza. A questão da disponibilidade da alimentação é óbvia — há comida em excesso e, ao mesmo tempo, continua a haver fome. A questão da repartição da renda continua a ser central.

MS — As desigualdades têm-se agravado em escala mundial.

FHC — Em nível mundial, sim. No Brasil, menos. Aqui, poderá haver fome, mas é limitada, e combate-se. A nível mundial, evidentemente, esse é um problema que poderia ser resolvido.

MS — Mas esta angústia de fim de milênio não é só provocada pela pobreza crescente: estende-se também ao problema da droga, ao problema da violência...

FHC — Volto ao que disse há pouco. Há vários caminhos para lutar contra estes males, entre os quais as religiões. As religiões sempre foram formas de integração e formas de combate a esse tipo de fenômenos e de angústias.

MS — Não deixa de ser curioso que um racionalista, alguém que faz o elogio permanente da racionalidade e do racionalismo, apele para as religiões para resolver um problema desta ordem.

FHC — Eu não estou a apelar, estou dizendo apenas que as religiões exercem, sem dúvida, um papel. Não creio que sejam o único instrumento. Outro instrumento são as ideologias, que levem ao associativismo e a alguma espécie de crença no futuro, a algum idealismo. O problema é que as ideologias contemporâneas entraram em crise pelas razões já evocadas. Agora, estamos assistindo a outra crise — é a crise da não-ideologia. Alguns imaginavam que o mundo podia viver sem ideologia...

MS — A não-ideologia, ou melhor, a tese de que as ideologias acabaram, é também uma forma de ideologia, por sinal muito retrógrada. Porque leva ao cruzar dos braços ...

FHC — É, de fato, uma forma, mas negativista.

MS — Porque não há dúvida de que a globalização, sendo uma realidade, também é uma ideologia.

FHC — Só que negativa, é um contravalor, se por globalização se entender que a sociabilidade depende só dos mercados. E isso torna as coisas mais complexas porque, diante desse contravalor, as formas mais simples de integração, que são as religiosas, ganham força, quando há ideologias percebidas como um valor positivo e agregador.

MS — Um projeto, talvez melhor ainda do que uma ideologia...

FHC — As sociedades não conseguem viver, sobretudo as contemporâneas, sem um projeto, sem acreditar. Isso é fundamental.

MS — Cabe aos homens políticos de hoje ter projetos, tentar dar resposta a estas angústias e a estas preocupações das pessoas. Caso contrário, com a civilização mediática em que vivemos, podemos cair nas mãos de puros charlatães, que recorram a todas as formas de irracionalidade. O fenômeno das seitas é isso mesmo.

FHC — Aproveitam o vazio de uma proposta racional generosa para fazer proselitismo. Oferecem às pessoas uma solução individual para os seus males.

MS — Exato. Mas trata-se de uma pseudo-solução, isto é: completamente falsa e ilusória.

FHC — Ora, um projeto tem de apoiar-se num conceito que ultrapasse o interesse de cada um, ou de cada segmento social. A nação foi a resposta a isso, em dado momento, mas hoje a nação não é suficiente por si só.

O próximo século poderá assistir a um embate entre as formas de capitalismo especulativo, com a sua não-ideologia, acreditando que o mercado deva regular a sociedade, e uma proposta de sociedade que, embora não cega às vantagens do mercado, e reconhecendo a globalização do sistema produtivo, vá além disso. Conteria a crítica à nova ordem, em nome do "comunitarismo", de valores humanos de bem-estar e felicidade assumidos em relações sociais de novo tipo.

XXIX

TEMPO DE REFLEXÃO

"Acho que terei muito com que me ocupar no futuro."

Fernando Henrique Cardoso

"Quem exerce funções como a de presidente da República deve saber fazer depois a pedagogia do interesse público e da alternância democrática."

Mário Soares

MS — Já falamos no futuro próximo e falamos na possibilidade da sua reeleição, e também num projeto para essa reeleição que não seja a pura continuidade e a pura repetição. Queria agora dar um salto para a frente e, por antecipação, perguntar-lhe: que futuro para si depois de deixar a Presidência?

FHC — Aprendi também com a sua experiência. Em primeiro lugar, uma pessoa que exerceu as funções de presidente da República não precisa exercer outras funções político-partidárias. Aqui no Brasil não há uma situação institucionalizada para quem já foi presidente. Não há qualquer apoio material para o ex-presidente. Isso constitui, obviamente, uma dificuldade para quem pretenda afastar-se da vida político-partidária.

MS — Mas isso pode ser corrigido, abrindo um debate público e tentando modificar a lei, nesse aspecto.

FHC — Concordo. No meu caso, essa situação não me preocupa diretamente porque tenho a minha posição na universidade, sou professor emérito, recebo o meu salário da universidade e, como já comentamos, temos sempre a possibilidade de fazer conferências pelo mundo afora. Espero não ter de enfrentar esse problema material...

MS — Nem é desse aspecto que falo.

FHC — Gostaria de vir a ter um pequeno centro, como o seu, uma Fundação, onde pudesse passar a limpo as minhas idéias e a minha experiência.

MS — Compreendo, porque o grande capital realmente é esse. Uma pessoa que exerce as funções que o presidente está exercendo e vai certamente exercer até 2002, obviamente que fica com um capital de experiência, de reflexão e de conhecimento que é imenso e que não deve ser perdido.

FHC — Concordo. Como já lhe disse, quase todos os dias registro as minhas impressões.

MS — E faz muito bem. Eu não o fiz e arrependo-me. Fiz pessoalmente mal.

FHC — Estes registros são um bom instrumento de trabalho, que gostaria de aproveitar no futuro. Não acho que deva regressar à vida política. Seria negativo. Sem querer fazer crítica nenhuma, porque cada um tem a sua percepção. Penso que é melhor exercer uma função mais afastada da política, acompanhando os acontecimentos mas não participando diretamente neles. De alguma maneira é o que o meu amigo Mário Soares está fazendo...

MS — Sim. É verdade.

FHC — E também ter algum papel, talvez internacional, no sentido de contribuir para a animação de debates sobre as grandes questões. Acho que terei muito com que me ocupar no futuro.

MS — Disso eu não duvido. Mas fiz-lhe essa pergunta porque algumas pessoas com quem eu contatei aqui, no Brasil, dizem que o presidente foi partidário do parlamentarismo e admitem que, numa eventual transformação do sistema presidencialista em parlamentarista, ainda podia vir a ser primeiro-ministro.

FHC — *(Risos)* Não, não. Não penso nisso, até pelo meu temperamento. Não sei por que razão as pessoas imaginariam que eu gostasse de ser primeiro-ministro. Mesmo num sistema parlamentarista é melhor ser chefe de Estado. Mas não penso nisso.

MS — Embora o chefe de Estado num regime parlamentar puro seja uma figura meramente representativa e simbólica.

FHC — Meramente simbólica, não penso nisso. Se for reeleito, já terei estado oito anos na Presidência, mais dois como ministro — quase como primeiro-ministro, no tempo do presidente Itamar —, mais dez anos no Senado. Já são vinte anos, é muito tempo. É tempo suficiente para dar o lugar a outros e para poder refletir sobre o que estamos falando, ou seja, passar a limpo a experiência pessoal. Quem tem, como nós, formação de professor e vida intelectual, sente saudade de dispor de mais tempo para a reflexão, de poder fazer as coisas com mais vagar. Faço tudo com muita rapidez e muito esforço. Até para ler um livro, tenho de ler depressa, quase sem o prazer da leitura. O tempo dos presidentes é curto...

Encerraria a minha carreira política, como encerrarei em 1998, se não vier a ser reeleito. E encerro-a tanto mais facilmente quanto nunca pensei a política em termos de carreira, nunca pensei realmente. Leio apreciações a meu respeito onde se diz que tenho imensa ambição, que desde pequeno queria ser cardeal, ou chanceler, ou presidente da República. Tudo isso é invenção.

Aliás, o Mário Soares me disse certa vez, quando mencionei que tinha tido não sei quantos milhões de votos, como senador, que iria ter ainda muitos mais. Nunca esqueci isso, mas não era a minha perspectiva. Quando fui eleito senador, em 1986, tinha perdido a eleição de prefeito no ano anterior e levei um susto porque não esperava tantos milhões de votos. Algumas pessoas acham que tenho uma extraordinária vocação de poder e comparam-me ao Getúlio. Tudo isso é muito superficial, é uma visão de fora. Tenho a ambição de fazer o que estou fazendo e posso fazer algo mais pelo meu país.

MS — Mas há uma outra dimensão do que estamos a discutir, que é extremamente importante, ou seja: o fato da própria democracia implicar a transitoriedade dos cargos públicos.

FHC — Claro. Por isso a permanência além de certo limite não é conveniente, pode ter mesmo aspectos muito negativos...

MS — Não tem sentido. As pessoas têm de ter essa disponibilidade mental de, em qualquer momento, serem rendidas. Mas há ainda outra questão. Quem exerce funções como as de presidente da República deve saber fazer depois a pedagogia do interesse público e da alternância democrática. É tão importante como o próprio exercício das funções.

FHC — Não tenha dúvida. É uma função importantíssima e há, no Brasil, uma sugestão com a qual concordo, de transformar os ex-presidentes em senadores vitalícios.

MS — É o sistema italiano. Mas há outra forma, que é a portuguesa e francesa, dar um estatuto aos ex-presidentes, que lhes conceda um vencimento digno e um gabinete. São, além disso, membros do Conselho de Estado, por inerência.

FHC — Essa solução parece-me digna, correta. Uma pessoa como o Itamar Franco, que não tem aposentadoria como ex-presidente, e que é hoje embaixador, se deixar de sê-lo e regressar ao Brasil, não terá funções, nem disporá de gabinete. Isso está errado.

MS — Sem dúvida. Mudando de assunto. Muitas vezes apresentam-no como ideólogo, devido à sua formação — estudou as ideologias, estudou os sistemas sociais. Mas, por outro lado, também o acusam de ser excessivamente pragmático. Em que ficamos?

FHC — Acho que é um duplo engano. Tenho formação e treino acadêmicos, que me levam a ter alguma capacidade de análise, a saber lidar com conceitos. Mas não sou doutrinário. Sou mais analítico do que doutrinário, explico mais do que prego. Até pela minha formação acadêmica, procuro exercer uma certa pedagogia, tento explicar, mais do que pregar, e, nesse aspecto, não sou ideólogo.

Por outro lado, o que chamam de pragmatismo é outra coisa. Acredito ter uma certa inteligência política e acredito que sem saber jogar com o tempo não se faz boa política. Ou controlamos a agenda e entramos nas discussões no momento que julgamos adequado — porque podemos tentar enfrentar os problemas que são colocados — ou temos de estar a toda a hora proclamando verdades vagas. Não devemos entrar em qualquer debate, só porque outros querem.

Nesse sentido, sim, acredito saber mover as peças para atingir os meus objetivos. Mas quando me acusam de pragmático, como se não procedesse de acordo com valores e princípios, fazem-me uma crítica superficial, que não aceito. No exercício cotidiano do poder, é preciso compatibilizar interesses com valores — os interesses do país e os meus valores.

Não defendo interesses ilegítimos. Pessoalmente, não tenho uma única ação de qualquer empresa e isso dá-me uma grande liberdade. Há tempos, perguntaram-me se eu não estava preocupado por a bolsa estar caindo. Respondi: em termos teóricos e políticos, estava preocupado; mas em termos práticos e pessoalmente não. Não tenho negócios, nunca tive, não é o meu jeito. Relaciono-me com vários setores da sociedade brasileira, com os maiores capitalistas, banqueiros, empresários, donos da mídia, e trato-os todos com muita cordialidade. Mas não tenho nada que me leve a aceitar os interesses deles se não forem compatíveis com o interesse geral. De igual modo, com os sindicatos, as igrejas, as universidades.

Sou uma pessoa da classe média intelectualizada ou, se quiser, da alta classe média intelectualizada. O meu apartamento em São Paulo é um apartamento de classe média, onde morava antes de ser senador e não mudei — nem mudo — o estilo de vida com a Presidência — nem eu nem ninguém da minha família. Isso dá-me completa liberdade para lidar com interesses muito variados.

Recebo todo o mundo, do líder dos sem-terra, se me pedir audiência a sério, ao sindicalista, ao professor, ao banqueiro, ao estrangeiro. Do mesmo modo que recebo políticos de qualquer partido. De vez em quando sou criticado: "Jantou com Maluf no Palácio da Alvorada". Jantei, como jantaria com outros líderes, e daí não se poderá concluir que tenciono aderir às posições dele. Às vezes confundem esse meu modo de ser, com muita liberdade, com pragmatismo. Não é.

MS — O pragmatismo, em certa medida, é uma virtude política. Desde que não obrigue ao sacrifício dos valores e dos princípios.

FHC — Acho que isso é uma virtude, de tolerância e de respeito, desde que use essa sociabilidade para atingir objetivos públicos.

Nunca tive preconceitos intelectuais ou ideológicos. Sempre me dei com pessoas de convicções muito variadas, o que às vezes é apreciado negativamente. Algumas pessoas têm uma visão um pouco paroquial da política. Eu não sou paroquial.

MS — Embora digam que é muito paulista e que está muito...

FHC — ...cercado por paulistas.

MS — E que tem uma visão excessivamente impregnada do fato de ser paulista. Os seus amigos são os mesmos, o círculo das suas relações, muito dos seus ministros, são também paulistas.

FHC — Digamos que a minha formação é paulista, a maior parte dos meus amigos próximos são paulistas. No ministério temos vários paulistas, não todos, certamente, nem a maioria. Mas diria que sou o limite do paulista que o Brasil absorve. A minha sensibilidade é mais paulista e isso é uma condição até limitativa do ponto de vista de certos círculos da política brasileira. Mas também traz vantagens, porque os paulistas são pessoas empreendedoras, com disciplina de trabalho, embora nem de longe sejam os únicos brasileiros assim.

Mas também digo com certa freqüência que tenho familiares em quase todo o Brasil porque sou de uma família antiga, uma família de classe média tradicional ligada às Forças Armadas e à burocracia.

Os meus mais remotos antepassados por parte do meu pai são desta região onde nós estamos, de Goiás. O meu bisavô, no tempo do Império, foi governador de Goiás, mais de uma vez, era chefe do Partido Conservador da Província e tinha o título de brigadeiro. Os avós dele também eram desta região, desde os finais do século XVIII, quando vieram para cá. Eram portugueses e vieram como funcionários da Corte, porque havia ouro nessa região.

MS — Aliás, Fernando Henrique Cardoso é um nome perfeitamente português.

FHC — Português, claro. Pois bem, o meu avô paterno — filho desse que foi governador e que era brigadeiro — estudou num seminário católico, como era próprio na época, depois foi para o Rio de Janeiro freqüentar a Escola Militar. Esse meu avô morreu marechal e casou no Rio de Janeiro com uma senhora cujo pai era português, que tinha vindo do Porto e era o que se chamava, na época, mestre pedreiro da Casa Imperial — empreiteiro, diriam hoje — e muito rico, naturalmente. Chamava-se Francisco Pinto Fernandes.

Este meu avô foi republicano. Quando houve a Proclamação da República, em 1889, era segundo tenente e foi um dos três oficiais que levaram a Carta de Banimento ao Imperador. Ele aparece nas gravuras históricas do Banimento do Imperador.

Há um célebre diálogo — que, aliás, o presidente Sarney reproduziu recentemente num artigo de jornal, sem saber que se referia ao meu avô — entre ele e um grande líder da juventude militar, o coronel Benjamin Constant B. de Magalhães, no qual este perguntava: "O que se faz com o Imperador, se ele resistir?". E o meu avô responde: "Fuzila-se". Esse meu avô foi oficial às ordens do marechal Floriano Peixoto, o segundo presidente da República. O meu pai, quando menino, morou no Palácio do Itamaraty, no Rio de Janeiro, então a sede da Presidência da República, onde vivia Floriano. E como esse meu avô era militar e viajava muito, o meu pai nasceu no Paraná e eu tenho tios que nasceram em muitos Estados do Brasil, principalmente no Sul e em Mato Grosso.

O meu avô comandava o Mato Grosso, e foi o único general que apoiou a Revolução de 1922. Foi preso, como também o meu pai, alguns irmãos e primos que participaram da "revolução dos tenentes". O meu pai foi desterrado para o Norte, para o Pará, para uma fortaleza no meio do rio Amazonas. Mais tarde foi transferido para Manaus. Casou lá com minha mãe, que é daí natural e cujos pais são de Alagoas, do Nordeste.

Quando quero mostrar a minha brasilidade é muito fácil, porque realmente tenho raízes no Brasil inteiro. O meu pai morou boa parte da vida no Rio Grande do Sul e no Paraná — falava como sulista e tomava chimarrão. Eu me sinto paulista, embora tenha nascido no Rio. Sou paulista de formação, de pensamento, de coração. É por isso que chamam "paulistério" ao meu governo. Mas não é justo. Conto com bons amigos políticos em todo o Brasil e não sou provinciano.

MS — O seu percurso foi todo ele dirigido pela razão. Mas mesmo hoje, tendo um percurso racional, não obstante, tem crenças. Quer dizer, acredita no progresso?

FHC — Certamente.

MS — E, como sabe, a crença no progresso é uma crença de tipo religioso, porque não há nenhuma razão para se acreditar.

FHC — Nenhuma. Mesmo acreditar na razão já é uma crença.

MS — Exatamente.

FHC — Ora, o que nós temos estado tentando explicar é que precisamos de ter crenças. O mundo precisa de mais crença, para poder ser mais solidário.

MS — É a crença que o faz mover? Diz-se que a fé move montanhas...

FHC — São valores, acreditar em valores. Por que razão alguém se lança a ser candidato à Presidência da República? É uma coisa penosa...

MS — Sim, sem dúvida. Dá grandes alegrias mas também...

FHC — Mas também grandes decepções, grandes aborrecimentos...

MS — E uma grande carga de trabalho e de responsabilidade...

FHC — Pode dizer que se deseja ser presidente também por uma questão de realização pessoal. Mas isso é pouco, sobretudo para quem, como eu, já tinha uma carreira de sucesso.

Na *Foreign Affairs*, a revista americana, fizeram um inquérito sobre os livros mais significativos dos últimos 75 anos. Um deles é meu...

MS — Eu sei. O que trata do problema da dependência e do desenvolvimento?

FHC — Esse. Se fosse só por realização pessoal, não precisaria ser presidente da República para me sentir realizado. Muito menos no caso de reeleição. Então, é mais do que isso, é porque acredita-se que pode ajudar o país a mudar e melhorar a vida do povo. Poderei? Não sei.

Vou conseguir? Não sei. Mas acredito que sim. É uma atitude talvez um pouco irracional, mas é preciso acreditar nas coisas, não ser apenas um intelectual cético. Não será, certamente, por hedonismo. Uma pessoa hedonista não suporta o estilo de vida dos presidentes, que é limitativo. Estamos permanentemente sob o olhar público, sob o fogo das intrigas, das pressões e contrapressões, das dificuldades... Se você não exercer a Presidência porque acredita que pode contribuir para melhorar as coisas, deve ser um sacrifício terrível. Só se tiver uma vontade de poder ilimitada, egoísta e irracional. Não é o meu caso, não tenho o gosto de impor, tenho o gosto de convencer...

MS — E de seduzir?

FHC — Ah, isso tenho.

MS — *(Risos).* A Brigitte Leoni[1] diz, no livro que escreveu sobre si, que você é um intelectual de pura cepa — o que é verdade. Não é desagradável para si que tenha tantos problemas e críticas justamente no meio dos intelectuais?

FHC — É, mas não é propriamente desagradável, é um desafio. Prefiro discutir com alguém que não esteja do meu lado, que não pense como eu, para eu poder ganhar. *(Risos).* Quero dizer, convencer. Etmologicamente, convencer significa "vencer junto".

MS — Admite que também possa perder?

FHC — Ah, sim! Já perdi tantas vezes. Quando perdemos, temos de saber reconhecer que perdemos. Se perdeu um debate, um argumento, uma eleição, refaz-se o caminho. Se houver forças para tanto. Isso sim é certo: o político tem de ser psicologicamente forte. Forte e, quanto possível, com clareza de espírito para abrir o caminho aos valores em que acredita.

1. Brigitte Leoni (1970), jornalista francesa, autora de uma biografia de Fernando Henrique Cardoso, *O Brasil do possível* (1996).

FERNANDO HENRIQUE CARDOSO E MÁRIO SOARES
NA BIBLIOTECA DO PALÁCIO DA ALVORADA

POSFÁCIO

Depois de horas e horas de conversas com Mário Soares, e outras tantas de correção nos textos que as reproduziam, eis que surge este *O mundo em português: um diálogo.*

Qual o balanço do trabalho, da perspectiva de um co-autor, e, portanto, cercada de subjetivismos?

Primeiro, a reafirmação da antiga convicção de que Mário Soares é não só o estadista por todos reconhecido, mas um companheiro generoso.

De fato, quantos homens públicos consagrados em seu país e no exterior lançar-se-iam à aventura de, ao dialogar com o presidente de outro país (presidente e candidato), arriscar-se a se comprometer com quem ainda não tem o julgamento positivo da história?

Soares é, pois, generoso e — como português de boa cepa — tem o gosto pelo risco.

Quanto a nossa aventura nacional propriamente dita, as páginas deste livro mostram que por mais peculiar, original e mesmo diferente que seja o Brasil, somos indiscutivelmente portugueses por nossa matriz cultural, pela forma de sociedade em que vivemos e pelo estilo de seres humanos que somos

O mundo constituído por nós é, inegavelmente, um mundo que o português criou. Por certo, entramos com ingredientes próprios. Mas quais?

Recentemente, a propósito das comemorações dos quinhentos anos do descobrimento, uma repórter de TV, depois de mostrar cenas de indígenas na Bahia, em Porto

Seguro, perguntou-me: "Então, estes são os brasileiros autênticos?" Respondi-lhe que não. Ou melhor, que agora são; na época do descobrimento não eram. Porque "brasileiro" é o indígena, como o negro, o português, o japonês, o italiano, o árabe, o espanhol, o alemão, ucraniano, o polonês, o coreano — enfim estes milhões — 160 milhões! — que ocupam este imenso território e que, a despeito da diversidade das origens, ganharam a "marca Brasil". Para a construção desta marca, a começar pela plasticidade cultural capaz de absorver diferenças, Portugal foi decisivo.

Mas não foi só a matriz cultural — o modo de olhar para si e para o outro — que herdamos de Portugal. Nosso diálogo mostra que também a burocracia, o amor a privilégios estamentais, veio de Portugal e veio mais fortemente quando a própria Coroa Portuguesa, com d. Carlota Joaquina e d. João VI, assentou seus pilares no Rio de Janeiro. Disso sobraram marcas profundas.

Mais ainda — e este é o lado da renovação — o Portugal de agora, o de Mário Soares, Jorge Sampaio, Antônio Guterres e tantos outros mais, continua a influenciar-nos.

Veja-se a Revolução dos Cravos e seus efeitos positivos sobre nossa redemocratização. E a escolha européia de Portugal, ao invés da opção por ser cabeça de ponta do Terceiro Mundo em terras da Europa, não terá inspirado nossa reviravolta diplomática e econômica, ao fazernos bastião do MERCOSUL e dobradiça no comércio e nos investimentos mundiais entre Europa e Estados Unidos?

Subjacente ao nosso *O mundo em português: um diálogo* não estão apenas as raízes do Brasil e as influências portuguesas mas seu outro lado: a redescoberta do Brasil pela diplomacia e pelos investidores lusitanos.

Existe ainda preconceito? Há desconhecimento recíproco? É possível. Apesar dos milhões de brasileiros de origem portuguesa, dos milhares de brasileiros que vivem em Portugal (incluindo, naturalmente, os dentistas). Mas um e outro diminuem a olhos vistos. Este livro é prova disso: procuramos através dele conhecermo-nos melhor.

Talvez eu tenha falado sobre pormenores da política brasileira que cansem o leitor português e sejam óbvios para o brasileiro. Mas, diante das perguntas pertinentes de Mário Soares, procurei dar respostas baseadas não apenas em interpretações e convicções minhas, mas em dados e fatos que ajudassem o leitor a julgá-las.

Embora o livro verse mais sobre política, economia e sociedade, não me furtei a responder questões sobre percepções pessoais e sobre crenças que não são habituais para alguém que, repito, não só é presidente como espera continuar a sê-lo em próximo mandato.

Mas essa é uma vantagem — para o leitor — de um diálogo com alguém, como Soares, que sabe de política, é estadista, mas é também intelectual. Sabe o que e como perguntar e com tal franqueza (pois também ele se expõe) que cria o clima para um diálogo não convencional. E nisso o mérito é todo de Mário Soares: é raro um livro que reproduza o diálogo não convencional entre pessoas com posição institucional marcante.

Noutro plano, quero registrar que as análises que fizemos sobre a globalização e sobre a situação da economia brasileira ocorreram em plena crise do Sudeste asiático. Se até agora sentem-se as conseqüências do abalo asiático (sobretudo da indecisão japonesa), na época de nossas entrevistas o clima era de preocupação ainda maior.

Procurei não deixar que as pressões da conjuntura levassem-me a pessimismo que comprometesse a avaliação das potencialidades do Brasil nem as oportunidades que efetivamente se abrem à colaboração umbilical entre Portugal e Brasil e de ambos com a África e com outras áreas do mundo estratégicas para os dois países.

É inegável que as incertezas e mesmos os riscos inerentes à nova forma internacionalizada da produção, dos mercados e sobretudo das finanças pesarão sobre nossos destinos históricos no próximo milênio.

As preocupações de Soares com a visão pessimista de Chomsky, minha obsessão em recusar o epíteto injusto de neoliberal para o governo que dirijo, são sintomas claros de nossas afiliações ideológicas comuns. Mas são também sintomas das dificuldades de ler-se o mundo de hoje com as lentes das ideologias do passado.

Coincidimos, Mário Soares e eu, na reafirmação dos valores básicos de nossa visão progressista da sociedade: democracia, liberdade, justiça social, novas formas de solidariedade, de participação democrática, agilização das estruturas do Estado para garantir a efetivação de políticas públicas que reduzam a pobreza e diminuam as desigualdades sociais (gritantes, no caso do Brasil) e assim por diante.

Mas, o tempo todo, eu insisti no que penso: estamos diante de um novo momento da história do capitalismo e da humanidade. Nele, o predomínio cego das forças de mercado levará a exclusão social e a desigualdade crescentes. Do mesmo modo, o desconhecimento das realidades produtiva que condicionam o mercado levará a propostas inócuas, ainda que generosas. Há, pois, opções e a ação política é necessária para evitar estas duas situações.

Mais complexo ainda: se é certo que houve a "globalização econômica", o poder nacional mantém-se ancorado nos Estados e, do mesmo modo, as sociedades são exigentes no nível imediato e local.

Falta, pois, um elo entre o econômico, o político e o social em nível planetário. Este elo não pode ser um "Estado geral", nem a imposição de um Estado específico sobre outros, como no velho imperialismo.

A nação mais poderosa, os Estados Unidos, é predominante, mas não é nem deverá ser hegemônica. Ainda que o quisesse: a própria globalização das informações e dos meios de comunicação servem de sustentação prática à formação de uma "opinião pública mundial", sem cujo apoio nem o Estado mais forte é capaz de impor sua vontade. A última tentativa, frustrada, de guerra ao Iraque é prova disso.

É neste contexto que países como Brasil e Portugal encontram espaço para a ação política no mundo globalizado. E, neste caso, por paradoxal que pareça, são as forças unificadoras em nível local (nossa língua, nossa cultura, nossa Comunidade dos Países de Língua Portuguesa, nosso entrelaçamento econômico, nossas novelas, nossas televisões) que, ao distinguir-nos de terceiros, da-nos mais preeminência e força nessa "opinião pública mundial", quase kantiana.

Por isso, não sou pessimista diante dos desafios da globalização, nem vejo esta última como o "imperialismo com novas roupas". À força do mercado globalizado falta a unificação política que o velho imperialismo tentava fazer pela subjugação dos mais fracos e pela guerra entre os mais poderosos. Sobra, agora, a capacidade mobilizadora das organizações não-governamentais, o interesse organizado dos Blocos regionais, a impossibilidade das grandes guerras pelo terror da destruição atômica e mesmo, sem que sobre, existe um começo de institucionalização mundial, com a ONU, os G-8, G-22, G-77, os Blocos Regionais etc. etc.

Se conclusão posso tirar de nosso diálogo, é a de que, sem renegar nossos valores originais, acertando o compasso com a história (fazendo cada um de nós dois de modo próprio um *aggiornamento* de idéias e de práticas políticas), continuamos progressistas por isso mesmo, confiantes e otimistas quanto ao futuro de nossos países, de nossos povos e da própria humanidade.

Será pouco para quem já exerceu ou ainda exerce a Presidência da República evitar os riscos do ceticismo e, sem ingenuidade, continuar crendo em valores, sem descuidar de abrir caminhos práticos para que eles se efetivem?

Foi essa lição, que não é de pragmatismo mas de otimismo responsável, que continuei aprendendo com Mário Soares neste diálogo.

FERNANDO HENRIQUE CARDOSO

CRONOLOGIA POLÍTICA DO BRASIL PÓS-ESTADO NOVO

1945 — Com o término da Segunda Guerra Mundial (da qual o Brasil participou ao lado dos Aliados), o regime autoritário do presidente Getúlio Vargas entra em declínio. Na onda de repúdio aos governos de direita, o país inicia um processo de redemocratização, que culmina com a eleição de uma Assembléia Nacional Constituinte. O general Eurico Gaspar Dutra, ex-ministro da Guerra de Vargas, é eleito presidente da República para um mandato de cinco anos.

São criados três partidos nacionais: o Partido Social-Democrata (PSD), de bases eminentemente rurais e que inicialmente valeu-se das lideranças políticas do período autoritário, o Partido Trabalhista Brasileiro (PTB), com apoios urbanos e sindicais, que tinha como bandeira a legislação trabalhista editada durante o governo anterior, e a União Democrática Nacional (UDN), reunindo a oposição liberal a Getúlio Vargas. O Partido Comunista sai da clandestinidade.

1946 — Promulgada a nova Constituição, certamente a mais liberal que o País havia conhecido até então.

1947 — Por decisão da Justiça, o Partido Comunista é novamente colocado na ilegalidade.

O aumento das importações consome as reservas acumuladas pelo Brasil durante a guerra.

1950 — Getúlio Vargas volta ao poder como presidente constitucional pelo PTB, derrotando nas eleições o candidato da UDN, brigadeiro Eduardo Gomes.

1954 — Um atentado contra o principal líder da oposição, o jornalista Carlos Lacerda, no qual perde a vida um oficial da Força Aérea, abre uma crise política. A responsabilidade pelo atentado é atribuída a pessoas próximas ao presidente. Um movimento militar exige sua renúncia. Em agosto, Getúlio Vargas se suicida.

1955 — O governador de Minas Gerais, Juscelino Kubitschek, do PSD, é eleito presidente. Apesar da instabilidade política, o país ingressa numa fase de otimismo e desenvolvimento econômico, marcada pela transferência da capital do Rio de Janeiro para Brasília e pela implantação da indústria automobilística. Mas o déficit público e a inflação se elevam.

1960 — O ex-governador de São Paulo, Jânio Quadros, elege-se presidente por uma coligação oposicionista. Sem maioria no Congresso, tem dificuldades em governar e renuncia após sete meses. Os ministros militares se opõem à posse do vice-presidente, João Goulart, do PTB, acusado de esquerdista. O governador do Rio Grande do Sul, Leonel Brizola, lidera um movimento pelo cumprimento da Constituição. Goulart assume com poderes limitados por uma emenda constitucional que institui o parlamentarismo.

1963 — Um plebiscito restabelece o sistema presidencialista. A crise econômica e financeira e a mobilização popular por reformas de base abrem nova crise política.

1964 — Um golpe militar apoiado pelos governadores de Minas Gerais, São Paulo e Guanabara depõe o presidente Goulart. Uma junta militar assume o poder e altera a Constituição por meio de um "ato institucional". O Congresso é mantido funcionando, embora com poderes limitados, e elege o chefe do Estado-Maior do Exército, general Castelo Branco, para completar o mandato de Goulart.

O novo governo inicia uma política de combate à inflação e ao déficit público, e altera a legislação trabalhista, eliminando a estabilidade no emprego. A inflação é contida a custa de uma forte desaceleração da atividade econômica.

1965 — Candidatos da oposição vencem as eleições para os governos da Guanabara (Rio de Janeiro) e de Minas Gerais. O governo reage com um novo ato institucional. As eleições presidenciais são canceladas, os partidos políticos extintos e criadas duas agremiações partidárias provisórias, a Aliança Renovadora Nacional (ARENA), de apoio ao governo, e o Movimento Democrático Brasileiro (MDB), de oposição.

1967 — O ministro da Guerra de Castelo Branco, general Costa e Silva, é eleito presidente pelo Congresso. É uma vitória da ala mais radical das Forças Armadas, a chamada "linha dura".

1968 — Intensifica-se a ação da oposição, engrossada por grandes passeatas de estudantes. O governo responde com o endurecimento da repressão política. Em dezembro, um novo "ato institucional", o AI-5, fecha o Congresso Nacional.

1969 — O presidente Costa e Silva sofre um derrame cerebral. Uma junta composta pelos ministros militares assume o poder por dois meses. Em outubro o Congresso é reaberto para eleger um novo presidente, general Emílio Garrastazu Médici.

1971 — O período mais duro de repressão política coincide com altas taxas de crescimento econômico, superando os dez por cento ao ano até 1973. É o chamado "milagre brasileiro".

1974 — O general da reserva Ernesto Geisel é eleito presidente pelo Congresso e anuncia um processo de liberalização "lenta, gradual e segura" do regime. As eleições parlamentares do mesmo ano ocorrem com relativa liberdade de imprensa, e pela primeira vez no Brasil com acesso da oposição à propaganda eleitoral gratuita no rádio e na televisão. O MDB elege seus candidatos para nada menos de dezesseis das 22 vagas do Senado em disputa.

O aumento dos preços internacionais do petróleo põe fim ao "milagre" econômico. O governo reage à deterioração das contas externas com um ambicioso programa de substituição das importações.

1978 — Para evitar o crescimento da oposição, o governo põe o Congresso em recesso e altera a legislação eleitoral e partidária. Ao mesmo tempo, o presidente faz prevalecer sua vontade contra os grupos mais radicais das Forças Armadas, que se opunham à liberalização. A ARENA e o MDB são extintos e a criação de partidos é facilitada. Criam-se o Partido Democrático Social (PDS), governista, e o Partido do Movimento Democrático Brasileiro (PMDB), que passa a dividir o campo da oposição com outras legendas, entre as quais o Partido Democrático Trabalhista (PDT), do ex-governador Leonel Brizola, e o Partido dos Trabalhadores (PT), que reúne sindicalistas e militantes de esquerda sob a liderança de Luís Inácio da Silva, o Lula.

1979 — O general João Figueiredo assume a Presidência, com o compromisso de levar adiante a liberalização do regime.

A situação econômica continua a se deteriorar, com o segundo choque do petróleo, baixos índices de crescimento econômico e aumento da taxa da inflação.

1984 — A oposição, com apoio de membros do PDS, apresenta proposta de emenda à Constituição prevendo a realização de eleições presidenciais diretas. A campanha conhecida como "Diretas-Já" empolga o país, mas a emenda não alcança o número de votos necessários no Congresso.

1985 — Uma aliança entre o PMDB e dissidentes do governo, que criam uma nova agremiação, o Partido da Frente Liberal (PFL), elege presidente, pela via indireta, o ex-governador de Minas Gerais, Tancredo Neves. Este adoece gravemente na véspera da posse e vem a falecer semanas depois. É substituído pelo vice-presidente José Sarney, ex-senador do PDS, que leva adiante os compromissos democratizadores da aliança.

1986 — O governo lança um plano de estabilização, chamado Plano Cruzado, que tem sucesso durante alguns meses, e convoca uma Constituinte. A popularidade do Plano Cruzado garante uma ampla vitória ao PMDB nas eleições gerais, fazendo todos menos um dos governadores estaduais, além de uma folgada maioria na Constituinte.

1987 — O debate sobre o sistema de governo, presidencialista ou parlamentarista, e sobre a duração do mandato do presidente, polariza a Constituinte, desagregando a coligação governista.

1988 — Promulgada a nova Constituição. Prevalecem as teses do presidencialismo com cinco anos de mandato, defendidas pelo presidente Sarney. Uma dissidência do PMDB dá origem ao Partido da Social Democracia Brasileira (PSDB).

1989 — A continuidade do processo inflacionário e denúncias de corrupção desgastam o governo. Fernando Collor de Mello, ex-governador de Alagoas, lançado por um partido sem expressão, o PRN, vence a eleição presidencial com um discurso radicalmente oposicionista. A eleição é decidida em segundo turno, no qual Collor vence o candidato do PT, Lula.

1992 — Denúncias de corrupção contra o presidente e seu ex-tesoureiro de campanha são investigadas pelo Congresso. O inquérito parlamentar e a mobilização popular que se segue levam ao *impeachment* de Collor. O vice-presidente Itamar Franco assume pelo restante do mandato.

1993 — Novo plebiscito sobre o sistema de governo confirma, por larga margem, o presidencialismo. Uma revisão da Constituição de 1988, prevista para após 5 anos da sua promulgação, frustra-se em meio à investigação de denúncias de corrupção contra membros da Comissão de Orçamento do Congresso. O senador Fernando Henrique Cardoso, do PSDB, assume o Ministério da Fazenda num quadro de agravamento da inflação.

1994 — Na esteira de um bem-sucedido plano de estabilização, o Plano Real, Fernando Henrique Cardoso é eleito presidente da República, em primeiro turno, pela coligação PSDB-PFL, derrotando Lula pelo PT.

Impresso em off set

HAMBURG GRÁFICA EDITORA
Rua Bogaert, 64 - V. Vermelha
04298-020 - São Paulo - SP
Fone (011) *6946-0233
Telefax (011) 6914-4773
E-mail: hamburg@uol.com.br

com filmes fornecidos pelo editor